AI 혁명과 디지털 변혁의 시대를 넘어
새로운 미래를 만드는 기업가들

퓨처프레너

이문원

박영사 ▷◁서강비즈니스북스
SOGANG BUSINESS BOOKS

들어가면서

　디지털 기술의 눈부신 발전과 함께, 우리가 맞이할 새로운 미래는 디지털 기술을 기반으로 소비자를 변화시키고, 개인과 기업의 한계를 극복하는 초연결, 초지능적 변화들로 기존 산업을 해체하고, 다시 융합하여 새로운 사회와 경제를 정의하고 있다. 또한 글로벌 공급망, 공유경제, 디지털 자산과 같은 상상하지 못했던 새로운 지구적 제도가 창조되고 있고, 글로벌 네트워크를 활용한 4차 산업혁명과 함께 광범위한 자원의 활용과 새로운 기회를 발생시키고 있다. 한편으로 AI를 포함한 디지털 기술 기반의 디지털 변혁은 이 시대의 변화 속도와 무질서도 그리고 불확실성의 증폭으로 사회와 기업에 있어 생존과 성장을 위협하는 중대한 환경적 변화로 다가오고 있다. 그야말로 "디지털 변혁의 시대"이다.

　이러한 디지털 대변혁 시대의 불확실성을 극복하기 위해 기업가정신은 다시 한번 주목받고 있다. 산업화 시대의 기업가정신은 각국의 정부와 학계, 기업가들이 새로운 기회를 인식하고, 기업가적 가치를 추구하며, 기술 중심의 국가적 경제성장을 주도하는 사회와 경제의 성장동력이었으나, AI와 디지털 변혁의 시대에는 새로운 시대 변화에 맞는 기업가의 특성 및 영향 요인에 대한 새로운 접근이 필요하다는 문제의식을 바탕으로 새로운 형태의 기업가와 기업가정신에 대한 논의가 시작되었다. 변화의 중심에 AI와 디지털 기술이 있기는 하지만, 현재 우리가 살아가고 있는 AI 혁명과 디지털 변혁의 시대는 기술을 뛰어넘는 새로운 변화이며, 부의 집중으로 인한 불평등, 세대갈등, 인구소멸, 에너지와 환경문제, 탈중앙화, 기업의 지속가능한 성장 등 이 시대를 특징지을 수 있는 새로운 문제와 가치를 가지고 있다. 따라서 과거의 국가적 관점의 성장 아젠다로서 기업가정신을 넘어, 사회와 기업에 관점에서도 불확실성을 극복하고 성장할 수 있는 방법을 "퓨처프레너, 미래기업가"라는 주제로 함께 고민하고자 한다.

"퓨처프레너, 미래기업가"는 AI 혁명과 디지털 대변혁의 시대를 지나, 우리가 만나게 될 미래의 기업가를 의미하며, 사회적, 경제적, 기술적 대변혁의 시대에 생존과 성장을 고민하는 기업들을 위해, AI 혁명과 디지털 변혁이 가진 불확실성을 적극적으로 활용하고 있는 디지털 네이티브 기업들과 디지털 혁신 기업들의 생존방식과 성장동력을 찾아, 새로운 미래기업가들에게 제시하기 위한 노력이다. 또한 이 책은 디지털 변혁의 시대를 체감하면서도, 스스로 설정한 한계에 갇혀 아무것도 할 수 없고 하지 못했던 많은 사람들에게 새로운 기회의 실천 및 활용 가능성과 기업가적 영감을 불어넣고, 세상을 깜짝 놀라게 할 새로운 가치를 만들어 낼 미래기업가로의 새로운 도전을 응원한다.

2025년 1월
저자 이문원

추천의 글

지금 우리는 이때까지 겪어보지 못했던 불연속적 변화의 시기를 겪고 있다. 인공지능, 사물인터넷, 클라우드 컴퓨팅, 3D 프린터 등 다양한 디지털기술이 기존 산업 생태계를 뒤흔들면서 새로운 비즈니스 모델을 만들어 내고, 새로운 시장과 산업을 만들어 내는 중이다. 또한 제품이나 서비스뿐만 아니라 기존에는 접근 불가능했던 자산들도 디지털화되면서 보다 많은 사람이 접근 가능하도록 하는 새로운 자산 활용 및 투자시스템이 창조되고, 기존 자산의 효율성과 효과성을 증폭시키고 있다. 과거에는 우리가 상상도 할 수 없었던 기회가 만들어지고 있는 중이다. 하지만 이 시대가 가져오는 변화의 속도와 변동성은 국가 경제와 기업들에게 기회만이 아닌 엄청난 위협도 초래하고 있다. 환경의 변화에 적절하게 대응하지 못하면 사라져야 하는 디지털 다위니즘(Digital Darwinism)이 그것이다. 이러한 시대적 변화에 민감하게 반응하고 새로운 가능성을 만들어 내는 사람들이 이 책이 강조하는 '미래기업가'이다.

이 책이 제시하는 "미래기업가"는 AI 혁명과 디지털 변혁(Digital Transformation) 시대를 넘어, 우리가 만나게 될 미래의 기업가를 의미한다. 이 책은 저자의 오랜 경험과 통찰에 기반하여, AI 혁명과 디지털 변혁이 초래한 불확실성을 적극적으로 활용하고 있는 디지털 네이티브 기업들과 글로벌 기업들의 생존방식과 성장동력을 분석하고, 이를 미래기업가로 재정의하여 사회적, 경제적, 기술적 변혁의 시대에 생존과 성장을 고민하는 기업들에게 새로운 비전을 제시하고 있다. 또한 이 책은 디지털 변혁의 시대를 체감하면서도, 스스로의 프레임에 갇혀 아무것도 할 수 없고 하기 어려웠던 많은 사람들에게 새로운 기회가 던져주는 가능성과 기업가적 영감을 불어넣고, 세상을 깜짝 놀라게 할 새로운 가치를 만들어 낼 미래기업가로의 도전을 적극적으로 응원한다.

기술주도 경제성장이 핵심전략이던 산업화 시대에는 새로운 기회를 인식하고 위험을 감수하며 선제적으로 움직이는 기업가들보다 연구개발이나 제품/서비스 개발에 거대한 자본을 쏟을 수 있거나 관리를 잘하는 기업이 칭송받았다. 물론 기업가정신이 필요하다는 인식이 없었던 것은 아니지만 말이다. 하지만 변화의 방향과 속도, 그리고 그 크기를 예견하기 어려운 디지털 변혁 시대에는 기존의 기업가정신이나 전문경영인이 아닌 새로운 시대에 맞는 기업가정신과 기업가가 필요하다. 이러한 기업가는 시대의 변화를 이끌고 있는 디지털 기술에 대한 이해를 기본으로 하고 탈중앙화, 세대갈등, 인구소멸, 에너지와 환경문제 등 이 시대를 특징짓는 새로운 문제들에 대한 이해와 그 해결책을 기업이라는 형태를 통해 풀어낼 수 있는 "미래기업가"를 말한다.

현재 학계를 중심으로 논의되고 있는 '디지털 기업가정신'이나 'AI 기업가정신'은 디지털 기술로 인한 기업의 혁신과 변화를 중심으로 한 기업가정신에 대한 개념들이다. 하지만 지금의 시대를 특징짓는 기업가정신은 서비스 및 소비자 중심 사회로의 전환, 초연결, 초지능화, 초융합으로 인해 급격히 변화하는 예측불가능한 시장과 사회환경을 충분히 인지하고 국가경제와 기업이 불확실성을 극복하고, 이를 성장의 기회로 삼을 수 있는 미래 기업가정신이다. 기존 기업가정신에 대한 논의가 이 책에서 처럼 크게 확장되어야 하는 이유이다.

이 책은 또한 기존 기업가정신에 대한 논의들이 놓치고 있는 제도나 구조의 중요성을 강조한다. 디지털 변혁 시대에 기업이 성공하기 위해서는 디지털 기술의 활용과 기업가정신도 중요하다. 하지만 미래기업가정신이 실행되도록 하는 실질적 기반, 즉 미래기업가적 지향성이 내재화된 기업의 제도적 구조(Institutional Structure)가 무엇보다 중요하다. 기업가정신의 구조화가 기업의 성과에 중요한 영향을 미친다는 점은 역사적으로도 증명되었다.

디지털 변혁 시대에는 과거와 다른 불확실성을 극복하기 위하여 가설 검증 방법론을 포함한 적응성과 생태계의 자원을 폭넓게 활용하는 유연하고 민첩한 의사결정과 프로세스, 창의적이며, 창발적인 결과를 유도하는 미래기업가, 그리고 디지털 변혁의 특징을 적극적으로 활용할 수 있는 기업의 비즈니스 모델이 성공의 기반임에는 틀림이 없다. 하지만 지속가능한 성과에 이르는 실행의 관점에서는 이를 현실적으로 실행하고 뒷받침할 조직, 제도적 인프라, 조직문화 등 구조적 요인들이 디지털 시대에 맞게 형성되고 혁신되어야 한다.

현재의 불연속적 변화 속에서 갈 길을 몰라 헤매는 혹은 어렴풋이 알더라도 어떻게 실행해야 하는지 모르는 많은 분들이 이 책을 통해 조금 더 명확하게 세상을 이해하고 비즈니스의 미래를 예측하여 성공할 수 있기를 기대해 본다.

서강대 경영전문대학원 교수
김용진

퓨처프레너(FuturePreneur) | 차례

▶ PART 01 ◀
기업가와 기업가정신

▶ PART 02 ◀
AI 혁명과 디지털 변혁의 시대

▶ PART 03 ◀

미래기업가가 온다!

▶ PART 06 ◀
미래기업가의 시대

01

기업가와 기업가정신

CHAPTER 01

기업가와 기업가정신에 대한 오해

'기업가'는 미국과 유럽을 비롯한 대부분의 국가들에서 '앙트레프레너(Entrepre-neur)'로 불리며, 한국과 일본에서는 기업가(起業家)로 번역되었다. 앙트레프레너는 위험을 수반하는 자신의 사업을 시작하는 사람으로 프랑스의 리처드 캉티용(Richard Cantillon, 1755)이 그의 저서 『상업의 본질』에서 사용하였다. 그는 '앙트레프레너'를 고정임금이 없고, 불확실성에 기반하여 수익을 얻는 거래를 하는 사람으로 표현하였는데, 지금으로 치면 중개거래인, 상인 정도로 표현할 수 있지만, 핵심은 위험 또는 불확실성에 대처하여 수익을 얻는 사업을 하는 사람으로 사업가, 자산가, 자본가와 구분되어 발전해 왔다는 것이다. 또한 앙트레프레너는 우리의 경제를 구성하는 중요한 제도와 주체로서 기업(企業)을 경영하는 기업가와 다르다. 한자로 도모할 '기(企)'를 쓰는 기업가(企業家)와 달리, 일으킬 기(起)를 쓰는 기업가(起業家)이다. 즉 기업가 정신에서 기업가는 '창업'을 하는 사람을 의미하며, 기업가정신은 창업과 창업을 하는 사람들의 특징적 태도나 역량과 관련이 있다.

기업가에 '정신'을 붙여서 '기업가정신'이 되면 더욱 이해하기 어려워진다. '앙트레프레너십(Entrepreneurship)'이 일본을 통해 우리나라에 들어오면서 기업가정신(起業家精神: 기교유까세이신)으로 소개되었기 때문인데, 일본에서 흔히 사용되는 장인정신이나 사무라이정신과 같은 '정신'이라는 단어는, 영어로 'Spirit'에 가깝고, 우리가 논의하는 'Ship'과는 차이가 있다. 'Ship'은 일반적으로 특정 집단의 관계, 행위, 특성을 나타내는 좀더 넓은 의미를 가진 접미사로 사용되므로, '기업가정신'이라는 용어는 '기업가'라는 특정집단이 가진 특성, 관계, 역량, 행위와 생각의 특성을 의미한다고 보는 것이 타당할 것이다.

따라서 기업가정신은 성공하고, 존경받는 기업가 또는 창업가라고 불리는 사람들이 가지고 있는 공통적인 생각, 특징, 태도, 행동, 지향성에 관한 것이다. 또한 이를 창업에만 국한하지 않고, 기업 경영에 확장하여, 불확실한 상황을 극복하고 새로운 기회를 추구하는 혁신의 리더쉽 또는 경영이론으로 볼 수 있다. 기업을 바라보는 위치에 따라 기업가정신이 기업가적 성공을 위한 정신교육이나 동기부여, 성공학처럼 들릴 수도 있다. 하지만 기업가정신은 거시경제 측면에서 국가의 경제를 견인하는 성장전략으로, 기업의 측면에서 성공으로 가기 위한 구체적이고 실증적인 경영학이론으로 발전해왔다.

이 책의 제목인 퓨처프레너(FuturePreneur)는 미래(Future)와 기업가(Entrepreneur)의 합성어이며, 미래기업가를 의미한다. 미래기업가는 우리가 살아가고, 살아갈 시대인 AI 혁명과 디지털 대변혁의 시대, 4차 산업혁명의 시대 등 다양한 이름으로 불리고 있는 새로운 미래의 기업가를 의미하며, 이는 단순히 AI 디지털기술에 의해 기술적으로 진화된 시대가 아닌, AI 혁명과 디지털 변혁으로 인하여, 사회와 경제의 그리고 기업의 제도와 구조가 변하고 혁신되고 있는 새로운 시대의 기업가이다. 따라서 미래기업가와 미래기업가가 가져야 할 차별화된 기업가정신은 이러한 새로운 시대에 필요한 가치를 담은 기업가정신이며, 특히 AI 혁명과 디지털 변혁의 시대가 만들어내는 새로운 경제와 사회적 불확실성에 대응하는 경제, 경영이론으로 이해되어야 한다.

마지막 오해는 기존의 기업가정신은 물론이거니와 미래기업가정신도 그 자체로 기업의 성과와 직접적이고 높은 상관관계에 있을 것이라는 생각이다. 과거 연구들은 대부분 기업가정신과 긍정적 연관성을 설명하고자, 디지털혁신과 같은 매개변수를 활용하거나 중간성과에 대한 연관성으로 이를 증명하려 하였으나, 이는 기업가정신과 기업의 성과 간의 인과관계와 연관성을 설명하기에는 충분하지 않았다. 따라서 이 책에서는 미래기업가가 어떻게 기업의 성과, 특히 성공이라 불리는 지속적인 성과를 창출하게 되는지를 '기업가정신'과 '제도'라는 새로운 관점에서 설명해 보고자 한다.

그림 1-1 **리처드 캉티용, 상업의 본질(1755)**

'앙트레프레너', 고정임금이 없고 불확실성에 기반하여 수익을 얻는 거래를 하는 사람

CHAPTER 02

자본주의 국가의 성장과 기업가

경제학의 아버지라고 불리는 애덤 스미스는 『국부론』에서 '국부', 즉 국가의 부는 토지와 노동의 생산성에 있음을 주장했다. 이전 중농주의와 중상주의 사고를 비판하며 토지와 노동력, 그리고 생산성 향상을 위한 분업 등을 강조했는데, 애덤 스미스 시대의 영국은 산업혁명이 발생한 시대로, 국가의 부가 국가에 있어 새로운 가치의 기준이 되었으며, 국가의 부를 증진시키기 위해서, 노동의 생산성을 혁신시킬 수 있는 기업가의 중요성이 대두되기 시작했다. 특히 애덤 스미스는 저녁 식사에 관련된 주장에서 "우리가 저녁 식사를 할 수 있는 것은 빵집 주인의 자비심 때문이 아니라 이익을 추구하는 그들의 생각 덕분이다."라고 하며 영리를 추구하는 기업가들에게 기업가적 활동의 정당성을 부여해 주었다. 반면 칼 마르크스와 같은 학자들은 산업혁명을 겪으며 깨달은 시장의 의미, 산업화 시대에 노동자와 자본가의 본질과 역할을 제시한다. 이러한 경제학 이론들이 자본주의 발전에 있어, 또는 기업가의 탄생에 있어 얼마나 중요한 제도적 변화인가는 중세 이후의 자본주의 발전에 관련된 기업가적 사건들을 보면 분명하게 이해할 수 있다.

이후 슘페터가 주장한 '창조적 파괴'와 '기업가적 혁신을 통한 자본주의의 발전'은 기업가정신을 국가의 자본적 이익을 증대시키기 위한 이론으로, 또한 철저히 실천적인 국가적 성장 아젠다로 만들었다. 이는 역사적으로 상업적 국가로 막대한 부를 쌓으며 패권국가로 자리 잡았던 네덜란드와 영국의 산업혁명을 주도한 자본가들의 기업가적 성공이 그러했고, 국가의 설립부터가 철저히 기업가적이었던 미국의 경우는 독립과 국가 제도의 형성, 통일과 발전 자체가 국가의 이익을 위한 기업가적 과정이었다. 현 시대의 절대적 패권국가인 미국은 제1, 2차 세계대전 이후 브레튼 우즈 체제를 통해 기축통화를 가진 세계경제를 좌우하는 국가가 되었고, 브레튼 우즈가 무너지던 위기의 상황과 신자유주의의 물결이 일던 시절, 닷컴버블, 냉전의 상황, 자원위기, 금융위기와 같은 다양한 위기를 다시 한번 과학기술과 기업가적 혁신으로 극복하면서 발전해 왔다.

그렇다면 이러한 기업가와 기업가정신은 누구를 위한 것인가? 역사적으로 개인의 이기심을 인정하고, 이익을 추구하는 행위를 인정하는 기업가와 기업가정신은 유럽과 미국을 중심으로 한 서방의 선진국가들, 즉 자본주의국가들의 국가적 성장 전략 또는 아젠다로 사용되어 왔다. 우리나라 역시 한국전쟁 이후 정부주도의 고도성장과 함께 사용되었던 성장전략인 '호국보은'이나, 2010년경 박근혜 정부시절의 '창조경제' 등에서 당시의 국가적인 성장동력, 성장전략이었던 산업화 시대의 기업가정신을 찾아볼 수 있다.

새로운 시대에 산업화 시대와 같은 지난 시대의 기업가정신의 의미를 다시 돌이켜보는 이유는 과거 산업화 시대를 이끌어 온 기업가정신과 같이, AI와 디지털 변혁으로 상징되는 새로운 시대의 증폭된 불확실성과 생존위기를 극복할 새로운 아젠다가 필요하기 때문이다. 또한 국가뿐 아니라, 새로운 사회와 미래기업 또한 AI 혁명과 디지털 변혁의 시대가 가진 불확실성을 극복하고 새로운 성장의 기회를 만들 새로운 기업 전략이 필요하다. 그리고 학술적으로도 과거의 경영과 관리의 이론을 넘어, 새로운 시대가 가져온 증폭된 불확실성을 극복할 새로운 경영학 이론의 체계적인 제시가 필요하다. 퓨처프레너, 미래기업가에 이르러 기업가정신은 더 이상 국가적 성장 아젠다나 동기유발에 머무르지 않고, 미래기업과 미래사회의 생존과 성장을 위한 균형 있는 전략과 이론으로 발전하고 있다.

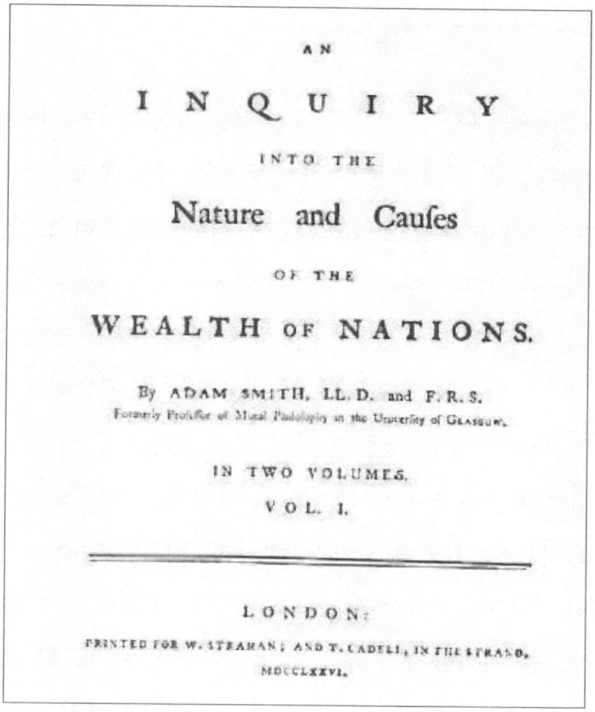

```
            AN

I N Q U I R Y

         INTO THE

Nature  and  Caufes

         OF THE

WEALTH OF NATIONS.

    By ADAM SMITH, LL. D. and F. R. S.
Formerly Profeffor of Moral Philofophy in the Univerfity of GLASGOW.

      IN TWO VOLUMES.

          VOL. I.
     _____

          LONDON:
PRINTED FOR W. STRAHAN; AND T. CADELL, IN THE STRAND.
          MDCCLXXVI.
```

그림 1-2 **애덤 스미스, 국부론(1922)**

"우리가 저녁식사를 할 수 있는 것은 빵집 주인의 자비심 때문이 아니라 이익을 추구하는 그들의
생각 덕분이다."

강의를 하다보면 기업가와 기업가정신을 어렵게 생각하는 분들이 많았다. 사실
기업가나 기업가정신은 정답이 정해져 있는 것이 아니고, 성공하거나 존경받는 기업
가들의 공통적 생각과 행위, 가치 등을 정리한 것이다. 따라서 정답을 찾기보다는 누
구나 자신의 상황과 목적에 맞는 기업가, 시대와 이상에 맞는 기업가정신을 찾는 것
이 더 바람직하다. 그래서 우리가 이미 잘 알고 있는 유럽의 역사 속의 시대와 사건과
인물을 중심으로, '제도'라는 관점에서 기업가와 기업가정신을 이해해 보고자 한다.

중세의 십자군 원정

'기업'이라는 제도의 가장 큰 영향을 미친 것은 자본주의와 기업이 존재하지 않았던 시절부터 존재했던 '국가'라는 제도이다. 예를 들어 고대 로마는 압도적인 군사력과 정치력을 기반으로 지중해를 중심으로 한 유럽과 북아프리카, 서아시아의 패권을 가진 제국이며, 민주주의의 원형을 이루는 공화정이나 시민권과 같은 정교한 정치제도와 화폐와 무역, 세금 등 다양하고, 포용적인 경제제도를 통해 현대사회와 국가, 경제에 상당한 영향을 미치고 있다. 유럽의 역사를 보면 지중해를 둘러싼 유럽의 강대국들은 한번 쯤 '패권국가'의 경험을 가진 적이 있다. '패권'은 압도적인 전쟁능력이나 경제력에 의한 자발적 복종을 의미한다. 그리고 그 패권의 배후에는 국가가 패권을 차지하고 유지할 수 있었던 정치적, 경제적 제도가 존재한다.

가톨릭 학교인 서강대학교에서 강의를 하면서 중세 유럽의 수많은 사건 중에서도 십자군 원정을 새로운 기회를 추구하는 기업가적 행위와 비교해 보았다. 물론 이 역사적 사건은 종교적 사건으로, 가톨릭이 절대적인 신앙이었던 유럽인들이나 가톨릭 신앙을 가진 분들에게는 매우 불편한 과거이다. 셀주크 튀르크 세력이 예루살렘을 포함한 팔레스티나 지역을 점령하고 성지순례를 막자, 동로마제국의 요청으로 교황은 십자군 원정을 지시한다. 십자군은 성지를 회복하기 위한 종교적 동기에서 모집되어, 해당 지역과 사람들에 대한 정확한 정보도 없이, 위험을 감수하며, 무려 200년간 서아시아의 이슬람국가들과 전쟁을 벌이게 된다. 십자군 전쟁은 '신의 뜻(Deus vult: 신께서 원하신다)'이라는 종교적 명분 아래, '성지회복'이라는 대의로 시작되었으나, 인간의 영토와 재물에 대한 욕심과 이기적인 본성으로 이교도의 세계를 침략한 잔인하고, 추악한 사건으로 변해버렸다. 결정적으로 당시의 사회에서 절대적인 권위를 가지고 있었던 교회에 의해, 이교도의 영토와 재물에 대한 인간의 탐욕이 사회 제도적으로 허용되고, 이교도에 대한 살육마저도 정당화되었기 때문에 가능했던 사건이며, 종교적으로나 도적적으로도 유럽의 역사에 큰 역사적 상처를 남기게 된다. 리들리 스콧 감독의 영화 '킹덤 오브 헤븐'은 십자군 전쟁 당시의 참상을 객관적으로 보여주려고 노력하지만, 역사에서 전하는 십자군 전쟁은 영화보다는 훨씬 더 추악하고 잔인한 중세 유럽의 인간 본성을 보여주는 사건이다. 중세 유럽은 가톨릭이 국가 종교로 사회 근간을 이루는 절대적 제도 기반이었기 때문에 그 충격은 더욱 크다. 십자군은 1차 원정에서 셀주크로부터 빼앗은 영토에 에데사 백국, 트리폴리 백국, 안티오키아 공국, 예루살렘 왕국과 같은 자신들이 통치하는 국가를 세웠다. 그리고 전쟁이 지속될수록 일부 십자군의 광기는 종교적 신념마저 버리고, 같은 종교를 가진 국가에 대한 침략과 약탈로 이어진다.

또한 이 당시 유럽과 아시아를 넘나드는 혁신적 은행 시스템이 출현하는데, 흰 망토와 빨간 십자가로 상징되는 성전기사단(Knight Templar)이다. '순례자 보호'라는 목적으로 결성된 성전기사단은 세계 최초의 글로벌 금융기관이자 여수신과 투자금융을 겸하는 상업투자은행이다. 성전기사단은 그 시대가 원하던 신앙심이 깊고 원칙적이며 죽음을 두려워하지 않는 집단으로, 교황의 승인을 받아 '기사'와 '사제'라는 신분을 겸하는데, 십자군의 중심축으로서 강력한 무력과 재정, 사제의 권위를 가지고, 죽음을 두려워하지 않고 기독교 세계를 수호하는 성스러운 소임으로 신망을 얻었다. 성전기사단은 아내와 자녀를 두는 것이 허용되지 않았기에 개인 재산은 모두 기사단에 편입됐고, 유럽 상류층이 재산을 맡겼고, 원정에서 돌아오지 못할 경우 이 재산은 기사단의 소유가 되어 기사단 자산은 더욱 불어났다.

당시 성전기사단은 유럽과 중동에 1,100여 곳의 지부를 보유한 글로벌 네트워크를 바탕으로 유럽과 아시아에 금융서비스를 제공하는 플랫폼이 되었다. 성전사단은 십자군의 군자금 대출은 물론 돈을 맡아 증서를 발급해 주고 이 증서로 필요한 지역에서 돈을 찾아 쓸 수 있게 하는 여행자수표, 예금 입출금, 환전, 송금, 대부 서비스를 제공했다. 성지순례자와 일반 상인, 무슬림도 이 금융서비스를 이용했으며, 각국 왕실의 자금도 관리했다고 한다. 다국적 금융업을 통해 성전기사단은 자산과 수익을 키워나갔고, 유럽 및 중동 각지에 9,000여 곳에 이르는 영지와 부동산을 소유하는 등 글로벌 투자은행의 모습까지 갖추게 되었다. '예금자 허락 없이는 누구에게도 돈을 인출해주지 않는다'는 원칙은 거대 금융기관의 발달에 큰 역할을 하게 된다. 이러한 혁신적 제도는 십자군 전쟁 이후 교황에 대항하는 왕권강화를 위해 이들의 자금이 필요했던 프랑스 필리페 4세의 탐욕에 의해 사라지고, 이들의 금융전통은 피렌체, 스위스 등으로 이어진다.

국가와 기업은 인간이 만든 정치와 경제 제도이며, 비슷한 면이 많다. 십자군 전쟁은 새로운 국가를 만드는 또는 새로운 기회를 포착하려는 중세의 사람들이, '신의 뜻'이라는 종교적 명분으로 제도적으로 허용되고, 영토와 재물을 위해 위험을 감수한 중세의 가장 원초적인 기업가적 행위였다.

십자군 전쟁 이후 유럽은 아시아와의 교류를 통해 들어온 새로운 기술과 문물, 전염병, 유럽사회의 각성 등으로 인해, 엄청난 경제적, 사회적 변화를 겪게 되면서 중세라는 시대를 마무리하게 된다.

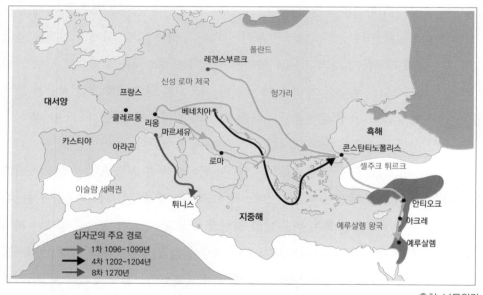

출처: 나무위키

그림 1-3 **십자군 전쟁**

"십자군 전쟁은 기업가적 활동이 사회적으로 인정되지 않았던 시대에, '신의 뜻'이라는 종교적 명분으로 제도적으로 허용되고, 영토와 재물을 위해 위험을 감수하며 실행된 중세의 가장 원초적 기업가적 행위였다."

대항해 시대의 모험가

'로마'라는 대제국의 시작은 '로마'라는 도시에서 그 시대 사람들의 중요한 자원이었던 질 좋은 소금을 로마 근처의 티베르강 하구에서 공급할 수 있었기 때문이다. 그리고 로마가 무너지고, 소금이 일반 상품화되어 갈 무렵, 유럽의 상류층을 중심으로 '검은 금'으로 불리는 후추가 다양한 용도로 매우 귀하게 사용되기 시작했다. '향신료'로 통칭되는 후추, 계피, 정향, 육두구 등이 유럽인들의 주식인 고기를 저장하는 용도로, 음식의 풍미를 높이는 고급식재료로, 심지어는 당시의 전염병을 막기 위한 의약품의 용도, 마지막으로 화폐의 역할도 했다고 하니, 이후 15세기에 시작된 유럽의 '대항해 시대'는 이러한 검은 금을 얻기 위한, 진취적이고, 위험을 감수하는 인간의 노력에서 시작되었다고 할 수 있다.

14세기 유럽인들은 베니스의 상인, 마르코폴로의 '동방견문록'을 읽고 중국(원나라)의 발달된 선진 문명에 충격을 받았다. 당시 유럽 사회에 비해 월등한 생활, 문화 수준과 자원을 가진 미지의 동방세계에 대한 동경으로 대항해시대의 유럽인들은 이슬람으로부터 얻은 과학적 지식과 항해술을 바탕으로 지도에도 없는 새로운 항로와 땅을 찾아, 경제적 기회를 얻기 위해 위험을 감수했다. 물론 종교적 이유도 크게 영향을 미쳤다. 1453년 오스만 제국이 콘스탄티노플의 함락으로 비잔틴 제국을 무너뜨리고 난 후, 지중해 무역은 이슬람상인이 독점하고, 오스만 제국은 향신료에 막대한 세금을 부과하기 시작했다. 베네치아와 피렌체 같은 이탈리아의 도시국가들은 중계무역을 통해 막대한 이윤을 얻고 르네상스와 같은 문화혁명을 발전시킬 수 있었지만 지중해 끝 포르투갈은 더욱 큰 타격을 입었고, 이슬람인들로부터 배운 항해술과 다양한 기술로 해양패권국가로 성장을 모색하게 된다. 항해왕자 엔히크의 명령으로 바르톨로메우 디아스가 희망봉을 찾아내고, 바스쿠 다 가마는 희망봉을 통해 인도로 항해할 수 있는 인도 항로를 찾아냈다. 여기서 우리가 놓치지 않아야 할 중요한 사실은, 포르투갈이 당시 실질적으로 사회를 지배하던 제도인 가톨릭의 교황에 의해, 인도항로에 대한 독점적 운항권을 제도적으로 인정받았다는 것이다. 이로 인해 15세기의 패권국가는 포르투갈이었다.

16세기로 넘어오면서 리콘키스타(스페인의 에스파니아 반도 영토수복)를 완성한 스페인이 대항해 시대의 식민지 약탈경제를 기반으로 유럽의 패권국가로 성장하였다. 스페인은 포르투갈과 같은 농업 경제 사회였으나, 무적함대로 불리는 군사력을 가진 패권국가로, 또한 식민지 약탈경제를 통해 확보한 금과 은으로 경제적 패권을 유지하였다. 먼저 대항해에 나선 포르투갈의 인도항로에 대한 반대급부로, 스페인은 콜럼버스와 같은 대항해시대의 기업가에 대한 투자를 통해 아메리카 대륙을 발견하며, 교황으로부터는 대서양 항로에 대한 독점적 권한을 부여받아 막대한 금과 은을 확보하였고 무적함대를 보유한 경제적, 군사적 패권국가로서 유럽을 포함한 전 세계 식민지를 구축하였다.

이러한 대항해 시대 국가의 패권 경쟁의 과정 속에서, 포르투갈의 희망봉을 경유한 인도항로의 발견과 스페인과 콜럼버스의 아메리카 대륙의 발견 등은 가장 큰 기업가적 사건일 것이다. 새로운 기회와 자원을 찾기 위한 그들의 혁신성과 진취성, 그리고 위험감수는 오늘날의 '대창업 시대'와 같은 대항해 시대를 만들었고 '기업가'의 모델이 된다. 콜럼버스의 신항로 개척을 통한 부의 창출이라는 기업가적비전과 의지가 있었고, 이에 과감히 투자한 스페인의 이사벨 여왕, 그리고 이들의 산타페협약은 인류 최초의 벤처기업가, 벤처 캐피털이며 투자계약이다. 그러나 안타깝게도 산타페협약에서 합의한 새로운 식민지 생산물의 10%와 총독의 지위를 부여한다는 약속은 지켜지지 못했다. 이후 콜럼버스는 '죽어서도 스페인 땅을 밟지 않겠다'는 유언을 남겼으며, 결국 그의 주검은 스페인 세비아 성당에 카스티아, 아라곤, 레온, 나바라(바스크) 왕들의 동상이 땅에 닿지 않도록 들고 있는 청동관에 놓여있다고 한다.

스페인은 대항해시대 모험가들의 기업가적 행위로 인해 광대한 식민지를 건설하고 막대한 재물을 약탈하여, 15~17세기 유럽의 대부분을 차지하고 세계의 패권국가가 되었다. 하지만 배타적이고 착취적 제도를 가지고 있었고, 결국 영국(칼레해전), 네덜란드와 같은 민족국가와의 전쟁과 내외부의 전쟁, 경제 관리능력과 인플레이션, 화폐경제 붕괴, 국가채무 등으로 인해 무너지기 시작하였다.

대항해 시대의 모험가들은 당시 유럽 경제를 지중해에서 아프리카를 넘어 인도로, 대서양으로 확장시켰으며, 아시아와의 무역, 새로운 항로와 지리적 발견을 통해 새로운 부와 가치, 기회를 창출한 대항해 시대를 만들었고, 기술적 혁신(항해술, 화약, 선박건조기술)과 위험을 감수하는 진취적이고 도전적인 기업가의 원형이 된다.

그림 1-4 **15세기 대항해 시대의 주역들 - 바스쿠 다 가마, 엔히크, 콜럼버스, 이사벨 여왕**

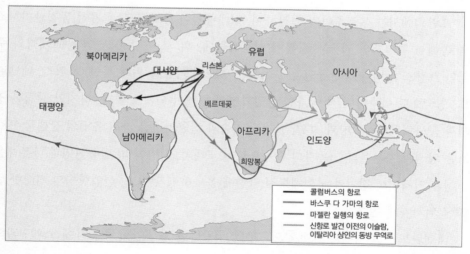

출처: 나무위키

그림 1-5 **대항해 시대 모험가들의 주요 항로**

종교적 자유와 경제적 자유를 위한 중상공인의 이동

십자군 전쟁 이후 14세기에서 16세기 사이 유럽사회는 '르네상스'라고 하는 문화적 부흥이 있었고, 한편에서는 민족과 국가에 대한 근대적 의식과 인본주의를 기반으로 종교개혁이 진행되었다. 스페인에서는 '리콘키스타'로 불리는 영토수복운동 이후 개종한 이슬람과 유대인마저 추방되고, 종교재판소를 통해 사회를 통제하고 있었다. 봉건제가 무너지면서 유럽 전역에 종교권력과 정치권력을 둘러싼 전쟁이 끊이지 않았다. 또한 신의 대리자, 중계자로서 절대적인 권력을 유지한 교회의 부패와 일부 성직자의 타락에 대한 반발로 인간중심적 사고와 합리적 세계관이 확산되면서, 14세기에서 16세기에 걸쳐 유럽의 전역에서 종교적 자유를 위한 '종교전쟁'과 '종교개혁'이 발생한다. 츠빙글리, 마르틴 루터, 칼뱅 등의 복음중심의 개신교가 예정설과 직업에 대한 소명을 주장하면서 근대의 의식이 각성되고, 신흥 상공업자들이 위그노(프랑스), 장로파(스코틀랜드), 청교도(영국), 고이센(네델란드)이라는 이름으로 정치, 경제적으로 성장하는 계기가 되었다.

프랑스에서는 부르주아가 등장하여, 절대왕정이 강화되고, 국가적 품질관리시스템 속에서 위그노의 기술과 자본이 성장하는데, 위그노는 1562년의 종교개혁의 주역인 프랑스 칼뱅파 중상공인들로 이들은 종교적 자유를 위해 독일, 스위스, 네델란드, 영국으로 이주하여 각 국가별 산업혁명의 주역이 되기도 한다. 하지만 강력한 왕권과 군사력, 비옥한 땅과 자원, 발전된 기술과 상공업자를 가진 유럽의 강대국 프랑스는 왕권과 자본가와 노동자의 갈등으로 종교개혁, 시민혁명, 민중혁명과 나폴레옹전쟁을 거치면서 정치와 사회제도적 발전에 몰두하고 있었고, 산업혁명의 거대한 변화에 뒤처지게 된다.

네델란드는 고이센과 스페인으로부터 추방당한 유대인의 주도하에 스페인과의 전쟁에서 승리한 네델란드가 독립되고, 이들의 상업혁명을 통해서 네델란드라는 상업적 국가가 탄생하게 되며, 경제적 자유를 찾기 위한 제도적 혁신을 이루게 된다.

한편 영국은 헨리 8세의 재혼을 불허한 교황에 대한 반발로 국교회를 설립하고 로마 가톨릭으로 부터 독립하는 독특한 형태의 종교개혁이 진행되는데, 그 이면에는 왕권의 강화와 이를 위한 교회의 재산, 과세와 같은 경제적 목적이 자리잡고 있었다. 영국은 마그나카르타(1215), 권리청원(1628), 명예혁명(1688)을 통해 가장 먼저 자본주의와 민주주의의 제도적 기반을 준비하고, 산업혁명을 통해 빠르게 산업사회로 진입한다.

종교개혁은 종교적 사건이며, 경제적 자유를 향한 중상공인들의 각성라고 볼 수 있다. 이 시기는 이질적인 종교를 가지고 있지만, 기술력과 자본력을 가진 상공업자의 사회적 수용과 같은 포용적 제도가 기업가와 국가성장을 위한 중요한 제도적 기반으로 인식되는 시기이다. 중상공인과 그들의 혁신을 위한 사회적 안정과 경제적 종교적 자유가 사회적 진보를 위한 제도적 기반이 된다는 것이다. 종교개혁과 함께 진행된 가톨릭 제국과 민족국가의 전쟁인 영국과 스페인의 칼레해전, 네델란드의 독립전쟁 등으로 인해 교회의 권위는 추락하고, 왕권과 중상공인을 포함한 새로운 계층의 성장의 계기가 되며, 민족국가가 형성되고, 봉건적 제도에서 벗어날 수 있는 사회적 기반이 만들어진다.

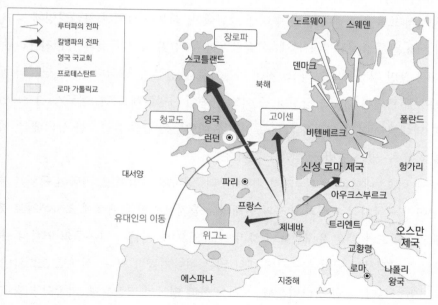

출처: 나무위키

그림 1-6　16세기 유럽의 종교개혁과 경제적 자유를 위한 중상공인의 이동

유대인의 독점적 자본주의

현대는 물론이고 중세와 근대 유럽을 비롯한 전 세계의 기업가 역사에 있어 유대인의 역할은 무시할 수가 없다. 서로마와의 전쟁 이후, 유럽과 아프리카로 이주한 유대인들이 유럽사회에서 경제적으로 성공하고, 심지어 지금도 세계 경제를 뒷받침하는 자본으로 성장한 이유는 이들이 상업, 금융업에 탁월한 재능을 가지고 있었기 때문이다. 하지만 중세에 이들이 상업과 금융업에 종사할 수밖에 없었던 이유는, 당시 전 유럽의 종교였던 가톨릭에서 유대인을 메시아를 죽음에 이르게 한 이교도로 생각했고, 그들에게는 군인이나 농민과 같은 사회적 신분을 제공하지 않았으며, 다만 유대교의 교리에서 이민족에 대해 이자를 받는 것이 가능하였기 때문이다. 따라서 서기 132년 '디아스포라'라고 불리는 강제이주 이후 그들은 상업활동을 하거나 고리대업에 종사할 수밖에 없었는데, 부자와 고리대업자, 상업과 이윤추구에 대해서는 당시 가톨릭 사회는 물론, 우리의 과거에서도 마찬가지로 매우 부정적인 시각을 가지고 있었다. 하지만 중세의 왕과 귀족들이 글을 몰랐던 경우가 많았던 반면, 유대인들은 자체적 교육을 통해 문자와 수리에 탁월했고, 더욱이 사업과 자금경영에 밝고 경제적 신용을 중요시하기 때문에, 이슬람파의 무역 및 왕실과 결탁한 금전관리를 통해 다시 한번 자산을 확보하고, 거대 자본가로 발전할 수 있었다. 특히 당시의 재권과 재무에 관련된 제도는 당사자 중 어느 한쪽이 사망하게 되면, 채무가 면제되었으므로, 막대한 자본과 채권을 가지고 있던 유대인들은 항상 불안정한 상태에서, 자산을 보호할 수 있는 방법을 찾았을 것이다.

중세 이후, 네델란드의 국가형성에서부터, 영국의 산업혁명, 미국의 독립과 통일로 이어지는 국가적 패권의 역사와 현대의 금융자본주의의 배후에 초자본가로 불리는 로스챠일드와 같은 유대인들이 자리 잡고 있으며, 이들이 자본주의 역사의 큰 사건들을 뒷받침하고 있었다는 것에 대한 많은 이야기들이 있다. 실제로 로스차일드, JP모건뿐 아니라, 홍콩 상하이은행, 심지어 한때 영국의 영란은행, 미국의 연방 준비 제도와 월스트리트의 글로벌 금융을 주도하는 세력 중에 많은 부분이 유대인의 자본이기도 하며, 미국의 연방준비제도는 유대인들이 만든 주식회사라고 비유하는 사람도 있다. 유대인들은 다양한 분야에서 천재적인 재능을 보이며, 특히 경제분야의 성공은 눈부시다. 우리가 아는 빅테크와 스타트업의 많은 창업자와 자본이 유대인의 영향력 아래에 있기도 하며, 유대인들은 다양한 분야에서 천재적인 재능을 보인다.

이들의 성공을 위한 비즈니스 모델은 다양하지만, 우리가 미래기업가를 설명하기 위해 눈여겨 봐야 할 점은, 유대인들은 언제나 제도적 변화를 통해서 독점적 지위를 구축하는 데 진심이었다는 것이다. 이러한 유대인의 사업모델의 특징인 '독점'은 경제학적으로 비난받아왔으며, 사회적으로도 엄격히 규제되어 왔다. 하지만 기업가는 그들의 사업적 이익을 위해, 새로운 제도의 구축과 기술적 발전을 통해서 여전히 독점적 상황을 추구하는 사람들이다.

피터틸은 실리콘밸리 출신의 디지털 네이티브 1세대 기업가로 '유대계 창업 마피아'라고도 불리는 '페이팔 마피아'의 주요 인물이다. 그는 새로운 기술을 매우 중시하는데, 이렇게 기술을 강조하는 이유는 경쟁하지 않는 독점기업을 선호하기 때문이다. 여기서 피터틸이 말하는 디지털 변혁시대의 '독점'은 우리가 생각하는 나쁜 독점과는 달리 기업의 혁신에 대한 정당한 보상으로서의 '창조적 독점'을 이야기한다. 피터틸의 창조적 독점은 새로운 제품을 만들어서 모든 사람에게 혜택을 주는 동시에 그 제품을 만든 사람은 지속가능한 이윤을 얻는 것이다. 사회제도적으로 특허권과 같은 새로운 기술에 대한 보호제도 역시 기업가적 노력에 대한 보상 제도로서, 사회 발전에 필요한 긍정적인 의미의 독점으로 존재한다.

슘페터의 창조적 파괴는 '제로투원'에서 피터틸이 주장하는 수직적 진보이다. 그러나 수직적 진보는 평범한 핸드폰의 세상에서 스마트폰을 만들어 낸 기술적 혁신뿐만이 아니라, 스마트폰이 만들어낸 생태계에 새로운 제도적 혁신을 부여하는 기업가적 행위를 포함한다. 애플의 생태계는 사실상 독점 상태였지만 산업화 시대의 부정적인 의미의 독점과는 다르다. 오히려 당시 애플의 독점적 이윤은 다른 사람은 생각하지 못했던 디지털 기술과 제도로 인한 정당한 보상이다. 새로운 기술, 새로운 제품이 계속해서 나타날 수 있는 세상에서, 그것을 활용하여 새로운 독점적 제도를 만들어 낸 기업은 다음 진보가 오기 전까지, 또한 치열한 경쟁이 발생하기 전까지 그것으로 독점 이윤을 누릴 수 있다. 따라서 기업의 입장에서 이러한 독점 이윤에 대한 희망은 혁신의 동력이 된다. 충분한 이윤이 있어야, 완전히 새로운 기술에 대한 과감한 투자를 하게 된다. 그리고 독점은 성공적인 기업의 현재 상태이다.

출처: 한겨레21

그림 1-7 유럽인이 보는 유대인

중세 유럽의 유대인들이 상업과 금융업에 종사할 수밖에 없었던 이유는 가톨릭에서 유대인을 메시아를 죽음에 이르게 한 이교도로 생각하여, 사회적 신분을 제공하지 않았으며, 다만 유대교의 교리에서 상거래 이익과 이민족에 대해 이자를 받는 것이 가능하였기 때문이다.

네델란드의 상업혁명과 동인도 회사

풍차가 있고, 튤립이 있는, 작지만 강한 나라, 히딩크의 나라로 우리에게 알려진 네델란드는 강대국의 사이에서 수많은 침략을 당하면서도, 고유의 문화를 지키며, 경제적 성장을 이루어 낸 한국인들이 정서적 친근감을 가지고 있는 나라이다. 하지만 네델란드는 세계경제 역사에서 한때 기업가적 제도와 상업혁명을 통한 세계경제에 매우 중요한 역할을 했던 패권국가였다.

1492년 신대륙이 발견되고, 이슬람이 유럽대륙에서 쫓겨 났으며, 스페인은 개종한 유대인마저도 탄압하고 추방했다. 이때 추방당한 유대인 37만 명 중 많은 사람들이 종교의 자유가 있는 척박한 저지대, 네델란드로 이주했다. 당시 네델란드 사람들은 독일 북부의 한자동맹 상인들이 공급하는 암염으로 절인 청어를 만들었는데, 유대인들은 자기들이 살았던 스페인 북부 바스크 지방에서 값싸고 질 좋은 천일염을 들여와 소금 상권을 장악하고, 절인 청어 산업을 독점하게 된다. 그리고 유대인들은 어선을 건조하면서 화물선도 함께 만들었다. 당시 화물선의 통행세는 갑판 넓이에 비례해 받았는데, 유대인들은 통행세를 절감하기 위해 갑판 넓이를 줄이고 화물 싣는 선복을 늘린 배불뚝이 형태의 플루트선을 개발했다. 또한 돛대에 복합 도르래를 설치해 선원 수를 3분의 1로 줄인 기술적 혁신으로 네델란드는 화물 운송비 절감으로 유럽 화물을 독점했다. 이후 암스테르담은 물류 기지가 되어 중계무역이 크게 발전했고 이를 지원하는 금융과 보험이 발전했다. 1602년 근대적 의미의 첫 '주식회사'인 네델란드 동인도회사가 탄생했다. 이후 동인도회사의 주식을 거래할 수 있는 '주식거래소'가 설립되었고(1611), 세계에서 모여든 1,000여 개의 주화들을 길더화 지폐로 통일시킨 '암스테르담 은행'이 탄생한다(1609). 상업경제로의 제도적 혁신과 기술적 혁신, 그리고 상업 혁명을 주도한 자본가들의 발전이 네델란드 상업혁명이며, 네델란드는 17세기의 패권국가가 된다.

영국의 동인도 회사(EIC)는 1600년 영국 엘리자베스 1세와 귀족들이 성장하는 네델란드 선단을 견제하기 위해 런던상인에게 동양무역독점권을 주는 공기업 형태의 15년 프로젝트로, 영국 동인도회사(EIC)는 네델란드 동인도회사(VIC)에 2년 앞서 설립되었다. 네델란드는 이미 강력한 무장 선단을 가진 기업들이 존재하였지만, 별개의 무역활동을 하고 있었는데, 1602년 이들을 통합하여 통합 동인도회사(VIC)를 설립하고, 의회와 상인들의 무역을 위한 민간 공동 투자형태의 기업으로, 21년간 아시아 무역독점 권한과 국가를 대신하는 권한들을 부여한다. 이를 통해 네델란드 경제는 선순환되고, 확대 재투자되며, 현대적 유한책임회사, 증권거래소의 제도적 형태를 갖추게 된다. 특히 네델란드 동인도 회사(VIC)는 관료, 자산가, 미망인, 하인 등과 같은 모든 국민들의 투자와 거래가 가능하며, 이를 자본화시킨 최초의 주식회사로, 당시 VIC의 가치를 현재의 기준으로 본다면, 자산가치 1경 원 이상, 즉 미국 상장주식 최상위 10개 기업의 시장가치와 맞먹는 규모의 가치를 보유하게 된다.

두 국가의 동인도 회사는 경쟁하면서, 발전하였지만, 상반된 전략을 사용하고 있다는 것도 흥미롭다. 네델란드의 경우, 다양한 지역, 표준화된 물품 교역에 중점을 두는 반면 영국의 동인도회사는 식민지인 영연방지역에 다양한 물품 공급하는 형태의 전략을 가지고 있었다. 네델란드는 초기 우월한 군사력을 기반으로 당시의 최고 상품이었던 향신료의 원산지를 확보하였고, 영국은 인도의 면화와 같은 원자재와 시장으로서의 식민지를 추구하였다는 특징을 가지고 있다. 네델란드는 상업혁명의 시기에 압도적 군사력과 경제력으로 영국, 프랑스 등 강대국을 저지하였으며, 따라서 향신료의 원산지와 같은 수익성 높은 지역은 네델란드가 확보하고, 향후 산업혁명으로 중요한 거점이 되는 인도는 영국, 프랑스 등이 식민지배하는 형태로 나뉘어져 있었다. 또한 네델란드는 동인도회사는 물론 대서양을 넘어 무역을 주도한 서인도회사도 보유하고 있었다. 지금은 뉴욕이 된, 뉴암스테르담, 네델란드 제독의 이름을 딴 허드슨강, 월스트리트 등이 당시 서인도회사의 흔적들이며, 이들은 청어 대신 대구와 아프리카, 유럽과 북미를 잇는 노예무역과 같은 삼각무역 중심지로 크게 발전하였다.

스페인의 지배를 받았고, 핍박받았던 네델란드는 대다수의 국민이었던 상공인들의 이권을 보호할 연합체이며, 자위적이고 상업지향적 국가이다. 스페인과의 전쟁에서 승리하여 독립하였고, 그리고 최초의 주식회사인 동인도 회사 설립, 기축통화로 세계의 은행이었던 암스테르담 은행, 증권거래소의 설립 등은 국부와 패권의 기반이 되었던 현대적인 기업가적 행동이며 제도이다. 특히 네델란드는 스페인과 프랑스의 종교개혁과 전쟁에서 탄압받던 상공인 고이센들과 스페인에서 도망쳐온 유대인 자본가들이 자신들의 권리를 보호하기 위해 위험을 무릅쓴 적극적인 투자를 통해 스페인과 전쟁을 벌이며, 상업적 국가를 형성하고, 상공인들을 위한 사회제도를 구축하여 상업혁명을 일으키게 된다. 그리고 이들은 상업적 혁신과 해상패권을 통해 60년 간 세계 무역의 패권을 장악하였다.

　네델란드의 '상업혁명'이라고 불리는 기업가적 행위를 또 하나의 기업가의 원형으로 볼 수 있다. 그러나 네델란드는 산업적 기반이 없는 농업과 상업기반의 국가로 시민과 상인들의 자본이 점차 금융투기자본으로 발전하게 되고, 네델란드를 대표했던 동인도회사는 200년간 번성하기는 했지만, 무리한 배당정책과 채권발행, 전 세계 식민지와 군대의 관리비용 등으로 인하여 쇠퇴하게 되며, 영국의 지속적인 견제, 그리고 결정적으로 영국의 항해조례(영국과의 무역은 영국의 배로만 해야 한다.)라는 무지막지한 보호주의적 제도와, 그로 인한 1784년 영국과의 전쟁에서 패배함으로 인해 패권은 마침내 영국으로 이동하게 된다.

그림 1-8　**네델란드 교역 네트워크**

1602년 '주식회사'인 네델란드 동인도회사가 탄생했다. 이후 1611년 동인도회사의 주식을 거래할 수 있는 '주식거래소'가 설립되었고, 1609년 세계에서 모여든 1,000여 개의 주화들을 길더화 지폐로 통일시킨 '암스테르담 은행'이 탄생한다.

영국의 산업혁명과 제도적 발전

영국에서 산업혁명이 일어나 급격한 변화가 일어나고 있던 시절, 프랑스는 1789 시민혁명, 민중혁명을 비롯한 여러 번의 혁명을 통해 왕정에서 벗어나 공화정과 같은 다양한 정치적 제도의 변화를 실험하고 있었다. 우리가 상상하는 뮤지컬 '레미제라블'에서 본 착취당하고, 더럽고, 어두운 노동자들의 삶과 화려한 부르주아, 귀족들의 불평등한 삶의 공존이 이때의 프랑스 사회의 모습이라고 상상할 수 있다. 1806년에는 나폴레옹이 신성로마제국을 해체시키기도 했지만, 워털루전투의 패배로 인하여 프랑스의 힘은 급속도로 약화된다. 또한 미국은 이 당시 독립전쟁을 통해 독립을 이루고, 남북전쟁을 통해 통합을 이루면서, 통일국가로서의 사회 제도 구축에 힘을 쏟고 있었다.

우리가 잘 알고 있는 1760년대의 영국 산업혁명이 성공적일 수밖에 없었던 이유는 첫째, 식민지의 자원과 네델란드의 자본가를 통해 확보한 자원과 자본, 종교개혁과 네델란드를 통해 유입된 기술력, 준비된 부르주아 자본가, 인클로져 운동으로 인한 풍부한 노동력 확보를 꼽을 수 있다. 영국은 의도하지 않았던 형태의 종교개혁을 통해 프로테스탄트 상공업자를 포용하게 되었고, 부르주아가 성장하여 충분한 자본과 자본가를 확보하였으며, 명예혁명은 네델란드에서 통치자 윌리엄 3세를 영입할뿐 아니라, 유대인 자본가들과 제도, 금융시스템을 함께 받아들였고, 절묘하게도 인클로져운동은 영국의 지방 소작농민을 도시에 유입시키고 노동자화시켜 충분한 저임금 도시 노동력을 확보할 수 있었다.

산업혁명은 기술적 발전과 기업가적 활동이 매우 중요한 역할을 하게 되는데, 제임스와트가 증기의 효율성을 극대화시키는 기술로, 효율성을 높여 상용화시킨 증기기관으로부터, 아크라이트의 수력방적기 개발과 상용화 같은 일련의 기술과 자원이 적절하게 조합되고, 상품뿐 아니라, 자원의 수요와 공급 또한 적절히 배치되면서, 급속도로 진행되기 시작하는데, 이러한 과정에서 산업화를 위해 필요한 기술들이 지속적으로 발전하고 산업화하기 시작한다. 베서머는 철강의 제련기술을 개발하고 상용화하였는데, 슘페터가 제시한 창조적 파괴의 가장 대표적인 사례로 제시된다. 이렇게 산업혁명을 만들어낸 기업가들은 사회와 경제를 변화시킬 수 있는 기술의 잠재력을 발견하고, 기존 기술의 기술적 난제와 한계를 극복하기 위해, 과학적 지식과 능력을 적용한 문제 해결사였으며, 기술의 새로운 용도과 활용방안을 끊임없이 실험하고 개선하고, 마지막으로 지적 재산을 보호하기 위해 특허를 활용한 혁신가였다. 또한 시장 수요와 제품의 가치 제안을 이해하고 수십 년 동안 업계를 지배하는 수익성 있고 경쟁력 있는 기업을 설립한 성공한 사업가이다. 증기기관을 이용하여 섬유산업에서는 방직기와 직조기를 구동하여 옷감의 생산량과 품질을 높이고 비용과 노동력을 낮추었다. 이는 무역, 패션, 소비주의의 성장뿐만 아니라 도시화, 이주, 계급 형성 등 거대한 사회 변화를 가져온다. 광업에서는 더 깊고 먼 광산에서 석탄, 철 및 기타 광물을 추출할 수 있었으며, 이로 인해 이러한 자원의 공급은 증가하고 가격이 낮아졌다. 운송산업에서는 철도와 증기선의 발달이 가능해졌고, 이는 여행과 교역의 속도와 효율성, 안전성을 향상시켰다. 이는 지역과 대륙을 가로지르는 사람, 상품, 아이디어의 이동을 촉진하고 제국, 식민지 및 시장의 확장을 촉진하게 된다. 제조업에서는 도자기, 금속제품, 기계, 공구 등 다양한 제품의 대량생산이 가능해졌고, 이로 인해 제품의 품질과 다양성이 향상되고 비용과 시간이 절감되었다. 이는 또한 제조업체 간의 혁신과 경쟁을 자극하고 소비자의 요구와 만족을 자극했다. 또한 영국의 뉴캐슬과 맨체스터는 산업혁명에 필요한 충분한 석탄과 철광을 제공하였으며, 자본은 재투자되고 확대 재생산될 수 있었다. 이는 영국의 산업혁명과 네델란드 상업혁명의 차이점이기도 하다.

영국이 산업혁명에 활용한 축적된 자본에 대해서도 많은 이야기들이 있다. 영화 '캐러비안의 해적'에서 보던 해적들이, 사실은 영국 정부에서 식민지를 방어하고 스페인해군을 견제하기 위해서 전략적으로 양성된 것이며, 가장 유명한 해적인 '드레이크'가 스페인 함대를 대상으로 해적질을 하면서, 한 번에 엘리자베스에게 영국왕실에 상납한 재물이 영국 1년 예산의 1.5배 수준이며, 드레이크는 특히 영국의 해군 제독으로서 스페인의 무적함대를 격파하는 전공을 세우기도 한다. 영국 역시 대항해 시대 식민지를 만든 제국주의 국가로서 수탈경제를 통해서 금과 은의 자본을 축적하고 있었다. 결정적으로 네델란드의 자본세력을 항해법을 통해 영국으로 지속적으로 유입시키고, 네텔란드 출신 윌리엄 3세는 프랑스와의 전쟁을 위해 막대한 자금을 유대인 자본에 의지하면서, 유대자본은 영란은행을 지배하고 국가채권만큼의 발권력을 가지게 된다.

둘째는 정치와 경제제도가 산업적 발전을 뒷받침할 정도로 충분히 성장되었다는 것이다. 영국은 이미 권리장전, 명예혁명 등의 정치적 과정을 통해 의회, 사유재산, 특허, 독점에 관한 제도들이 정비되어 있었고, 결정적으로 명예혁명을 통해 네델란드의 발전된 기술과 시스템을 확보하였다. 영국은 1215년 마그나카르타, 1628년 청교도혁명, 권리청원, 1688년 명예혁명, 권리장전으로 민주주의와 자본주의에 적합한 사회적 제도를 유럽에서 가장 먼저 정비하였다. 아울러 봉건제 해체, 입헌주의, 왕실권한의 제한, 부르주아 의회, 사유재산, 특허제도 등은 영국에서 시작된 새로운 제도이다. 더불어, 애덤 스미스의 국부론은 자본과 노동생산성 시장을 국부의 원천으로 제시하고, 기존의 중상주의와 잘못된 경제통제를 비판하여 이론적인 기반을 제공하여, 기업가 친화적 제도를 형성하는 데 기여한다.

마지막으로 시장의 측면에서 영국의 식민지 정책은 산업적 생산물을 판매할 시장을 확보하는 것이었기 때문에, 전 세계의 영국 식민지는 규모의 경제를 소화할 시장을 제공하고 있었다. 영국은 산업혁명으로 인한 생산량을 소비할 시장으로서 식민지 확보를 전략으로 하였다. 식민지를 영국연방으로 구성하여 무관세 블록으로 만든다. 즉 영국은 네델란드의 상업적 혁신과 달리, 신기술과 자본, 그리고 신시장을 가지고 산업을 통해 자본을 확대재생산하였는데, 이를 통해 영국은 무려 105년간 해가 지지 않는 나라로, 지배적인 통화인 파운드를 유통시키며 전 세계의 패권국가로 자리 잡게 된다.

'산업혁명'이라는 용어가 19세기에 아놀드 토인비에 의해 처음 사용된 것으로 보아, 당시의 사람들은 자신들이 겪고 있는 세상에서 산업혁명이라는 거대한 변화가 일어나고 있었다는 것을 모르고 있었던 것으로 판단된다. 아마도 그들은 변화를 느

껐지만, 그들이 겪은 사회와 경제의 변화가 거대한 산업혁명이었다는 것을 지나고 나서야 알게 되었다. 반면 다행히도 우리는 지금 겪고 있는 이런 급격한 사회적, 기술적 변화가 디지털 변혁이며, 우리가 살고 있는 시대가 디지털 변혁의 시대이라는 것을 잘 알고 있다. 그렇다면 국가에게도 개인에게도 지금 필요한 것은, 새로운 변화를 두려워하고 거부하는 '더라이트 운동'이 아니라, 디지털 변혁에 적응하고, 새로운 기회를 찾아 적극적으로 활용하는 기업가적 자세이다.

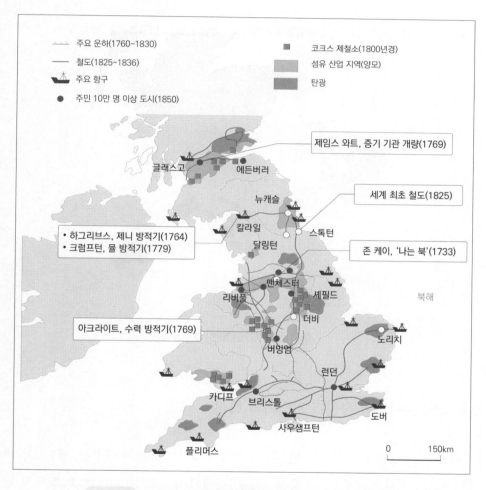

그림 1-9 **18세기 영국의 산업혁명과 인프라, 기술, 기업가의 분포**

그림 1-10   영국의 산업혁명과 기업가들 - 제임 스와트, 아크라이트, 베서머

그림 1-11   1920년대의 대영제국

미국의 프런티어 정신과 기업가적 혁신

해가 지지 않는 나라인 영국의 패권도 동인도회사의 쇠락과 대공황, 제1, 2차 세계대전으로 인해 무너지고, 그 무게 중심이 현대의 패권국가인 미국으로 향하게 된다. 미국은 독립전쟁과 남북전쟁을 거쳐, 제2차 세계대전을 기점으로 1920년경부터 무려 100년이 넘는 기간 동안 대공황, 러시아와의 냉전, 중국과의 경제전쟁을 거치

면서, 아직도 세계의 패권국가로 남아있다. 지배적 화폐인 달러를 유통시키고 있으며, 미국의 경제 정책적 변화, 연방준비제도의 움직임은 세계경제를 움직이고 있다고 해도 과언이 아니다.

프랑스에서 수차례 혁명이 일어나 민주주의의 정치제도에 대한 실험이 이루어지고 있던 시대, 영국에서 산업혁명이 진행되고 있던 시대, 미국은 독립전쟁을 통해 영국으로 부터 독립을 하고, 유대인들의 자본은 영란은행을 모델로 연방준비제도를 구성하였으며, 남북전쟁을 통해 하나의 국가를 형성하면서, 가장 현대적이고 기업가적인 국가 제도를 형성하였다. 역사적으로 볼 때, 미국은 국가의 형성부터 제도와 구조에 이르기까지 기업가정신을 기반으로 세워진 국가이다.

미국은 착취적 제도로부터 벗어나 자유와 경제적 기회를 찾기 위해 떠나온 이민자들의 나라이며, 미국의 독립전쟁은 영국으로부터 정치적, 경제적 자유를 확보하기 위한 전쟁이었다. 미국인들에게 기업가적 성공은 단순히 부의 축적과 그로 인한 성공만을 의미하는 것이 아니다. 미국만의 프런티어 정신을 포함한다. 미국 역사에서 가장 큰 존경을 받는 링컨 대통령은 철도사업의 변호사로 시작하여, 대통령이 되었고, 남북전쟁을 승리하면서, 노예를 해방시키고, 미국을 통일할 수 있었다. 역사 속의 전쟁이라는 것이 자원의 싸움이자, 기술의 싸움이다. 링컨은 전쟁을 승리하기 위해 북부의 풍부한 경제력과 자원을 활용하고, 흑인들의 자유를 위한 갈망을 활용하여 남북전쟁을 승리로 이끌고 마침내 미국의 완전한 통일을 이루게 된다. 또한 이러한 과정에서 쌓아올린 미국의 기업가적 유산이 현대 사회에서 혁신의 밑바탕이 된다.

물론 미국의 기업가적 발전에는 자본주의의 가장 큰 약점인 부의 집중과 불평등이라는 어두운 면도 존재한다. 대표적으로 미국의 도금시대(Gilded Age)는 1865년 남북 전쟁이 끝나고 1873년에 시작되어, 불황이 오는 1893년까지 미국 자본주의가 급속하게 발전한 28년간의 시대를 말한다. 이 시기 동안 미국은 특히, 북부와 서부에서 급속한 경제 성장을 이루게 되는데, 미국인 숙련공들의 임금은 유럽보다 높았으며, 이것은 수백만의 이민자를 끌어들인다. 미국의 실질 임금은 1860년에서 1890년까지 60% 이상 올랐고, 그 이후로도 계속 올라갔다. 그러나 한편으로 유럽이나 아시아 이민자들에겐 빈곤과 불평등한 시대였으며, 부의 집중과 불평등이 드러나기 시작한다. 특히 남북전쟁 이후 남부는 경제적으로 황폐화된 상태였고 면화와 담배 생산에 특화된 산업은 침체되었다. 또한 남부에 몰려 있던 미국 흑인들 역시 남부에서는 투표권을 실질적으로 빼앗기고 경제적 불이익을 받았다.

그림 1-12 미국의 도금시대(Gilded Age)의 자본가와 노동자

철도왕 벤더빌트, 석유왕 록펠러, 철강왕 카네기 등 초기 미국의 위대한 기업가들은 이렇게 경제 사회적 제도가 완성되지 않았을 시절, 독점적 지위로 막대한 이윤을 확보한 기업가들이며, 또한 이들은 향후 미국의 절대적 자본가로 변모하면서 미국의 금융자본주의를 형성하게 된다. 이러한 미국의 기업가들은 자본주의의 자본가적 제도를 통해 노동자의 착취와 시장독점으로 초거대자본을 형성하였으며, 이러한 부정적인 측면을 해소하고자 하는 제도적 노력으로 미국은 정부의 개입을 통해 진보적인 노동자 보호법과 독점금지법으로 기업들의 권리를 제한하고자 한다. 하지만 엘리트 자본가들은 이미 미국의 산업과 제도를 장악하였으며, 그들은 초거대 금융자본으로 성장하여 여전히 전 세계 경제를 좌우하고 있다.

미국의 많은 사립대학들은 독점 기업가들의 자금으로 설립된 경우가 많은데, 테네시주의 벤더빌트, 피츠버그를 대표하는 두 기업가 카네기와 멜론 대학을 통합한 카네기 멜론, 시카고 대학과 맨하탄의 록펠러 대학 등이 그러하다. 좋은 의미의 사회 기여로 생각할 수도 있지만, 사실은 이렇게 대학을 설립하는 것조차도 엘리트 자본가들이 만든 대학협회가 인정하는 자본만 투자가 가능했다. 거대자본가 세력이 이미 국가의 정치와 경제, 사회 제도를 장악하고 있었다.

이후 미국은 1914년 제1차 세계대전과 1945년 제2차 세계대전을 통해, 압도적 경제력을 보유하게 되었다. 전 세계 금의 70%를 보유하고, 자연스럽게 1944년 '브래튼우즈 체제'를 통해 달러를 기축통화로 제시하였으며, 자본주의의 황금기라고 불리던 1940년대를 지나 1970년대를 맞아 패권국가로 성장하게 된다. 1929년 루즈벨트 대통령은 대공황을 맞아 '뉴딜정책'과 '마샬플랜'과 같은 국가적 투자를 통해 전후의 세계적 경제 위기를 극복하였으며, 닉슨 대통령의 금태환 금지선언인 '닉슨쇼크'와 같은 금본위제도가 근본적으로 무너지는 과정에서도 '페트로 달러'와 같은 기업가적 혁신을 통해 20세기 절대적 패권국가의 지위를 유지한다.

월스트리트 저널에서 조사한 미국인들이 지목한 20세기의 기업가정신을 보면, 우리가 생각하던 기업가들과는 조금은 다른 형태의 결과들이 보인다. 즉 뛰어난 아이디어와 창의력으로 사업적 성공을 통해 부를 축적한 기업가보다는 '제도의 설계'와 '기업가적 실행력'을 중요한 판단의 기준으로 생각한다. '프런티어 정신'으로 대변되는 미국의 기업가정신에서 사실 새로운 기술적 발견이나 발명을 찾아보기는 어렵다. 혁신이라는 이름으로 이미 발명되거나 발견된 기술을 상업화하고 기업가적으로 발전시켰으며, 발명과 발견 역시 대부분 기술적으로 발전한 독일과 러시아 이민자들의 것이었다. 미국의 본격적인 산업화 시대를 만들고 21세기까지도 영향을 미치는 혁신의 기업가들은 니콜라와 같은 과학자, 기술자보다는 기술을 널리 활용하게 만든 기업가인 에디슨이나, 자동차 산업을 창조한 헨리 포드 등이다. 20세기의 미국의 기업가정신을 혁신한 인물들에는 L. L. 빈(의류업, 우편판매의 개척자), 레이 크록(맥도널드, 프랜차이즈 경영), 조지 존슨(존슨 프로덕츠, 흑인 기업가 성공의 상징), 제프 베조스

(아마존, 인터넷 유통의 개척자), 베티 프리단(여성 창업 의지를 도모한 여권운동가), 조지스 도리어트(벤처 캐피털 산업의 선구자), 빌 게이츠(MS, 컴퓨터의 대중화), 헨리 포드(포드, 대량생산, 대량보급, 자동차 산업 창조), 샘 월튼(월 마트, 대규모 할인점 사업모델), 프레드릭 터만(샐리콘 밸리 창업생태계 설계자) 등인데, 이들은 사업적 성공보다는 사회와 경제의 제도적 혁신을 추구한 기업가들이라는 공통점을 가지고 있다. 이들은 기술적 혁신으로 인한 사업적 성공과 함께, 사회와 기업의 포용적 제도 혁신으로 사회적 경제적 진보를 추구한 기업가들이라는 공통점을 가지고 있다.

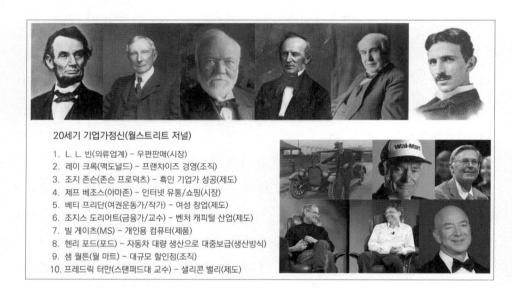

20세기 기업가정신(월스트리트 저널)

1. L. L. 빈(의류업계) – 우편판매(시장)
2. 레이 크록(맥도널드) – 프랜차이즈 경영(조직)
3. 조지 존슨(존슨 프로덕츠) – 흑인 기업가 성공(제도)
4. 제프 베조스(아마존) – 인터넷 유통/쇼핑(시장)
5. 베티 프리단(여권운동가/작가) – 여성 창업(제도)
6. 조지스 도리어트(금융가/교수) – 벤처 캐피털 산업(제도)
7. 빌 게이츠(MS) – 개인용 컴퓨터(제품)
8. 헨리 포드(포드) – 자동차 대량 생산으로 대중보급(생산방식)
9. 샘 월튼(월 마트) – 대규모 할인점(조직)
10. 프레드릭 터만(스탠퍼드대 교수) – 샐리콘 밸리(제도)

그림 1-13 20세기 미국의 기업가와 제도적 혁신

패권을 향한 새로운 도전

현재의 패권국가는 그다지 고민할 필요없이 미국이다. 이념적으로는 러시아와 공산주의가 냉전시대 미국을 위협하였고, 유럽연합은 전통적 유럽국가들의 경제블록화를 통해, 중국은 거대한 시장과 생산력으로, 달러를 기반으로 한 미국의 경제적 패권을 위협하였지만, 현재 미국은 압도적 디지털기술, AI 기술을 가지고 있으며, 동맹인 유럽과 일본 등과 함께 반도체의 글로벌 공급망을 흔들고, 보호주의적 정책으로 중국의 도전을 극복하고 있다.

미국은 사실 베트남전 이후인 1971년 닉슨대통령이 금태환을 금지한 닉슨쇼크와 함께 기축통화의 지위를 상실할 위기에 몰렸었다. 하지만 변동환률의 시대에서도 미국은 '페트로달러'라고 하는 실물경제의 핵심인 중동의 석유와 그 결제화폐인 달러의 결합으로 달러를 기축통화로 유지했다. 더욱이 미국은 다양한 기술적 혁신과 디지털 변혁을 통해서 2008년 금융위기와 같은 경제적 위기를 성공적으로 극복해왔고, 디지털 변혁과 특히 AI 혁명에 필요한 압도적 기술과 인프라를 보유하고 있다. 이는 인력의 차원에서 교육시스템이나, 클라우드와 같은 기술인프라의 차이일 수도 있겠지만, 기본적으로 산업의 수요와 실리콘 밸리라는 탄탄한 기반이 끊임없이 기업가와 기술을 제공하고 있기 때문이다. 중국도 막강한 인적 자원, 중국만의 데이타 확보와 접근 제도를 장점으로 많은 경험과 기술을 축적하고 있다. 사실 화폐경제에서 현재까지 달러를 대신할 수준의 신뢰와 유통량을 가진 대안화폐가 없고, 중국의 군사적, 경제적 패권을 향한 도전 역시 실패하여 당분간은 미국을 대신할 압도적 군사력과 경제력이 없다. 따라서 당분간 미국의 군사, 정치, 경제적 패권은 유지될 것으로 보여진다.

하지만 이제 미국도 절실하다. 더 이상 과거의 초거대국가 미국이 보이던 여유는 찾아볼 수 없다. 우리는 전통적인 형태인 달러패권의 몰락과 새로운 패권국가와 기축통화의 등장이 아닌, 새로운 형태의 화폐경제로 이동하는 디지털 대변혁을 경험하고 있다. 2008년 금융위기 이후 미국의 패권적 행태를 거부하는 탈중앙화, 탈국가화 속에서 그 변화의 중심에 빅테크, 블록체인, 암호화폐가 있다. 대표적인 탈중앙화 시도인 웹 3.0, 블록체인 기술, 그리고 비트코인과 암호화폐 등은 탈국가, 탈중앙화를 상징하는 사회제도로서 성장하고 있다. 기업의 측면에서도 디지털 변혁 시대의 글로벌 환경에 맞게 '국가'라는 시각을 벗어나면, 하나의 제국으로 볼 수 있고, 이러한 제국을 향한 기업의 노력들은 '빅테크'라 불리는 초국가적 대제국을 이룬 기업들을 탄생시켰다. 이들은 여전히 '국가'라는 제도하에서, 특히 '미국'이라는 패권국가의 제도하에 기업으로 존재하지만, 새로운 산업과 글로벌 시장의 패권을 차지하기 위한 더욱더 치열한 제국주의적 경쟁이 지속되고 있으며, 이러한 상황에서 기업에도 국가와 같은 성장 아젠다, 또는 국가를 뛰어넘을 수 있는 아젠다가 필요하고, 미래기업가는 이러한 기업의 아젠다로서도 중요한 위치를 차지하게 된다.

미래국가와 미래기업들은 글로벌 가치사슬(GVC)을 어떻게 장악하고, 해당 기업과 국가에 유리하게 재편할 것인가에 대한 많은 논의를 진행 중이다. 과거의 패권이 압도적 군사력에 의한 자발적 복종과 그 지배력이었다면, 이제는 압도적 경제력에 의한 자발적 복종이 필요한데, 세계화가 진행되는 동안, 그간 미국의 군사력과 경제력에 의해 유지되었던 글로벌 가치사슬이 변화를 일으키고, 중국의 도전과 미국의 경제시스템의 위기 상황에서, 미국은 패권유지를 위해 노골적이고 직접적인 글로벌 가치사슬의 개편을 진행하고 있다. 특히 최근의 반도체 공급망 위기에 대응하여 자국의 이익을 기준으로 글로벌 가치사슬을 재편하는 미국 바이든 정부의 모습은 보호무역주의의 형태와 같이 노골적이며, 이제 중국과 일본, 유럽의 강대국들조차 미국이 주도하는 과학기술의 시대에 살아남기 위한 노력을 경주하고 있다.

'글로벌 가치사슬'은 '공급망'과 비슷한 용어로 사용되지만 사실은 훨씬 더 광범위하고 많은 것을 담고 있는 개념이다. 우리가 일반적으로 공급망으로 이야기하는 수평적이며, 지리적인 현물 공급망에, 수직적인 부가가치가 형성되는 협력관계가 최근 부각되고 있으며, 그리고 마지막으로 시간의 축, 이것은 화폐, 투자, 이자, 위험성을 포함한 글로벌 금융시스템을 포함하게 된다. 여기서 암호화폐와 관련된 변화는 시간의 축, 즉 금융의 변혁에 해당될 것이다. 세계화가 진행된 2008년 금융위기 이후 '비트코인'으로 대변되는 '암호화폐'는 세계화의 변종으로 태어났으며, 초국가적 화폐로서 특히 지정학적 위기인 전쟁과 같은 상황에서 안전자산으로 주목받고 있는데, 미국은 이러한 글로벌 가치사슬을 제도적으로 재정비함으로써, 달러기반의 기축통화제도를 유지하여 절대적인 패권국가의 위치를 유지하고자 노력하고 있다.

국가적 패권은 항공모함으로 대변되는 압도적 군사력과 기축통화로 대변되는 압도적 경제력이 필요하다. 따라서 역사에서 패권은 전쟁이나 지배적 화폐의 이동과 운명을 같이했다. 그리고 패권은 제국주의와 자본주의의 역사이며, 우리가 살펴본 15세기 이후 패권국가의 변동에는 국가와 구성원의 기업가적 행동이 큰 영향을 미치고 있다. 더욱이 제국주의를 벗어난 산업사회로 들어서면서 미국의 탄생과 성장, 번영의 역사는 '기업가의 역사'라고 불릴 만큼 철저히 자본주의적이다. 현대사회에서는 공산주의, 제국주의, 신자유주의와 같은 다양한 실험이 완료되었지만, 탈국가화와 같은 새로운 실험이 진행되고 있다. 하지만 지금도 여전히 세계적 질서의 근간에는 이러한 국가적 이권과 패권의 역사가 존재하고, 그 이면에는 사회적 제도를 발전시켜 온 기업가의 역사가 존재한다.

사실 짧은 글로 각 시대의 기업가적 사건들을 요약하기에는 어려움이 있다. 자본주의 국가와 기업가의 역할을 설명하기 위해 유럽의 역사를 돌아봤다, 그 시대의 배경과 문맥을 이해해야 하기 때문이다. AI 혁명과 디지털 혁신도 마찬가지다. 30년간 IT 산업에 종사했다고 해서, 현재 빅테크 기업에서 일한다고 해서, 또는 유료 Chat GPT를 구매해서 이것저것 질문해 본다고 해서 AI를 이해하고, 디지털 기술을 이해하는 것은 아닐 것이다. 기술과 변화된 환경, 제도와 사회 배경에 대한 철저한 이해가 필요하기 때문이다.

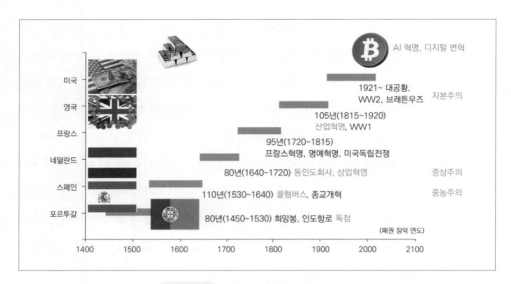

그림 1-14 **국가의 패권과 기업가적 혁신**

국가적 패권은 압도적 군사력과 기축통화로 대변되는 압도적 경제력이 필요하다. 기업에도 국가와 같은 성장 아젠다, 또는 국가를 뛰어넘을 수 있는 아젠다가 필요하고, 미래기업가는 이러한 기업의 아젠다로서도 매우 중요한 위치를 차지하게 된다.

CHAPTER 03

산업화 시대의 기업가정신

자본주의와 경제학을 만든 부르주아

인류 역사를 통틀어 세계 경제는 장기적으로 지속적인 성장을 이루어 왔다. 역사적 자료를 토대로 과거의 경제 통계를 추정하는 매디슨 프로젝트에 의하면, 세계 경제는 산업 혁명으로 인한 산업화를 기점으로 빠른 성장을 시작했으며, 제2차 세계 대전이 끝난 20세기 중반 이후는 세계화를 통해 폭발적으로 성장했다. 그리고 이러한 배경에는 근대 이후 주도적인 경제 체제로 자리잡은 자본주의가 있었다. 자본주의는 경제 주체 간의 거래가 자유롭게 이루어지는 경제 체제로, 재화와 서비스의 생산에 필요한 생산 수단(토지, 공장, 기계 등)을 정부가 아닌 기업이나 개인이 소유하고 관리하며, 시장에서의 경쟁과 이에 따른 혁신을 중요한 가치로 여긴다.

인류의 경제생활에 가장 큰 영향을 미친다고 볼 수 있는 자본주의와 경제학은 따지고 보면 그리 오래된 제도나 학문이 아니다. 또한 이를 정의한 애덤 스미스, 칼 마르크스와 같은 학자들은 사실 철학과 정치학자들이다. 이것은 학문의 근원이 철학이며, 철학으로부터 인간의 배고픔의 문제를 해결하기 위한 학문으로 자리잡은 학문이 경제학이기 때문에 어찌보면 당연하다고 볼 수 있다.

중세와 근대 유럽의 사회는 종교, 왕권과 정치, 군사력, 그리고 경제력이 복잡하게 얽혀 제도를 구성하고 있는 사회였다. 그리고 현대로 들어갈수록 민주주의와 자본주의, 그리고 국가라는 제도를 지탱할 수 있는 경제력이 중요해지게 된다. 결국 현대의 경제와 기업이라는 인간의 삶에 가장 중요한 제도적 기반은 자본주의라는 사회제도의 등장에서 찾는 것이 맞을 것이다.

미셸푸코에 의하면 부르주아는 중세 프랑스에서 왕권을 강화하고 행정조직을 강화하기 위해 탄생했다. 이렇게 부르주아는 왕권강화를 위해 지방 영주들을 견제하는 역할을 하다가, 활발한 상업활동으로 부를 축적하고, 프랑스 대혁명에서 주도세력으로, 자본가로 성장하게 된다. 프랑스 대혁명은 유럽의 절대 왕조의 중상주의가 부루주아 주도의 자본주의 시대로 넘어가는 계기이다. 아울러 16세기 유럽의 종교개혁이 신흥 상공업자 계급을 만들고, 이들의 경제적, 종교적 자유를 위한 이동이 유럽의 산업혁명을 위한 토대가 되었다. 프랑스의 위그노, 영국의 청교도, 스코틀랜드의 장로파, 네델란드의 고이센 등은 경제적 자유, 신앙의 자유를 위해, 전쟁을 불사한 신흥 상공인들이었으며, 경제적 주체인 상공인 집단, 또는 계급을 어떻게 받아들이고, 제도적으로 보호하느냐는 국가의 부와 국가적 패권에 영향을 미치고 있다.

막스 베버는 '프로테스탄트 윤리와 자본주의 정신'에서 금욕적 칼뱅주의라는 특정한 성격이 서구의 합법적 권위, 관료제, 자본주의 발전에 영향을 끼쳤음을 강조한다.

삼권분립으로 민주주의 정치제도를 완성한 영국에서도 부르주아는 중심 세력으로 성장하였고, 산업혁명 역시 부르주아에 의해 완성되었다. 이때 애덤 스미스의 국부론은 18세기 중농주의, 중상주의를 넘어, 국가의 부의 원천을 산업노동력, 분업으로 인한 생산성 개선으로 보면서, 자유주의 경제, 자본생성, 생산성 향상, 개인의 이기적 행동을 정당화함으로써 자본가의 경제행위에 대한 정당성을 부여하여, 경제학의 근간이 되고, 산업혁명의 이론적 기반이 되었다. 산업혁명에서 이러한 부르주아들의 활동은 봉건적 신분제도를 해체하고, 자유주의를 확대시켰으며, 자본주의와 경제학을 탄생시켰다는 역사적 의미를 가지고 있다.

독일의 오펜하이머는 "자본주의란 자본 및 그 이익에 의하여 주로 지배되고 있는 사회조직, 제도이다."라고 정의하였고, 칼 마르크스는 자본주의 사회의 생산구조를 '자본＋노동＝이익창출'이라고 정의한다. 자본주의의 발생과 더불어 그 산업자본의 담당자가 된 부르주아들은 자신들의 이익을 대변하기 위해 경제학을 만들었다. 부르주아의 경제학은 자본주의를 사회적 생산의 자연적 형태로 정의하고, 부르주아적 생산관계를 절대적, 궁극적인 것으로 간주함으로써 그 경제적 개념을 도출했다. 이러한 경제학은 자본주의의 태동기에는 애덤 스미스와 리카도와 같이 부르주아적 생산관계의 내면적 연계를 탐구한 고전학파 경제학으로 불리지만, 부르주아 사회를 영원한 사회형태로 간주함으로써 스스로의 모순에 빠지게 된다. 고전학파 경제학은 노동가치설 보다 토지-지대, 노동-임금, 자본-이자의 모델로 경제를 설명하며, 자본주의를 옹호했다.

또한 국가는 법과 제도를 통해 경제학의 이론을 현실에서 실현하고자 했고, 이 과정에서 자본주의 제도의 기틀이 마련되었다. 자본주의 체제하에서 개인이나 기업의 이익 추구 행위는 제도화되었고, 정부는 이들의 경제적 자유가 보장되도록 최소한의 역할만 수행하고 국가 간의 무역이 서로에게 이익이 된다는 관점에서 무역이 확대되었다. 영국은 효율적 재산권 제도를 만들고, 외국에서 수입되는 농산물에 대한 과도한 세금(곡물법)을 폐지(1846년)하여 무역 장벽을 낮추었으며, 특허법을 개정(1852년)하여 지적 재산권을 보장하고 기업가적 혁신을 유도했다.

민주주의와 자본주의의 공생

역사적으로 민주주의는 자본주의와 늘 함께해왔다. 하지만 사실 자본주의와 민주주의는 이론적으로는 아무리 생각해도 쉽게 어울리지 않는 제도적 조합이다. 자본주의는 인간의 본성인 이기심을 기반으로 한 시장과 경쟁, 자유를 전제로 하고, 민주주의는 평등을 전제로 하며, 의사결정방식은 자본주의는 주식(돈)의 양 만큼의 의사결정권, 민주주의는 누구나 평등한 1개의 투표권을 가지게 된다. 따라서 이 두 가지 제도가 공존할 때는 잠재적 갈등 요소가 존재할 수밖에 없다. 하지만 민주주의가 자리를 잡는데 가장 큰 기여를 한 것은 자본주의임이 틀림없는 사실이다. 중세에 태어나 16세기에 새로운 경제체제로 자리 잡기 시작한 상업 자본주의는 봉건사회에서 인간을 해방시킨 제도였다. 그리고 이것이 봉건적 신분구조를 무너뜨리고 민주주의의 중요한 부분으로 자리 잡는다. 그리고 산업혁명과 함께 산업이 중심이 되는 산업 자본주의가 탄생했다.

시간이 지나고 민주주의도 발전하고 자본주의도 발전했다. 그런데 왜 잘 사는 사람은 더 잘 살고, 가난한 사람은 늘 가난할 수밖에 없는 사회가 되었을까? 자본주의의 약점인 불평등은 해소될 수 없는 것인가? 노암 촘스키는 1950~1960년대 성장과 생산성 향상, 최저임금 상승이 1970년대에 들어서면서 사라진 것은 정책적 문제이지 경제적 법칙의 문제는 아니라고 지적했다. 자본주의와 불평등은 자본수익률이 항상 경제성장률보다 높다는 역사적 사실에서 확인할 수 있는데, 이를 해결하기 위해 국가는 소득재분배의 역할을 수행한다. 그러나 불평등의 문제는 경기 침체, 팬데믹과 같은 사건과 결합되면서 더욱 심화되고 있다. 세계불평등연구소(World Inequality Lab)의 2022년 보고서에 따르면 2020년 억만장자들의 재산이 역사상 가장 가파르게 증가했고, 상위 소득 10%가 전 세계 소득의 52%를 차지하고, 코로나19 팬데믹 기간 불평등이 더욱 심해졌다. 세계경제가 좋아진다고 해서 이러한 불평등이 해소될 수 있는가에 대해서는 여전히 회의적이다. 산업 자본가와 더욱더 큰 규모의 자본과 영향력을 가진 소수의 금융 자본가의 고착된 자본주의 경제구조는 자본주의적 불평등을 심화시키는 민주주의를 위협하는 가장 큰 문제점이다.

시장은 자원과 소득을 분배하는 역할을 한다. 정부도 마찬가지의 역할을 한다. 하지만 많은 사람들이 정부의 분배가 비효율적이라고 생각한다. 하지만 우리는 이제 경험을 통해 '시장은 완전하지 않다'는 것과 '견제받지 않는 자본주의가 거대자본을 통해 정치와 경제와 사회의 모든 부분을 장악할 수 있다'는 것도 알고 있다. 따라서 정부라는 거대한 권력이 막대한 자본의 힘을 통제해 주길 바란다. 우리는 한때 세계적으로 작은 정부와 균형예산, 세금과 규제완화, 개인의 자유와 이익이 강조되고, 공동체의 가치가 부정당했던 '신자유주의'를 기억한다. 신자유주의 체계에서 민주주의는 축소되고, 자본은 통제권을 벗어나기 시작했고, 소비자와 공급자의 자유로운 의사결정이 존중되었으며, 그로 인하여 극소수의 자본가만이 경제적 혜택을 입게 되어, 불평등은 극적으로 심화되기 시작하였다. 2008년 미국발 세계 금융위기는 그 결과물이다.

2024년 노벨경제과학상을 수상한 아세모글루는 '좁은 회랑'에서 민주주의의 중요성을 강조하며, 국가가 폭주하지 않기 위해 사회가 적절히 관리해야만 국가가 지속적으로 발전할 수 있다고 지적한다. 특히 민주주의와 자본주의 경제발전이 함께 진행되는 좁은 길을 통해서 국가발전이 가능하다고 설명한다. 기업가정신은 이러한 자본주의의 불균형과 불평등의 문제에서 자유롭지 않다. 또한 새로운 기업가정신은 그들이 해결해야 할 새로운 문제와 그들이 만들어야 할 새로운 가치로 불평등의 문제를 포함하게 된다.

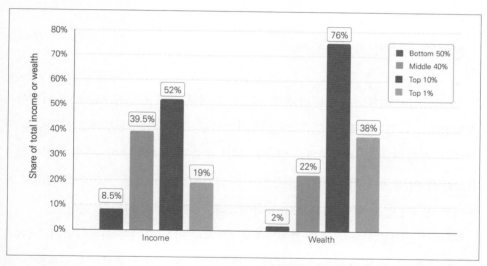

출처: https://wir2022.wid.world/chapter-1/

그림 1-15 **소득과 부의 불평등(Global income and wealth inequality, 2021)**

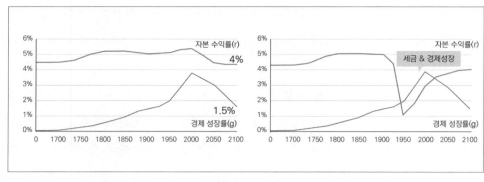

출처: piketty.pse.ens.fr/capital21c

그림 1-16 세계경제의 성장과 자본수익률(세전 vs. 세후)

왜 잘 사는 사람은 더 잘 살고, 가난한 사람은 늘 가난한 수밖에 없는 사회가 되었을까?

산업화 시대의 기업가정신

산업혁명이 진행되던 시대의 유럽 국가들은 국부과 패권의 확보를 위해 치열하게 경쟁했다. 그리고 부르주아들은 성공한 기업가로, 또한 자본가로 새로운 계급을 형성하며, 성장했는데, 이들에게는 단순한 자본의 축적을 뛰어넘어, 사회적 정당성을 확보하게 해 줄 이념적 무기가 필요했다. 기업가정신은 이러한 자본주의 시대에 자본가와 중상공인을 위한 이론으로서 태어났다고 보는 것이 타당할 것이다.

리처드 캉티용(1755)은 처음으로 '앙트레프레너'라는 용어를 사용하면서, 기업가를 생산수단(토지, 노동, 자본)을 통합하여 상품을 판매하고, 경제발전을 담당하는 자이며, 불확실한 가격에 상품을 구입하여 불확실한 가격에 판매함으로써 발생되는 위험을 부담하는 것으로 정의하였으며, 세이(1800)는 생산되는 재화에 가치를 부여하는 마스터 매뉴팩처러(Master Manufacturer)를 기업가로 정의하면서, '가치'라는 개념을 기업가정신에 포함시켰다. 학문적으로는 슘페터(1942)의 연구로부터 시작된 기업가정신은 스타트업의 활성화와 더불어, 기술의 발전과 함께, 본격적으로 연구가 진행되었으며, 슘페터는 새로운 자원활용과 결합, 창조적 파괴를 통해 기업가정신의 역할을 체계적으로 설명한다.

자본주의의 구조적 한계를 비판한 칼 마르크스(Karl Heinrich Marx)가 세상을 떠난 1883년 슘페터와 케인즈(John Maynard Keyens)가 태어난다. 같은 해에 태어나 동시 대의 삶을 살았기 때문에 두 사람은 종종 비교되곤 하는데 두 사람의 인생은 매우 달 랐다. 우리가 잘 알고 있는 케인즈는 20세기 전반기만 해도 세계 최고의 강대국이었 던 영국 출신이었고, 슘페터는 쇠락한 헝가리-오스트리아 출신이었다. 케인즈는 국 가 경제의 문제점을 지적하고 정책을 제시하는 등 현실 정치에 적극적으로 참여하는 행보를 보였으며, 총수요가 국민소득을 결정한다는 케인스의 거시경제이론은 대공 황에 빠진 20세기 미국과 서구의 국가들의 정책방향을 제시하기도 하였다.

이에 반해 슘페터는 대학에서 후학을 양성하고 자신의 경제이론을 발전시켜 나갔 다. 슘페터의 경제관은 "정태적인 봉건 경제, 정태적인 사회주의는 있을 수 있어도 정태적인 자본주의는 모순이다."라는 그의 말에 요약되어 있다. 그는 자본주의를 이 끌어가는 힘을 기업가정신(Entrepreneurship)에서 찾았다. 기업가는 기술혁신을 통해 생산방식을 개선하고 제품을 개발하는 창조적 파괴(Creative Destruction)를 수행하고 이런 과정을 거쳐 경제가 동태적으로 발전한다고 주장하였다. 그러나 이런 슘페터의 경제이론들은 당시 케인즈의 경제이론에 밀려 거의 주목받지 못하였다. 당시의 세계 경제는 대공황과 세계대전으로 인하여 큰 혼란을 겪고 있어 기술혁신을 기대하기 어 려운 상황이었기 때문에 기업가의 기술혁신을 강조한 슘페터의 주장보다는 뉴딜정 책과 같이 정부의 개입으로 유효수요를 늘려야 한다는 케인즈의 주장이 설득력을 얻 을 수밖에 없었다. 세계대전이 종료되고 사회가 안정화되면서 세계경제는 급격한 기 술변화와 경제발전을 경험하게 되었으며, 이로 인하여 슘페터의 기업가적 혁신에 의 한 자본주의 경제발전 이론이 다시금 주목받게 된다.

슘페터 이후 기업가정신은 혁신과 동일시되는데 이후 피터드러커(1942)는 이러 한 기업가정신을 거시 경제적 관점에서 분리하여 미시경제 또는 기업 경영의 영역으 로 끌어들였다. 특히 기업의 성숙도나 규모와 관계없이 세계화와 변화하는 환경에 대응하기 위한 중요한 요소로 보았다. 또한 산업과 시장의 급속한 변화와 혁신이 넘쳐나는 시대에 기업의 효율성을 확보하지 못하는 기업은 시장에서 퇴출될 것이라 예측했다. 이외에도 커즈너(1973)에 의해 기회에 대한 새로운 이론이 더해지면서 기업가정신은 학문으로서 체계를 갖추기 시작했다.

왜 다시 기업가정신인가?

특히 1983년 주류경제학에서 외생변수와 기술진보 모델 내에서 기업가정신을 설명하기 시작하면서, 슘페터의 기업가정신은 다시 주목받기 시작하였고, 피터 드러커는 '변화를 탐구하고, 변화에 대응하며, 또한 변화를 기회로 이용하는 사람'으로 기업가를 정의하면서 기업가정신을 '기업의 성장전략'으로 제시하여 경영학의 영역으로 기업가정신을 끌어들인다.

슘페터는 20세기의 위대한 경제학자였던 케인즈에 밀려 제대로 빛을 보지 못했다. 하지만 20세기가 케인스의 시대였다면 21세기는 슘페터의 시대라는 경제학자들의 평가처럼, 슘페터의 이론들과 기업가정신이 21세기에 들어 재조명되었다. 기업가정신과 창조적 파괴가 무엇인지를 너무나도 뚜렷하게 보여주던 애플, 구글, 아마존, 메타와 같은 미래기업들이 이루어 낸 업적과 그로 인한 우리 삶의 변화를 보면, 슘페터가 우리에게 말하려고 했던 창조적 파괴와 이로 인한 동적인 경제발전이 무엇인지 깨달을 수 있다.

2008년 미국발 금융위기가 글로벌 경제위기로 확산되면서, 세계경제는 새로운 시대에 맞는 새로운 대안을 찾기 시작했다. '시장은 현명하고, 정부는 무능하다'는 신자유주의, 시장만능주의와 금융자본주의 시스템에 문제가 있다는 것을 모두가 지적했다. 니콜라 사르코지 프랑스 대통령은 유럽정상 경제회담에서 금융 자본주의를 부의 집중과 불평등을 심화시키고, 노동과 생산력, 기업가정신을 퇴색시키는 '부도덕한 시스템'이라고 비난했으며, 윌리엄 이스터리 미국 뉴욕대 경제학 교수는 세계경제위기에 정부가 나설 게 아니라, 각 경제주체들의 '기업가정신'이 발휘될 수 있게 해야 할 때라고 주장했다. 기업가정신이 지구적 경제위기에 '혁신의 동력' 역할을 할 수 있다는 주장이었다. 핵심은 '불확실성'이었다. 그리고 디지털 기술의 눈부신 발전으로 인해 오래전 슘페터가 자본주의 경제의 발전 동력이자 변화의 주체로 꼽았던 '창조적 파괴'와 '기업가정신'이 다시 주목받기 시작했다.

슘페터는 자본가와 기업가를 분리하여 기업가의 창조적 파괴가 경제발전을 일으키는 동력이며, 이 과정이 반복되어 자본주의가 발전한다고 하였다. 자본주의를 움직이는 것은 혁신이며, 혁신의 수행주체는 기업가, 혁신이 없다면 기업가도 없다는 것이다. 또한 창조적 파괴로 인하여 기업가에게 이윤은 자연스럽게 따라오게 되고, 이후 혁신을 모방하는 기업들이 나타나면서 독점적 이윤은 소멸된다는 것을 설명하여, 기업가는 경영자, 자본가와는 달리 끈질기게 혁신을 쫓는 사람이며, 기업가적 발전이 없다면 자본주의적 이윤도, 경제의 추진력도 잃게 된다고 주장한다. 기업가의 혁신 동기에 대해서는 사적 제국을 건설하려는 꿈, 승리자의 의지와 창조의 기쁨으로 표현하는데, 이를 통해 그는 기업가들의 행위에 정당성과 이론적 기반을 제공하게 된다. 이러한 슘페터의 기업가정신과 창조적 파괴가 21세기에 새롭게 주목받는 진정한 이유는 자본주의를 이끄는 핵심동력에 대한 그의 오래 전 분석이 시대를 뛰어넘어 새로운 시대의 경제적 변화와 불확실성, 그리고 대응방법 정확히 설명하고 있기 때문이다.

"창조적 파괴의 과정은 자본주의의 근본적인 요소이며 핵심이다."
"기업가는 경영자, 자본가와는 달리 끈질기게 혁신을 쫓는 사람이다."
"자본주의를 움직이는 것은 혁신, 혁신의 수행주체는 기업가, 혁신이 없다면 기업가도 없다."
"기업가적 발전이 없다면 자본주의적 이윤도, 경제의 추진력도 잃게 된다."

– '자본주의 사회주의 민주주의' 조지프 슘페터

그림 1-17 슘페터와 기업가정신

제도의 관점으로 보는 기업가정신

기업가적인 행동과 제도에 의한 행위는 단어 자체로는 반대의 의미를 가지고 있다. 기업가적인 행동은 기회에 민첩하게 반응하는 것이며, 기존 생각의 틀에 대한 도전을 의미한다. 반면 제도에 의한 행위는 사회 구성원들의 동의를 바탕으로 형성되고 합의된 틀 안에서의 행동을 의미한다.

제도는 "인간 상호작용을 구조화하는 인간이 고안한 제약"(North, 199: 3)으로, 조직의 실제적 구조와 운영방식을 의미한다. 또한 제도화는 제도가 사회적으로 정당성을 획득하여, 확립되는 과정이다. 우리가 생각하는 기업은 그 자체로 하나의 중요한 제도이자 경제주체로, 조직을 구성하고 수익을 창출하게 되는데, 이러한 기업활동이 사회적 정당성을 확보하게 되면, 그 사회에서 그 기업활동은 제도화되었다고 한다. 즉 제도 관점에서 기업은 경제적 이윤을 추구하는 조직이며, 그 시대 사회가 인정하고 요구하는 규범을 따름으로서 '기업'이라는 제도는 사회적 정당성을 획득하고, 유지된다. 또한 제도의 관점에서 기업은 '거래비용'을 최소화하기 위해서 만들어진 제도이며, 조직의 생존을 위해서는 효율적인 생산 이상으로 이해관계자들로부터 정당성을 획득하는 것이 중요하다(Meyer, Rowan, 1977). 이러한 제도의 관점은 국가의 경제와 사회의 제도가 사회적 경제적 진보에 영향을 미치는 거시적 관점과 또한 기업의 조직과 제도가 기업의 성과에 영향을 미치는 미시적 관점으로 나누어 생각할 수 있으며, 기업가정신을 이해하는 데 매우 중요하고 유의미한 관점이 된다. 기업가와 기업가적 활동은 거시적 관점의 제도에 영향을 받으며, 기업레벨에서 미시적 제도를 창조하여 기업가적 발전을 이루고, 이러한 미시적 제도들의 발전은 다시 거시적 제도에 영향을 미치게 된다. 그러나 산업화 시대의 기업가정신은 거시적 관점의 접근이며, 미시적 관점의 기업가적 활동과 제도적 변화가 기업의 성장뿐 아니라 거시적인 사회의 진보와 발전에 영향을 미치는 부분에 대해서는 관심을 두지 않았다.

아세모글루(Acemoglu)는 『국가는 왜 실패하는가(Why Nations Fail)』에서, 국가적 패권의 이동에 관해 국가의 흥망은 몇 가지 핵심적인 제도들에 의해 결정된다고 주장한다. 과학기술 발전을 위해 광범위한 사회 계층의 재산권을 보호하고 기업 및 혁신으로 인한 수익을 보장하는 자본주의의 특허나 지적재산 보호제도와 같은 지속 가능한 개발을 위한 메커니즘과 정치제도, 또한 새로운 발명에 대한 보호와 보상의 이면에, 지나친 보호와 독점을 규제하여, 기술의 지속적인 개선, 발전을 가능하게 하는 견제력을 가진 또 다른 제도인 국가와 독점에 대한 규제 등 이 국가의 흥망을 좌우한 결정요소이다.

또한 그는 경제제도를 '포용적 제도'와 '착취적 제도'로 분류하고, 포용적 제도가 국가 번영을 이끈다고 설명한다. 포용적 제도로는 사유재산제도와 민주주의 등이 거론되고, 착취적 제도는 독재와 권위주의 등이 꼽힌다. 특히 두 교수는 이 책에서 한국과 북한을 비교하여 제도적 차이가 경제적 격차를 만든 대표적 사례로 제시한다. 비슷한 지리적 환경과 문화적 조건을 갖추고 있었음에도, 각각 자유시장경제와 계획경제, 민주주의와 독재라는 제도를 선택한 결과 경제 발전의 격차가 크게 벌어졌다는 것이다.

이는 자본주의 경제 성장을 위해 상품과 기술의 끊임없는 변화를 강조한 슘페터의 창조적 파괴에서도 찾을 수 있다. 즉, 슘페터는 혁신을 가능하게 하는 기업가와 제도의 중요성을 주장하고 있다. 그러나 슘페터는 그의 저서『자본주의, 사회주의, 민주주의』에서 자본주의의 한계를 지적하고, 관료화로 인하여 혁신이 거부되고, 자본주의가 붕괴될 가능성을 경고하고 있는데, 이러한 자본주의의 한계를 극복할 견제력을 가진 또 다른 제도를 통해 이를 극복해야 한다고 주장한다.

즉 신제품 개발과 같은 기업가적 행위에 대한 인센티브는 더 나은 제품의 발명 후에 나타나는 생산 독점 이익이며, 기존 독점의 소유자가 경제력을 사용하여 신기술의 도입과 개발을 차단할 수 없도록 보장하는 제도는 지속가능한 개발을 가능하게 하는 또 다른 제도인데, 여기에 국가의 충분한 수준의 권력 집중화로 개인이 사회에 존재하는 이러한 규칙을 준수하도록 강제하는 일련의 공식 및 비공식 규칙 및 메커니즘인 제도가 필요하다는 것을 의미한다.

이와 같이 기업가정신은 거시적으로 이들이 존재하는 사회와 경제구조에서 철저히 실천적인 국가적 성장 아젠다로서 경제와 사회의 제도를 구성하는 역할을 하였다. 현대국가에 있어서도 기업가정신은 혁신성장의 새로운 핵심동력으로서 경제 및 과학기술 정책 등에 새로운 방향을 제시하며, 미시적으로는 기업의 성패를 좌우하고, 지속적 성장을 가능하게 하는 경영학적 문제이기도 하다.

다만 기존의 기업가정신 이론으로 디지털 변혁 시대의 기업가적 활동을 설명하고, 예측하기는 어렵다는 공감대가 형성되고 있다. 즉, AI 혁명과 디지털 변혁의 특성을 고려한 새로운 시대와 기업가정신의 관점에서 경제현상을 분석하고, 미래 사회와 경제의 특성을 수용할 수 있는 새로운 거시적, 미시적 기업가정신이 필요하다는 것이다.

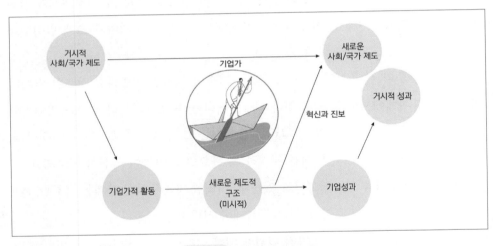

그림 1-18 **제도와 기업가정신**

기업가와 기업가적 활동은 거시적 관점의 제도에 영향을 받으며, 기업 레벨에서 미시적 제도를 창조하여 기업가적 발전을 이루고, 이러한 미시적 제도들의 발전은 다시 거시적 제도에 영향을 미쳐 사회적 진보를 이루기 때문이다.

기업가적 정부의 탄생

필자가 AI 혁명과 디지털 변혁의 시대의 가장 큰 특징으로 제시하는 불확실성은 디지털 기술의 발전과 디지털 변혁의 진행으로 인한 미래사회의 기술적, 경제적 불확실성을 이야기한 것이다. 그런데 난데없이 또 다른 형태의 불확실성이 지구를 집어삼키고 있다. 미국의 정치구조의 변화에 관한 것이다. 안타깝게도 미국의 정치구조 변화는 또 다른 글로벌 경제의 불확실성을 의미한다.

트럼프 2.0의 정부와 함께 트럼프는 물론, 미래기업가 일론 머스크와 월가의 하워드 루트닉 등 기업가들의 인수위원회 참여로 '기업가적 정부'라는 미국의 새로운 시도가 진행 중이다. 이것은 필자가 이야기한 미시경제의 제도 변화가 거시경제의 제도 변화를 이끈다는 결론에는 부합하지만, 그 과정은 필자의 주장과 차이가 있는 직접적이고 파격적인 실험이다.

'기업가적 정부'란 시장 원리와 기업가정신을 행정에 도입해 정부 비효율을 줄이고, 성과 중심의 국정 운영을 추구하는 새로운 모델을 의미한다. 새로운 트럼프 정부는 '파괴적 혁신을 통한 정부효율화'를 위해 트럼프가 약속한 정부효율성부서(DOGE: Department of Government Efficiency)를 일론 머스크의 주도하에 계획 중이며, '연방정부 지출 2조 달러 삭감'이라는 목표를 제시했다. 여기에 글로벌 금융서비스 회사이자 투자은행인 캔터 피츠제럴드의 루트닉를 트럼프 인수위원회 공동의장으로 선임하면서, 친기업가 또는 기업가적 조직을 구상하고 개혁의 기반을 준비하고 있다. 기존 관료제의 대대적 개편이 예상되고, 특히 정부 조직 축소와 의사결정 구조의 단순화가 진행될 것이다. 얼핏 신자유주의 시대의 실패한 금융자본주의로의 회귀가 떠오를 수도 있다. 하지만 트럼프의 이러한 정부 혁신 구상은 'MAGA(Make America Great Again)'를 기반으로 미국의 이익과 경쟁력 강화를 위해 노골적이고 공세적으로 진행되고 있다.

첫째, 'AI 혁신 촉진법'을 통해 AI 개발에 대한 연방정부의 규제를 최소화하고, 기업들의 자율규제를 허용하는 방안을 추진 중이다. 이는 메타버스 플랫폼, 범용 AI

개발, 뉴럴링크 프로젝트 등에 즉각적인 탄력을 줄 것으로 전망된다. 이외에도 AI의 기반 인프라와 특히 에너지 문제를 해결하기 위한 신재생 에너지 생태계, SMR(Small Modular Recactor)과 같은 새로운 산업에 대한 대대적인 투자가 기대된다.

둘째, 식품의약국(FDA), 증권거래위원회(SEC), 연방통신위원회(FCC) 등 주요 규제기관들의 기술 기업에 대한 감독이 대폭 완화될 것으로 예상되며, 이는 신약 개발, 암호화폐, 5G 네트워크 구축 등의 분야에서 기업가적 혁신을 가속화할 것이다. 물론, 이러한 급진적 규제 완화는 개인정보 보호, 알고리즘 편향성, 기술 독점 등의 역효과를 심화시킬 수 있다.

셋째, 스페이스 X의 화성 탐사와 테슬라의 전기차 사업 등이 국가적 프로젝트가 될 수 있고 미국의 기술 패권이 강화될 전망이다. 스페이스X는 이미 2029년 첫 화성 유인 착륙을 목표로 스타십 개발에 박차를 가하고 있으며, 테슬라는 2030년까지 연간 2,000만 대 전기차 생산을 목표로 하고 있다. 이는 AI 산업과 함께 미국의 기술 패권의 주축이 될 것이다.

시장은 뜨겁게 반응하여 달러의 가치는 증가하고, 미국증시는 사상 최고치의 기록을 세우고 있으며, 암호화폐시장은 당선 즉시 폭발적인 반응을 보였다. 규제 완화와 감세 정책이 기업의 실적 개선으로 이어질 것으로 기대하고 있으며, 연방준비위원회와 증권거래위원회의 리더십 교체 가능성과 연방 법원의 보수화 전망도 시장 친화적 환경 조성으로 방향을 잡고 있다.

기업가적 정부라는 미국의 실험은 기업가적 활동을 통해 제도를 만들고, 이로 인한 기업가적 성공을 통해 인해 사회발전을 이루고 사회제도를 진보시킨다는 필자의 주장과 달리, 기업가들이 직접 제도를 만들어 가는 형태의 실험으로 심각한 도전과 우려를 동반한다. 정치적으로는 견제와 균형의 약화와 기업인 출신들의 정부 진출로 인한 이해 상충이 있을 수 있다. 또한 결과는 미국에만 머무르지 않고, 세계경제가 신자유주의시대에 세계에서 경험했던 경제적 불평등을 더욱 심화시킬 수 있는 위험을 가지고 있다. 무엇보다 그간의 경험으로 기술적 혁신과 사회의 발전에 대해서는 긍정적이지만, 인간의 탐욕만큼은 항상 경계해야 할 대상이다.

바다 건너 미국의 일이라고 생각하기에는 너무도 거대하고 급격한 파급효과가 예상된다. 미국의 변화는 글로벌 차원의 파급효과를 일으킨다. 이미 유럽연합은 대응 전략 마련에 바쁘고, 중국은 자국의 산업 정책을 재검토하고 있다. 또한 미국의 자국 중심의 기업가적 정책들이 글로벌 차원으로 확산될 경우, 국제 경제 제도의 근본적 재편이 불가피하다.

출처: X 일론 머스크

그림 1-19 **정부효율성부서(DOGE: Department of Government Efficiency)**

국가별 기업가정신 평가

기업가정신은 다차원적 개념으로, 기업가의 사고, 태도, 행동 등 다양한 영역의 특성에 대해 혁신성, 진취성, 위험감수성 측면을 고려하여 각각의 발현수준을 평가하는 접근법을 사용하고 있다. 실제로 기업가정신을 측정하기 위해 1999년부터 런던 경영대학(London Buisiness School)과 미국의 밥슨칼리지(Babson College)가 주축이 된 글로벌 기업가정신 연구협회(GERA: Global Entrepreneurship Research Association)

는 글로벌 기업가정신 모니터(GEM: Global Entrepreneurship Monitor)를 발표하고 있다. 이는 국가별 초기창업 활동에 중점을 두고 기회형, 생계형 창업비율을 비교하며, 창업 태도와 활동, 열망 등을 측정한다. 또한 글로벌 기업가정신 개발협회(GEDI: Global Entrepreneurship Development Institution)는 GEM의 설문 자료에 세계경제포럼에서 조사한 제도 변수를 추가 접목하여 기업가적 열망(Aspiration), 능력(Ability), 태도(Attitude) 등을 측정한다. 글로벌 기업가정신 모니터의 기준은 전문가 재정, 정부정책, 교육, 연구개발(R&D) 등의 국가 여건 13개 세부 항목을 점수화하는 전문가 대상 조사(NES)와 일반인을 대상으로 진행하는 설문조사(APS)이다.

GERA는 기업가정신과 국가 경제성장 사이의 인과관계를 분석하고 있으며, 초기 창업 활동지수가 국가 경제성장과 U자형 상관관계가 있음을 제시하고 있다. 여전히 산업화 시대의 기업가정신을 기반으로 각국의 기업가정신을 평가한다는 비판은 있지만, 국가의 경쟁력으로 기업가정신을 객관적으로 평가한다는 점에서 의미있는 시각을 제시하기도 한다. 예를 들어 2023년 49개국이 조사에 참여한 보고서에서 한국의 기업가정신 지수 순위는 2022년보다 상승한 세계 8위이다. 2023년 기업가정신 지수는 총 10점 만점 중 5.8점으로 2022년에 비해 증가했고 순위는 공동 9위에서 8위로 올랐다. (가장 높은 순위 2021년 6위) 2023년 기업가정신 지수 1위는 아랍에미리트(UAE)이며 7.6점이다.

GEM 보고서는 우리나라 초기 창업비중의 하락 추세나 창업자들의 자국시장에 대한 집중경향 등 의미있는 지적을 하고 있지만, 기업가정신 지수를 다양성지수와 같은 국가 선진화 순위와 비교해 보거나, 기업현장에서 볼 때, 현실감이 떨어지는 느낌이다. 2024년 현장에서 보는 우리나라의 스타트업 시장은 타국가에 비해 초기 벤처투자의 비율이 낮아지고, 새로운 창업 의지 약화를 느끼기 때문이다. 현재 한국은 카카오의 플랫폼 독점, 옐로모바일의 상장폐지, 큐텐의 정산지연, 테라루나의 대폭락 등의 문제로 인하여 초기 벤처시장이 심하게 움츠러들었으며, 대부분의 벤처캐피털이 안정적인 후기투자를 선호한다는 것은 창업에 대한 제도적 지원이 건전하지 않다는 것을 의미하기도 한다.

또한 평가대상이 기업가가 아닌 기업환경, 즉 거시제도의 관점에 치우쳐 기업가정신을 평가한다는 것 또한 혼란에 빠지게 할 수 있다. 기업가정신을 평가한다는 것은 국가의 거시적 관점의 환경 및 제도뿐 아니라 미시적 관점에서 개별기업의 기업가정신에 대한 평가가 균형감 있게 고려되어야 한다.

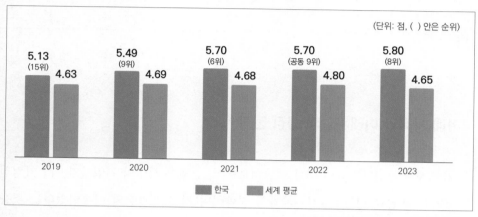

출처: 글로벌 기업가정신 연구협회(GERA)

그림 1-20 **한국 · 세계 기업가정신 지수(NECI)**

글로벌 기업가정신 모니터는 국가의 경쟁력으로 기업가정신을 객관적으로 평가한다는 점에서 의미있는 시각을 제시한다.

CHAPTER 04

새로운 기업가정신의 필요성

미래 사회와 미래기업의 성장 전략

기업가와 기업가정신의 역사를 살펴보면서, 산업화 시대의 기업가와 기업가정신은 국가의 패권과 성장을 위한 국가적 전략이며 거시적 관점의 이론이었다는 것을 알 수 있었다. 그러나 미래기업가에 이르러, 기업가정신은 진정한 사회와 기업의 성장 전략으로서 이론화되어야 한다. 필자는 이를 이론화하기 위해서, 미래와 가장 가까운 시대인 AI와 디지털 변혁의 시대에 성공하는 기업과 실패하는 기업을 연구하여 핵심적인 차이를 찾아내고자 하였으며, 특히 미래기업가정신과 기업의 성과에 대한 관계를 찾고자 하였다. AI와 디지털 기술로 촉발된 새로운 시대에 성공한 전통적 기업의 혁신 사례와 디지털 네이티브 기업들의 사례을 구분하여 각 집단이 가지고 있는 기업가정신과 제도적 구조를 비교하여 검토하였다. 또한 미래기업가와 성과의 연관성을 확인하고, 제도적 관점에서 그 인과관계를 설명하고자 하였다.

거시적 관점에서 기업가정신에 빠질 수 없는 이론가인 슘페터(1942)는 끊임없이 새로운 제품을 개발하고 새로운 사업에 도전하여 시장을 확장하는 '기업가적 도전'이 자본주의 경제를 움직이는 근본적인 힘이라고 하였으며, 성공한 기업가가 제공하는 제품와 서비스는 소비자들에게 더 나은 삶을 제공하고, 성공한 기업가는 '창조적 파괴'를 통해 경제성장을 견인한다고 하여 국가 경제적 필요성을 강조한다. 국가경제와 사회발전의 관점에서 기업가정신에 대한 연구는 일자리 창출과 경제성장 측면의 긍정적인 영향으로 인해 정책 수립에 크게 도움이 되어왔으며, 혁신과 기업가, 그리고 기업가정신이 경제성장에 기여한다는 것은 오랜 선행연구를 통해 이미 역사적으로 증명된 사실이다.

이와 더불어 미시적인 관점에서 기업가와 개별기업의 성공과 성장의 관계에 대해 역사적으로 다양한 학자들이 조직관점에서 기업 내에서 기업가와 최고 관리자의 역할이 중요하다는 사실을 오랫동안 강조해 왔고(Island, Hitt, Sirmon, 2003), 경영학의 대표학자인 피터드러커에 이르러 기업가정신은 기업의 성패를 좌우하는 기업적, 경영학적 문제로 연구되고, 슘페터의 기업가정신을 경영학 영역으로 끌어들였는데, 피터드러커는 기업가의 끊임없는 혁신을 강조하고, 목적의식을 가지고 경제적, 사회적 잠재력에 변화를 일으키려는 조직적 노력을 혁신이라고 하였다. 그에 의해 거대기업 중심의 관리 측면의 경제(Managerial Economy)가 기업가적 경제(Entrepreneurial Economy)로 이동하게 된 것이다.

한편 미래기업가나 디지털 기업가정신을 연구하는 학자들은 "혁신 프로세스 자체가 디지털화의 영향을 받기 때문에 기존에 통용되던 혁신 이론이 더 이상 적용되지 않는다."라고 이야기하고 있으며, 이제 디지털 변혁의 시대와 같은 새로운 시대에 맞는 새로운 이론이 필요하다고 주장한다. 또는 디지털 기업가정신의 중요한 학자인 남비산 등(2017)은 "디지털 세계에서 급변하는 혁신 프로세스의 특성을 보다 적절하게 다루는 '디지털 혁신 관리'에 대한 새로운 이론이 절실히 필요하다."라고 하여 새로운 시대를 이끌어갈 '기업가정신'에 대한 연구를 요구하고 있다.

실천적 혁신 이론

학계에서는 새로운 형태의 기업가와 AI 혁명 및 디지털 변혁의 시대를 이끌어 나갈 기업가에 대해서 많은 연구가 진행되었는데, 그중에서도 기업가정신과 기업의 성과와의 관계에 대해 실증한 연구들이 많았다. 이와 같이 기업가정신의 역할은 더욱 중요해지고 있고, 학술적으로도 디지털 변혁으로 인해 디지털 기업가정신이나 새로운 시대의 기업가정신에 대한 연구 역시 더욱더 관심을 받고 있다.

우리는 현재도 진행되고 있는 디지털 변혁 시대의 기업가정신을 "디지털 기업가정신"이라고 부르고, 기존의 기업가정신과는 차이가 있음을 알고 있다. 그러나 "디지털 기업가정신에 대한 연구는 피상적이며, 이론적이다.(Zhao and Collier 2016)" 한편으로는 디지털화와 디지털 변혁이 구분없이 사용되거나, 디지털 기술 역량과의 단순결합이나, 디지털 비지니스를 위한 기업가정신으로 이해되는 경우도 있으며, 기술적 변화에 중점을 두고, 디지털 변혁을 추동하는 요인을 단편적으로 열거하여, 개념적 혼란을 초래하고 있다. 따라서 이러한 개념적 혼란을 해결하기 위해, 필자는 기존의 기업가정신에 기반하여, 사회와 기업, 개인에게 새로운 가치를 창출하고 디지털 제품이나 서비스, 디지털 프로세스와 협력, 글로벌 공급망, 가상시장 등 AI와 디지털 기술과 디지털 변혁으로 인한 사회, 경제적 변화를 포함한 새로운 시대의 실천적 기업가정신을 '미래기업가정신'으로 정의하고자 한다. 그리고 미래의 사회, 경제적 제도의 구조를 변화, 발전시켜 미래를 변화시키는, 또는 창조하는 실천적 기업가를 '미래기업가'로 정의하고자 한다.

또한 기존 기업가정신과 기업 성과에 관한 연구들은 디지털 기술과 디지털 역량을 매개변수로 하는 재무적 관점에서의 전통적 기업성과나, 기존 기업가정신과 디지털적 요소를 혼합한 디지털 기업가적 지향성을 바탕으로 기간 내 상대적 재무성과에 대한 연관성을 양적 연구로 제시했기 때문에 디지털 기업가정신과 기업의 성과에 대한 인과관계를 설명하기에는 부족함이 많았다. 또한 기업가정신에 관련된 선행연구들이 국내외적으로 양적, 실증적 연구를 통해 기업의 경영성과에 긍정적인 영향을 준다는 경향성을 제시하고 있지만, 기업가적 지향성과 기업성과와의 비선형적인 관계를 제기된 논문도 있으며, 기간 내 성장이나, 디지털 변혁의 성공 등 특정목표에 대한 연관성을 양적으로 입증해 왔지만, 지속적 반복적 성장이나, 성공이라는 장기적인 목표에 이르는 직접적인 연관성은 뚜렷하게 제시되지 못하였다. 오히려 최근 서강대에서 김용진 교수가 진행 중인 디지털 변혁 시대의 기업 성과를 복잡계 이론으로 설명하는 방법이 더욱 설득력 있게 다가온다.

이 책에서도 실패한 디지털 네이티브 기업 사례로 선정된, 상당수준의 디지털 기업가적 지향성들을 확보하고 있는 10개의 표본 기업이 초기에는 우수한 성과를 보였으나, 다양한 이유로 인하여 성장에 한계를 보이고 있었다. 이는 기업가적 지향성이 기업의 초기에는 성과와 양의 연관성을 가지고 있으며, 기업가의 역할 역시 초기 기업의 성과에 절대적인 영향력을 가진다고 할 수 있으나, 스타트업을 지나, 스케일업을 통해, 장기적이고 지속적인 성공의 단계에 이르기 위해서는 기업가적 지향성을 넘어 조직화, 제도화하는 노력이 필요함을 의미한다. 또한 성공한 기업들은 더이상 기업가의 역량에만 의존하지 않고, 조직적 역량과 제도의 힘으로 지속가능한 성장을 이룰 수 있다는 것을 보여주고 있다.

한편으로 현재까지 디지털 변혁 시대와 미래의 새로운 기업가와 기업가정신이 어떠한 방식으로, 성과에 영향을 미치게 되는지, 새로운 시대의 경영자들에게 가장 절실한 미래기업가에 대한 모델과 지속가능한 성과, 성공과의 인과관계의 규명은 미비한 실정이다. 지금까지는 주로 상황적인 변수와 중간 결과물로 이를 설명해 왔지만, 디지털 변혁의 가장 큰 특징인 '불확실성'을 고려하여, 이에 대응하고 극복할 상황적인 실행주체인 조직과 제도의 관점에서 미래기업가정신을 실현시키는 구체적인 대안에 대한 연구가 필요하다.

예를 들어, 빌그로스는 산업 측면에서 200개의 스타트업의 성공요인을 연구하여 스타트업 성공의 가장 중요한 요소를 조사했다. 그는 스타트업의 다섯 가지 성공요소로, 타이밍과 팀, 아이디어, 비지니스 모델, 펀딩을 꼽았다. 그는 기술기반의 제품과 서비스를 기반으로 하는 디지털 시대의 기업의 성공을 분석하기 위해서, 결국 기업가적 요소를 성공의 기반으로 분석하였다. 이는 다분히 결과적이고 기술적인 분석이지만, 이러한 다양한 성공 요소들을 다시 정리해 본다면, 이는 결국 이 모든 불확실한 요소와 상황을 극복해야 하는 기업가의 역할을 강조하고 있다.

또한 김용진(2020) 교수는 그 기업가가 가지고 있는 기업가정신과, 기업가정신이 가지고 있는 기업가적 지향성, 조직과 문화에 의해 디지털 변혁 시대의 기업 성공과 실패는 가장 크게 좌우된다고 하였다. 그는 기술기반의 제품과 서비스를 기반으로 하는 디지털 시대의 기업의 성공을 분석하기 위해서 기업가적 요소와 기업가가 만들어내는 조직의 구조를 성공의 기반으로 분석하고 강조하였다.

디지털 기술과 디지털 변혁 시대의 변화가 만든 불확실성과 예측불가성은 미래기업의 경쟁 상황과 성장 과정의 의사결정을 더욱 힘들게 한다. 예측 불가능이 상존하는 미래, 디지털 변혁의 시대에 불확실성에 대처하고 이를 기회로 활용하여 생존하고 성장할 수 있는 미래기업가에 대한 정확한 이해를 바탕으로, AI와 디지털 변혁 시대인 미래의 기업을 지속가능한 성공으로 이어지게 하는 구체적이고 실천적인 대안이 산업 측면에서 절실하다. 이에 대한 대답이 '미래기업가'이다.

산업화 시대 기업가정신은 국가의 경제성장, 일자리 창출, 호국보은, 사회적 책임과 같은 기업가정신을 포장하는 모호한 문구들로 가득 차 있으며, 사실 그 본질적 의미는 개인에게는 경제적 자유와 성장을 위한 기회, 국가와 사회에는 국가적 성장동력, 성장전략, 사회적 책임의 강요를 위한 수단이었다.

그러나 미래 사회는 새로운 기업가들에게 '성공한 기업보다는 가치를 창출하는 기업'을 요구하고 있으며, 기업가들 역시 시대적 요구에 부응하여 스스로의 가치를 찾아서 빠르게 움직이고 있다. 특히 디지털 변혁의 시대, AI 혁명의 시대, 4차 산업혁명의 시대에, 디지털 기술로 인해 촉발된 변화된 사회, 경제구조가 지배하는 미래사회의 기업은 이러한 사회, 경제 구조의 변화 속에서 어떻게 대응하여 생존하고 성장하고 것인가에 대한 답을 찾아야 하는 상황이다. AI와 디지털 기술의 특징은 생성성, 확장성, 연결성이며, 이러한 기술은 다시 AI 혁명과 디지털 변혁이라는 새로운 시대적 특징을 보이고 있다. 이러한 소비자중심적, 초연결/초지능/대융합, 무한경쟁과 복잡성이라는 시대적 특징에 의해 미래기업이 극복해야 할 가장 큰 과제는 불확실성이다. 이것은 과거의 계획과 관리의 기업구조를 무색하게 한다. 이러한 불확실성을 해결할 수 있는 실천적 혁신이론으로 다시 한번 기업가 경제, 특히 미래기업가의 필요성이 대두된다.

디지털 변혁을 담아낼 새로운 기업가정신

여기서 우리는 하나의 질문을 던질 수밖에 없다. 산업화 시대의 기업가정신과 산업화 시대의 성공 방식으로 "디지털 변혁 시대의 불확실성을 극복할 수 있을 것인가?"에 관한 것이다. 또한 기존 기업가정신과 기업의 성공에 대한 인과관계는 많은 학자들이 분석해 왔지만, 그다지 분명하지 않다. 더욱이 AI 혁명과 디지털 변혁 시대의 새로운 기업가정신인 미래기업가를 통해 기업이 성과를 만들고, 성공할 수 있을 것인가에 대한 연구는 반드시 짚고 넘어가야 할 부분이다.

피터틸은 '제로투원'에서 슘페터의 산업화 시대의 '창조적 파괴'의 가치를, 현대적 '수직적 진보'로 해석하여 디지털 변혁 시대의 혁신과 진보를 설명하였으며, AI 혁명 및 디지털 변혁과 더불어 변화하는 시대에 생존하기 위해 기술적 측면을 강조한 '디지털 기업가정신' 또는 'AI 기업가정신' 등 다양한 기업가정신과 구제적 실행 방법론에 대한 연구가 활발하다. 디지털 변혁 시대에 중요성이 부각되고 있는 디지털 기업가정신은 특별히 기업가의 역할이 조직, 전략, 계획 및 실행, 제도, 의사결정, 조직문화 등 조직 전반에 걸쳐 영향을 미치고 있고, 기업가의 아이디어와 기술에 대한 의존도는 절대적으로 높아, 기업가정신이 조직전체에 미치는 영향을 고려할 때 조직의 성과에 있어서 매우 중요한 요소로 볼 수 있다(Baron, Shane, 2005; Nahavandi, 1997). 하지만 AI 기업가정신이나 디지털 기업가정신은 기술을 중심으로 시대적 상황을 반영한 기업가정신이며, 기술적 요소가 지나치게 강조되어 그 본질적 의미를 이해하는 데 어려움이 있다.

디지털 변혁의 시대는 디지털 기술로 인해 촉발된 변화된 사회, 경제구조가 지배하는 시대이며, 미래기업은 이러한 사회, 경제 구조의 변화 속에서 대응하여 생존하고 성장한다. 디지털 기술의 특징인 생성성, 확장성, 연결성은 AI 혁명과 디지털 변혁이라는 새로운 시대를 만들고 소비자중심적, 초연결/초지능/대융합, 무한경쟁과 복잡성이라는 시대적 특징에 미래기업을 노출시킨다. 미래기업이 극복해야 할 가장 큰 과제는 불확실성이다. 이를 극복하기 위해 미래기업가는 디지털 사고에 기반한 혁신의지가 필요하며, 디지털 변혁의 특징과 시대적 요구를 이해하고, 기업과 개인 사회의 새로운 문제를 해결하여, 새로운 가치를 창출하게 된다. 소비자 중심의 새로운 비즈니스 모델로의 혁신이며, 디지털 기술을 통한 가치원가 딜레마를 해결하는 것이다. 미래기업가에게는 산업화 시대의 기업가정신을 넘어 디지털 변혁으로 인한 사회적 경제적 변화를 담아낼 새로운 기업가정신이 필요하다.

미래 사회와 기업의 새로운 가치

　슘페터(1942)는 기술의 혁신이 자본주의를 이끄는 힘이라고 하였으며, 경제적 진보를 이끄는 힘을 혁신이라고 하였다. 또한 기업가는 혁신을 이끄는 주체라고 주장하였다. 슘페터 이후로 기업가정신에 대한 연구는 학술적 관심과 비즈니스 측면뿐만 아니라, 일자리 창출과 경제 성장 측면의 긍정적인 영향으로 인해 공공 정책 수립에도 영향력을 미치고 있다. 혁신과 기업가, 그리고 기업가정신이 경제 성장에 기여한다는 것은 널리 알려져 있으며(Ahlstrom, 2010), 시장을 완전히 바꿀 수 있는 잠재력을 가진 파괴적(획기적 또는 급진적) 혁신이 이러한 성장의 주역으로 간주되는 경우가 많다(Christensen et al, 2015). 이것은 기업가와 기업가정신이 기업의 성공, 특히 창업의 성공뿐 아니라, 경제, 사회적으로 매우 중요한 혁신과 진보의 원동력이 된다는 것을 의미한다. 현대사회에서 기업가는 이미 많은 국가에서 혁신, 경제성장, 그리고 일자리 창출에 중요한 역할을 해왔다(Hull et al., 2007). 더욱이 AI 기술과 디지털 변혁을 활용하여, 국가적 경쟁력을 확보하고자 하는 각국 정부의 경쟁이 더욱 치열해지고 있고 있으며, 한편으로는 디지털 변혁의 가속화에 따른 소비자 관점에서의 변화에 대한 대응도 필요한 실정이다. 무한경쟁의 글로벌시대에 새로운 시장을 개척해 나가는 미래기업가는 여전히 국가 경제 발전의 원동력일 뿐 아니라 국가적 경쟁력으로 자리 잡고 있어, 국가적으로 미래기업가는 중요한 연구대상이다.
　아울러 새로운 미래사회의 가치를 담은 새로운 기업가정신도 출현하고 있다. 그간의 경제 발전에 대한 기여에도 불구하고 소외되었던 창출된 가치의 '분배' 문제와 구성원과 이해관계자들의 기여와 행복을 극대화하는 새로운 시대와 개념의 기업가 정신(송창석, 김용진, 2018)이 등장했다. 기업의 사회적 가치와 같은 새로운 가치를 강조하기 위한 사회적 기업가정신, 평화 기업가정신(Pacipreneurship, Entrepreneur-ship for peace), 사람 중심의 기업가정신(Humane Entrepreneurship) 등은 이러한 새로운 시대 정신을 담아내는 새로운 의미의 기업가정신이다. 이와 같이 기존의 기업가정신에 기반하여 새로운 시대상황과 목적을 반영한 기업가정신이 출현하고, 이를 사회적 변화에 대응하고 주도할 수 있는 새로운 동력으로 사용하기 위한 연구가 활발히 진행되고 있으며, 이제 우리에게는 이러한 새로운 시대정신과 사회적, 경제적 변화를 포함하여 AI와 디지털 변혁으로 인한 기술적 변화를 담을 수 있는 새로운 시대의 기업가정신인 '미래기업가'가 필요한 시점이다.

새로운 시대에서도 국가는 기업의 정책적, 제도적 환경을 제공하는 여전히 중요한 역할을 가진 경제주체이다. 또한 기업은 사회를 발전시킬 수 있는 실질적 자원을 보유한 실질적 경제주체이다. 기업은 문제해결을 위해 필요한 실질적 자원을 보유하고 있으므로 공유가치창출(CSV: Creating Shared Value)을 통해서 사회적인 문제를 해결할 수 있다(Michael.E. Porter, 2013). 또한 디지털 변혁의 기술적 특징과 시대적 특징을 이해한다면 소비자의 가치를 증대시키면서도 원가를 절감하는 가치-원가 딜레마의 해결이 가능하다. 또한 미래기업의 공유가치 창출은 기업의 이윤을 희생하지 않고도 사회적 가치를 만드는 것도 가능하다는 것을 이해할 것이다. 그리고 미래기업가는 이러한 사회적인 문제를 함께 해결함으로써, 무궁무진한 기업가적 기회를 발견할 수 있다. 미래기업가는 기업의 제도적 구조를 설계할 뿐 아니라, 기업이 존재하는 국가의 사회적, 경제적 제도의 구조에도 큰 영향을 미칠 수 있다. 따라서 국가에게도 사회에게도, 기업의 미래를 위해서도 미래기업가는 매우 중요한 요소임에 틀림없다.

따라서 거시적 제도를 만들고 운영하여, 기업의 기업가적 활동에 영향을 미치는 사회와 국가의 측면에서는 미래기업가와 관련하여 변화된 소비자의 가치와 변화된 사회적 가치와 영향력을 고려한 제도를 구성하여야 하고, 사회와 국가는 디지털 변혁을 활용한 경제발전, 사회발전과 새로운 과제인 불확실성의 극복과 지속성의 확보를 위해 정책적, 제도적 관점으로 미래기업가의 기업가적 행동의 활용을 위한 적극적인 연구가 필요하다. 기업가와 기업가적 활동은 거시적 관점의 제도에 영향을 받으며, 기업레벨에서 미시적 제도를 창조하여 기업가적 발전을 이루고, 이러한 미시적 제도의 발전은 다시 거시적 제도에 영향을 미쳐 사회적 진보를 이루기 때문이다.

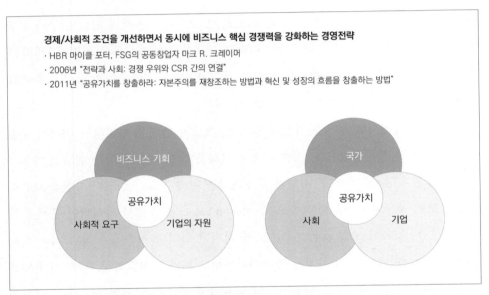

그림 1-21 **미래기업가의 동기적 요소: Customer Shared Value(공유가치 창출)**

기업가정신은 디지털 변혁 시대의 경제와 사회적 문제를 해결하기 위한 거시적 국가적 아젠다가 될 뿐 아니라, 미시적으로 기업의 생존과 성장을 위한 균형있는 경영이론으로 진화되어야 한다. 실질적 방법론을 제공해줄 수 있는 구체적이며, 실천적인 혁신 이론이 되어야 하고, AI 혁명과 디지털 변혁 시대의 불확실성을 극복하고, 새로운 사회와 경제의 가치를 담을 수 있는 새로운 기업가정신이 되어야 한다. 또한 미래기업가는 미래기업뿐 아니라 미래의 사회, 경제적 제도의 구조를 변화시켜 가치를 창출하고 미래를 변화, 발전시키는 또한 창조하는 기업가가 되어야 한다.

02

AI 혁명과 디지털 변혁의 시대

이제 미래기업가의 시대적 배경이 될 AI 혁명과 디지털 변혁을 본격적으로 살펴보고자 한다. 우선 기술 측면의 디지털화와 기술로 인한 사회와 경제적 변화를 포함하는 디지털 변혁은 구분될 필요가 있다. 디지털기술은 컴퓨터의 발전 및 보급과 함께 디지털화를 진행하고, 이를 통해 디지털 기술이 개인의 생활과 비즈니스 프로세스에 통합되는 광범위한 변화를 가져온다. 디지털 변혁은 통제범위와 통제수단 모두가 디지털화되고, 자동화되어 온라인과 오프라인을 통제하고, 정보와 가상세계뿐 아니라, 물리적 기계와 프로세스마저 통제하게 되는 더욱 광범위한 변화이다. 자동화는 어제 수행한 작업을 대규모로 반복하여 비용을 절감하고 효율성을 높인다. 디지털 기술은 어제 할 수 없었던 작업을 수행하고 내일 새로운 가치와 성과를 달성할 수 있는 기회를 제공한다. 자동화와 AI 기술을 포함한 디지털 기술의 결합은 더 빠른 속도로 실험하고 적응하며 상상할 수 없었던 규모와 속도의 비즈니스를 만들어 낼 수 있다. 자동화로 인한 비용절감에만 우선순위를 둔 기업은 그 속도를 따라갈 수 없다.

또한 이러한 변화는 기업을 넘어 사회와 경제의 구조를 변화시키게 되는데 이러한 변화와 혁신을 강조하고, AI의 출현으로 인한 인간사회의 혁명적 변화를 표현하기 위해 디지털화와는 차별화된 '디지털 변혁'이라는 용어를 사용하기로 한다. 이 책에서는 인터넷, AI와 함께 사회적 경제적 변화가 본격적으로 인지되기 시작한 1996년 이후를 AI 혁명 포함한 '디지털 변혁의 시대'로 정의하고자 한다.

그림 2-1 **디지털 변혁 - 김용진(2020)**

CHAPTER 01

디지털 변혁과 산업의 변화

디지털 변혁은 AI와 디지털 기술의 눈부신 발전으로 인한 것이 분명하지만, 현재와 다가올 미래의 시대를 정의하기 위해서는 반드시 디지털 기술이 변화시킨 사회와 경제의 측면의 변화를 모두 보아야 한다. 예를 들어, AI 기술인 ChatGPT가 나온 것만으로 세상이 완전히 변화될, 변혁이나 혁명이라고 하지는 않는다. 물론 그 자체로도 혁명적인 기술임에는 틀림없고, AI라는 새로운 산업을 형성하기에 이르렀다. 하지만 진정한 의미의 AI 혁명과 디지털 변혁은 이러한 기술들이 우리의 전통산업과 생활에 적용되어 전통적 가치사슬을 완전히 변화시키고, 우리의 생활방식을 변화시키고, 경제체제를 변화시킬 새로운 형태의 가치와 가치 창출방식이 제시될 때 그 거대한 위력을 발휘하게 된다.

디지털 변혁으로 인한 변화의 첫 번째 특징은 변화의 속도이다. 디지털 변혁으로 인한 기업들의 성장과 변화는 놀라운 속도를 보여주고 있다. 과거 글로벌 기업들이 수십 년의 성장을 통해 실현한 가치를 2000년대 출현한 혁신기업들은 10년 안에 실현하고 있다. 2000년 이전 S&P 500 기업이 유니콘의 기준인 10억 달러 기업가치에 도달하는 데는 평균 20년이 걸렸으나, 2000년 이후 디지털 변혁의 시대에 구글은 8년, 페이스북은 6년, 우버는 3년 만에 이 수준을 넘어섰다. 또한 이들은 각각의 산업을 대표하던 전통의 대기업들의 시가총액을 뛰어넘었고, 장기적으로는 붕괴시켰다. 아마존은 10년 남짓한 짧은 기간에 대형 서점은 물론, 전 세계 대형 유통기업들을 압도하였고, 아마존 웹서비스는 클라우드 비지니스 모델로 아이비엠과 같은 IT 산업의 공룡들을 초라하게 만들었으며, SFDC는 창업 7년 만에 자신이 근무하던 90년 역사를 가진 오라클의 시가총액을 뛰어넘었다. 전기차 기업인 테슬라는 2020년 연간 1,000만 대를 양산하는 토요타의 시가총액을 뛰어 넘었으며, 애플과 구글의 스마트폰 생태계는 노키아, 모토롤라, 소니, 닌텐도와 같은 한때 시장를 제패했던 업계 최고의 기업들을 차례로 밀어냈다. OpenAI의 ChatGPT는 출시 두달 만에 월 1억 명의 사용자를 기록했다. 반대로 S&P 500기업들의 평균 존속기간은 1930년대 75년에서 2000년대에는 15년으로 줄어들었는데, 디지털 변혁으로 기업과 제품의 라이프 사이클은 더욱 빨라지고 수명이 급격히 짧아졌다는 뜻이다.

두 번째는 규모의 변화를 들 수 있다. 변화가 영향을 미치는 범위와 영역도 다양하고 따라서 그 영향력과 파괴력은 우리의 평범한 상상력을 뛰어넘는다. 닷컴 붐이 일었던 2000년 이전 생겨난 1세대 디지털 기업들은 이미 기업공개(IPO)를 통해 빠르게 성장하거나 소멸되었고, 2000년 이후의 2세대 디지털 네이티브 기업들은 속도 경쟁을 넘어, 이제 규모에 있어서도, 비상장 기업으로도 기업가치 10억 불 이상의 유니콘(UniCorn), 기업가치 100억 불 이상인 데카콘(DecaCorn)과 기업 가치가 1,000억불 이상인 헥토콘(HectoCorn)의 꿈을 꾸고 있으며, 이들의 상대적 시장가치는 기존산업의 대표기업들을 압도한다. 현재 세계시총 순위의 상단에 있는 '알파벳(구글)', '메타(페이스북)', '아마존', '엔비디아', '테슬라' 등과 같은 상장 기업 이외에도 '바이트댄스', '스페이스X', 비영리 단체인 'OpenAI' 등은 대표적인 헥토콘 비상장 기업으로 디지털 변혁이 낳은 디지털 네이티브 기업들이다.

세 번째는 산업적 변화이다. 1997년부터 2023년까지 글로벌 시가총액 순위에서 산업적 변화를 살펴보면 초대형 석유화학 기업, 금융 기업의 시대를 지나, 이제는 애플, 마이크로소프트, 알파벳(구글), 메타(페이스북), 아마존, 엔비디아, 테슬라와 같은 첨단 디지털 기술과 플랫폼 서비스를 기반으로 온라인상에서 다양한 서비스를 제공하는 대형 디지털 기술 기업들인 '빅테크'들이 시가 총액뿐 아니라 매출, 수익 면에서도, 최상단에 위치하고 있다. 소위 'FAANG', 'Magnificent 7'이라고 불리는 디지털 기업들이다. 그리고 그 변화는 다시 'AI 5'라고 불리는 AI 관련 공급망 기업들이 하나의 산업군으로 상위권을 차지하고 있다.

"전통산업은 디지털 변혁으로 인해 시장의 균형이 무너지고, 또한 산업의 경계가 무너지면서 시스템적으로 해체되고, 다시 융합하며 새로운 산업을 생성하고 있다.(Unruh,Kiron,2017)" 소위 '빅블러'라고 표현되는 산업의 해체와 융합은 디지털변혁 시대에 산업 간, 생산자 소비자의 관계, 규모, 온라인과 오프라인, 제품과 서비스 간 경계가 무너지면서 새로운 융합이 일어나는 현상을 표현하고 있다(Stan Davis,1999).

또한 기업 내부에서도 디지털 변혁으로 인하여 디지털 기술과 관련되어 성장을 꾀하는 조직의 근본적인 변화가, 비지니스 모델의 성공적인 변화와 함께 혁신을 발생시킨다(Berman. 2012). 특히 금융 서비스, 배달, 쇼핑, 게임과 같은 소비자 생활 서비스를 단일 플랫폼 내 통합된 인터페이스로 제공하는 모바일 앱인 '슈퍼앱'은 유선 통신보다 모바일 의존도가 높은 아시아를 중심으로 급격한 성장세를 보였고 전 세계로 확장되고 있다. 온라인 서점에서 시작된 아마존은 전자상거래, 오프라인, 음원 스트리밍, 미디어, 클라우드 등 다양한 분야로 사업을 확장하고 있고, 테슬라는 전기자동차 제조사이지만, 이미 FSD(Full Self Driving), AI 기반 자율주행이 핵심경쟁력이다. 아울러 인슈어마이테슬라(InsureMyTesla)는 AI와 데이터 기술로 자사 차량의 주행데이터를 분석하여 개별 운전자의 사고 위험이 계산된 보험료를 책정하며, 나아가 트위터를 인수하여, "X"로 사명을 변경하고 금융을 포함한 라이프사이클 '에브리씽 앱'을 목표로 한다. 하나의 앱을 기반으로 고객의 라이프 사이클을 모두 담을 수 있는 '슈퍼앱'을 표방하는 한국의 '카카오', 금융슈퍼앱 '토스' 등의 기업들 역시 산업 융합의 좋은 사례이다.

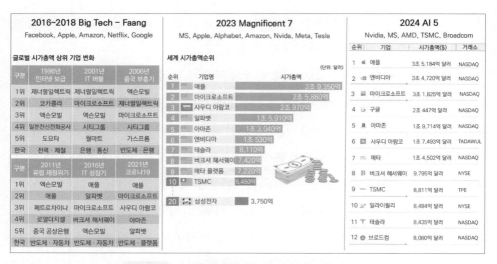

그림 2-2 **1997년 이후 세계 시가총액 기업순위 변동**

디지털 변혁이 만들어낸 또 하나의 변화는 이러한 속도와 규모와 산업의 변화가 더이상 미국과 선진 유럽국가의 전유물이 아니라는 것이다. 중국을 비롯한 전 세계 디지털 기업들의 약진은 미국을 포함한 선진국가의 기업들을 긴장시킨다. 중국의 '알리바바', '텐센트', '핀뒤뒤' 등은 중국 내부 수요와 정부 지원에 힘입어 빠르게 성장하여, 미국의 증시 상장을 통해, 글로벌 기업으로 자리잡았으며, 전 세계 시장을 무대로 세계의 공장으로서 파괴적인 모습을 보이고 있다. 아시아의 '그랩', '쿠팡', 유럽에서도 '에이알엠', '스트라이프', '유아이패스' 등 각국을 대표하는 디지털 네이티브 기업들이 자국을 뛰어넘어, 미국 주식시장을 통해 상장하고, 미국을 비롯한 글로벌 시장에서 성장하는 디지털 기업으로서 그 가치를 인정받고 있다.

디지털 변혁으로 인한 사회적, 경제적 변화의 원천은 AI를 포함한 디지털 기술과 시장이며(Gregory Unruh, David Kiron, 2017), 피터드러커가 2007년 'Innovation and Entrepreneurship'에서 혁신의 원천으로 제시하였던 예상치 못했던 일, 불일치, 프로세스상의 필요성, 산업구조와 시장구조의 변화, 인구구조의 변화, 인식의 변화와 지각상의 변화 그리고 마지막으로 새로운 지식, 그리고 이 7가지 변화가 우리가 생각하지 못했던 속도와 규모로 진행되고 있는 시대가 디지털 변혁의 시대이다.

디지털 변혁의 대표적인 특징은 슘페터의 '창조적 파괴'와 크리스텐슨의 '파괴적인 혁신'으로 설명 가능하다. "기술혁신을 통해 새로운 것을 창조되는 과정에서, 경제 시스템이 어떻게 적응해 나가는지를 설명하는 창조적 파괴와 시장을 완전히 바꿀 수 있는 잠재력을 가진 파괴적 혁신은 이러한 성장의 주역으로 간주되는 경우가 많다(Christensen et al., 2015)." 또한 기술만이 파괴적 혁신의 유일한 원천이 아니라는 점을 감안할 때, 이러한 혁신을 설명하기 위해 처음에 사용되었던 "파괴적 기술"이라는 용어는 비즈니스 모델, 프로세스 및 서비스에서 혁신의 중요한 역할을 인정하기 위해 "파괴적 혁신"이라는 용어로 점점 더 대체되고 있다(Hopp et al., 2018). 파괴적 혁신은 "근본적으로 새로운 기능, 불연속적인 기술 표준 또는 새로운 형태의 소유권을 제공함으로써 시장의 성과 지표 또는 소비자 기대치를 변화시키는 혁신"으로 정의할 수 있다(Nagy et al., 2016, p.122).

그리고 디지털 변혁의 시대에 성공하는 기업은 "혁신을 통해 진정한 가치를 창출하는 기업으로, 기존 경쟁자들이 제시하지 못한 새로운 소비자의 가치와 양적인 성장과 질적인 성장을 동시에 구현하는 기업이다(김용진, 2020)." 즉 소비자의 진정한 가치를 찾아내고 차별적으로 실현해 낼 수 있도록, 양적으로도 뛰어난 아이디어와 이를 통해 혁신할 수 있는 기술력을 가지고 있어야 하며, 질적으로도 디지털 기술과 디지털 변혁이 가져온 시대적 변화와 불확실성에 적응하고, 지속적으로 차별화하고, 성장할 수 있게 하게 하는 기업이 새로운 시대에 성공하는 미래기업의 모습이다.

CHAPTER 02

AI와 디지털 기술

AI 혁명과 디지털 변혁의 새로운 시대를 이해하기 위해서는 그 기반이 되는 AI를 포한한 디지털 기술의 특징을 먼저 이해할 필요가 있다. 디지털 변혁과 미래는 디지털 기술의 발전과 새로운 소비자로 구성된 시장에 의해 변화되고 있다. 이러한 변화의 중심에 미래기업가의 역할이 존재한다.

디지털 기술의 특징

먼저 디지털 기술은 전통적인 아날로그 기술과 비교하여 다양한 특징을 가지게 되는데, 근간은 디지털 기술이 숫자(0과 1)를 사용하여 불연속 이진 형식으로 정보를 나타내고, 이를 통해 데이터를 정확하게 표현하고 조작할 수 있으며, 많은 양의 데이터를 처리하고 증가하는 요구 사항을 수용할 수 있도록 쉽게 확장할 수 있고, 무한의 재현성을 가지고 저장, 검색, 복제 및 재생산될 수 있어, 디지털 시대의 정보의 검색, 배포, 공유 및 저장을 가능하게 한다.

이러한 디지털 기술의 '확장가능성(Expansibility)'은 디지털 사회에서 디지털화된 상품과 서비스로 인하여 기존의 시간과 공간의 한계를 뛰어 넘어, 소비자의 문제를 해결하는 소비자 측면의 새로운 가치를 창조하고, 새로운 가치를 추구하기 위해 기업이 고려해야 할 원가 측면의 한계를 디지털 기술을 통해 뛰어넘을 수 있도록 한다.

또한 제러미 리프킨(2014)이 언급한 '한계비용 제로의 사회'와 '협력적 공유사회'가 현실적으로 가능하게 된다는 것을 의미한다. 반면 아무리 뛰어난 비즈니스 모델, 새로운 기술이라 할지라도 디지털 시대에서는 빠르게 복제되어, 무한의 시장경쟁이 발생할 수 있고 기술과 소비자가 언제 어떻게 진화될 것인지 예측하기 어려운 새로운 도전에 마주치게 된다. 또한 확장가능성은 AI와 디지털 기술의 변화가 모든 산업과 경제 영역으로 감가없이 확장 가능하다는 것을 의미하기도 한다.

또한 디지털 시스템은 프로그래밍이 가능하여 사용자의 유연성을 통해 복잡한 애플리케이션과 소프트웨어의 자동화, 사용자 정의 및 개발을 가능하게 한다. 디지털 기술의 높은 처리능력은 복잡한 계산과 분석, 시뮬레이션 작업을 빠르게 수행한다. 더욱이 AI 기술의 빠른 발전으로 인하여 디지털 기술은 커뮤니케이션, 엔터테인먼트, 의료, 교육, 교통 등 인간의 삶의 모든 영역에 적용될 수 있으며, 많은 산업에 파괴적인 혁신을 일으켰고, 시스템적 해체와 융합을 통해, 확장되고 때로는 새로운 산업을 만들기도 하며, 인간이 살고, 일하는 방식을 변화시키게 된다. 이것은 AI 기술과 디지털 기술이 다양한 사용 사례, 요구 사항 및 기능을 수용할 수 있는 능력, 즉 '생성성(Generativity)'이다. 생성 가능성은 유연하고 모듈식으로 설계된 소프트웨어 및 플랫폼과 관련이 있다. 이를 통해 사용자 또는 개발자는 기존 시스템을 구축하거나 새로운 기능을 추가하거나 다른 기술과 통합할 수 있으며, 심지어 사용자의 무한한 상상력을 촉진하여 새로운 기술로, 새로운 시장을 만들고, 새로운 산업으로 발전해 나간다. 때로는 의도하지 않은 창발적 결과(Fluid Outcome)를 만드는 요인이 된다.

최근 화두가 되고 있는 'ChatGPT'와 같은 생성형 AI 기술이나, '유튜브', '인스타그램'과 같은 사용자 생성형 플랫폼은 이러한 연결성 기반의 생성성과 확장가능성의 대표적인 예로, 이러한 기술의 창발적이고 창조적 진화로 인해 우리는 예측할 수 없는 산업과 사회의 변화를 맞이하고 있다. 생성성은 연륜의 지혜가 창출하는 생산성, 융합과 다양한 요구를 수용할 수 있는 능력으로 Big Data나 Analytics보다 진보된 형태의 기술적 특징이다.

김용진(2020)에 의해 정리된 AI 기술과 디지털 기술의 특징인 '확장성'과 '생성가능성'에 추가하여, 사물과 인간의 연결, 소비자의 연결로 인한 변화를 강조하기 위해 '연결성(Connectivity)'을 고려하였다. AI 기술과 디지털 기술이 네트워크를 통해 서로 연결하고 통신하면서, 상상할 수 없는 양의 데이터와 정보를 교환하고 학습하게 되는데, 이러한 연결성을 통해 공동 작업, 원격 액세스 및 글로벌 상호 작용이 가능해졌다. 연결성은 시간과 공간의 한계를 넘어 디지털 네트워크로 이어진 온라인과 오프라인, 현실과 가상의 세계를 의미하는 것이며, 단순한 디지털화와는 구분되어지는 특징이기도 하다. 이러한 특징은 결국 소비자들을 연결시키고, 정보의 평준화를 통해 소비자들에게 구조적 우위를 제공하게 되는 '소비자 중심으로의 이동'과 '네트워크 효과(Network Externality 또는 Network Effect)'를 발생시키고, 심지어 사물과 사람을 연결시키고, 실제공간과 가상공간을 연결시키며, 상호작용을 하는 새로운 시대의 '초연결성(Hyper-Connectivity)'을 제공하게 된다. 이러한 AI와 디지털 기술의 연결성은 미래라는 새로운 시대의 산업을 위한 중요한 기반이 된다.

요약하면, AI 기술과 디지털 기술은 생성 가능성과 확장 가능성, 연결성이라는 특징을 보유하고 있는데, 이러한 미래 기술의 세 가지 특징은 새로운 시대에 변화하는 요구 사항을 충족하고, 역동적인 환경에서, 관련성을 유지할 수 있도록 하는 핵심적인 특성이다. 특히 이러한 생성 가능성과 확장 가능성, 연결성은 기술의 맥락에서 새로운 시대와 밀접하게 관련된 개념으로, 미래기업가가 우리가 생각했던 모든 한계를 뛰어넘게 하는 핵심기술이다(김용진 2020).

AI 및 디지털 기술과 혁신과의 관계에서 있어서도 AI와 디지털 기술은 기업 간의 다양한, 또한 새로운 형태의 협력을 가능하게 하고, 새로운 제품 및 서비스 제공은 물론, 고객 및 직원과의 새로운 형태의 관계를 이끌어 냄으로써, 기업의 비지니스 모델을 비롯한 다양한 비지니스 활동에 영향을 미치게 된다. 또한 기업의 전략에 반영되고. 새로운 비지니스 기회를 체계적이고, 초기 단계에서 찾을 수 있도록 한다(Eva Bucherer, Uli Eisert and Oliver Gassmann, 2012).

이러한 디지털 기술의 특징을 모두 포함한 가장 대표적인 디지털 기술은 '인터넷'이다. 인터넷은 연결성을 기반으로 하는 네트워킹 기술이지만, 인류는 인터넷을 통하여 'World Wide Web'이라는 새로운 공간을 만들어 냈고, 이를 통해 기술과 공간이 확장되고 생성되었으며, 전자상거래뿐만 아니라 각국의 투자 장벽을 낮추고 자본의 이동을 촉진시켜, 인류의 한계를 확장시키고, 이를 기반으로 새로운 산업과 새로운 문화를 스스로 만들어 내는 연결성 기반의 생성성과 확장성을 보여주었다. 또한 ChatGPT는 AI 기술 측면에서 확장가능성과 생성성, 연결성을 가장 잘 설명하는 대표적인 사례이다.

디지털 기술은 성과(Outcome), 조력자(Enabler), 환경(Context) 등 3가지 차원에서 기업가적 활동 과정에 영향을 미친다(Nambisan, 2017; von Briel et al., 2018; Recker and von Briel, 2019). 또한 디지털 기술은 기업가들이 과거에 없던 새로운 제품 또는 서비스의 개발과 상용화를 통해 부가가치를 창출할 수 있도록 한다. 디지털 기술을 매개로 한 제품 및 서비스 간 융합에 기반한 하드웨어 제품(스마트폰, 스마트 냉장고, 스마트 디바이스, 센서 등)을 개발하여 부가가치를 창출할 수 있다. 또한 디지털 기술을 중심으로 한 디지털 도구 및 인프라의 상업화를 통해서도 부가가치 창출이 가능해진다. 또한 디지털 플랫폼을 활용해 서비스화된 제품(Servitized Products)을 경쟁자보다 더 빠르고 저렴하게 상용화하고 배포함으로써 혁신적 비즈니스를 창출할 수 있다. 또한 AI와 디지털 기술은 기업가에게 새로운 비즈니스 가치를 창출할 수 있는 무한한 가능성을 제공한다. 자산의 디지털화와 네트워크를 통한 상호 연결성의 향상으로 글로벌가치사슬(Global Value Chain)의 통합과 분화를 가속시켜 기존 산업이 새로운 산업으로 진입할 수 있는 기회를 제공한다.

예를 들어 GE, 지멘스, 보쉬 등 제조업 기반의 글로벌 대기업들은 대기업 고유의 기민성, 적응성, 유연성 부족 문제를 극복하기 위한 노력을 다각도로 전개해 오고 있다. 이러한 노력의 일환으로서 네트워크로 연결된 디지털 플랫폼으로 새로운 인터넷 기반의 통합된 글로벌 가치사슬을 구축하여, 불필요한 낭비 요소들을 과감히 줄이는 한편, 자신들만의 차별화된 역량으로 최대의 효과를 낼 수 있는 집중 전략을 전개하고 있다.

한편 디지털 네이티브 창업가들은 새로운 가치사슬상의 공백을 찾아 디지털 기술

을 통해 공략하는 틈새전략으로 기존 산업을 파괴하기 시작한다. 여기서 크라우드
펀딩 플랫폼은 창업 과정에서 잠재적으로 알려지지 않은 개인들의 자금을 조달할 수
있는 가능성을 제공하기도 한다.

이처럼 디지털 기술은 기업가적 활동이 수행되는 생태계에 다양한 영향을 미친
다. 디지털화 및 자동화를 통해 적은 비용과 소수의 인력으로 물리적 공간 없이도 창
업 및 스케일업이 가능한 환경이 조성된다(OECD, 2017; Chalmers et al., 2021). 디지털
화된 자원은 계속적으로 수정 또는 개선, 그리고 복제가 가능하여 초기 비즈니스 구
축을 위한 시험 및 실험과정에 수반되는 비용이 제로에 근접하게 된다. 디지털 도구
와 인프라(클라우드 컴퓨팅)는 프로세스와 조직구성 측면에서 기업의 혁신방식(신제품
개발, 서비스)을 변화시켜, 초기비용을 극적으로 절감할 뿐 아니라 비용 효율성을 크
게 향상시킨다. 디지털 네이티브 기업의 입장에서는디지털 기술에 의해 기업가의 초
기창업비용, 초기투자 및 물리적, 인적 자원에 대한 의존도가 크게 낮아진 환경이 조
성된다는 것이다. 클라우드와 같은 디지털 플랫폼은 기업가가 방대한 양의 데이터를
수집, 생성, 저장, 활용하여 완전히 새로운 비즈니스를 창출하거나 기존 비즈니스를
혁신할 수 있는 환경을 제공한다.

디지털 기술은 다양한 차원에서 기업가적 기회, 결정, 행동 및 결과를 형성하는
일련의 기업가적 활동에 지대한 영향을 미치는 요소이다. 즉, 기업가가 새로운 비즈
니스 기회를 인식하고, 이를 구현하기 위해 필요한 자원을 평가하여 조달하고, 제품
또는 서비스를 개발하고, 창업을 실행하는 일련의 활동 과정에 근본적 변화를 가져
온다.

이처럼 AI 기술과 디지털 기술은 국가와 기업, 그리고 개인의 입장에서 하나의 새
로운 기술이라기보다는 기술을 통해 사회와 개인, 기업 그리고 비지니스가 급진적으
로 변화되는 "AI 혁명과 디지털 변혁의 시대"라는 사회적이고 경제적인 대변혁으로
다가온다. 기업의 고객과 공급망은 초연결되고, 소비자 중심의 시대는 개인화된 온
디맨드 서비스를 촉발시킨다. 또한 기업이 초지능화된 프로세스로 변혁에 대응하면
서, 기존의 산업은 시스템적으로 해체하고, 다시 초융합하며 새로운 산업을 탄생시

킨다. 이로 인해 미래기업은 기존의 시간과 공간과 자원의 한계를 넘어, 기존에 상상할 수 없었던 수준의 유연한 프로세스와 창발적 결과, 그리고 제한없는 자원으로 가치-원가 딜레마를 해결하면서 산업과 세상을 변화시키는 조직과 제도를 발전시켜 새로운 시대에 맞는 새로운 가치를 창조하게 된다.

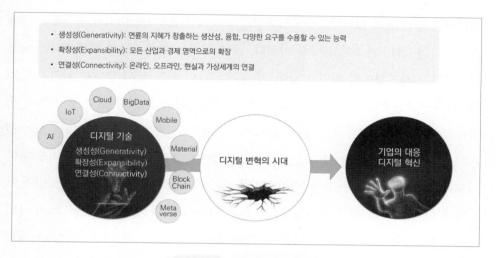

• 생성성(Generativity): 연륜의 지혜가 창출하는 생산성, 융합, 다양한 요구를 수용할 수 있는 능력
• 확장성(Expansibility): 모든 산업과 경제 영역으로의 확장
• 연결성(Connectivity): 온라인, 오프라인, 현실과 가상세계의 연결

그림 2-3 **디지털 기술의 특징**

AI 혁명이 온다

최근 몇 년간 매년 새로운 기술들이 열풍처럼 불어왔다. 블록체인과 함께 불어온 암호화폐에 대한 투자로 비트코인, NFT, 스마트 컨트랙트가 마치 당장이라도 제도권 금융시장을 초토화시킬 것 같았다. 2021년 페이스북은 심지어 사명을 '메타'로 변경할 정도로 세상은 메타버스에 진심이었다. 이런 디지털 신기술들이 열풍처럼 지나가고, 현재 가장 뜨거운 디지털 기술은 아마도 ChatGPT의 인기와 빅테크들의 무지막지한 투자로 관심을 받고 있는 AI와 AI를 품은 로봇기술이다. 매일같이 새로운 적용사례와 기술발전이 발표되는 가운데, 2024년 노벨 화학상과 물리학상 그리고

심지어 경제과학상까지 AI와 관련된 연구가 수상하면서 사회와 경제 영역에서도 AI 혁명은 가속화되고 있다.

사실 AI 기술의 역사는 50년이 훌쩍 넘었다. 빌게이츠가 마이크로소프트를 창업(1975)하면서 아버지, 어머니에게 AI 혁명을 놓칠지도 모른다며 안타까와 했다는 일화가 있다. 스티브 잡스는 1983년 국제 디자인 컨퍼런스에서 대화형 챗봇에 대한 아이디어를 강의한 바 있다. 필자가 사회생활을 시작한 1997년, IBM의 딥블루는 세계 체스챔피언 '가리 카스파로프'를 이겼다. 물론 이때는 인공지능의 개념보다는 슈퍼컴퓨터라는 하드웨어의 의미가 강했고, 소위 인간이 만드는 AI 형태를 가지고 있었다. 이후 구글은 인간처럼 배우는 AI 인 소위 엔드투엔드 딥러닝기술을 적용했고, 구글의 '딥마인드'는 '알파고'를 통해 바둑으로 이세돌 9단을 이기면서 2015년 AI가 인간의 지능을 뛰어넘을 수 있다는 위기감을 주었다. 아마도 AI의 나이는 여러분의 나이보다 많을 것이다. 하지만 AI는 현실적 용도와 기술적 혁신을 위해 50년을 수면 아래에 있다가, Open AI가 생성형 AI 모델인 'ChatGPT'를 서비스하면서(2022), 1년 만에 5억만명의 사용자를 확보하였고, 빅테크의 과감한 투자가 진행되면서, 미래사회를 주도할 기술로 떠오르게 되었다.

AI(인공지능, Artificial Intelligence)는 컴퓨터 과학의 한 분야로서, 인간의 학습, 추론, 문제 해결 등의 지능적 능력을 컴퓨터 프로그램이나 시스템을 통해 구현하려는 기술이자 산업이다. AI는 크게 생성형과 분석형으로 구분될 수 있다. 이 중 Chat GPT는 생성형, 주관식, 서술형이며, 자율주행은 분석형이다. 우리가 생성형 AI에 각별한 관심을 가지는 이유는 OpenAI의 GPT4.o(Omni), 구글의 Astra와 같이 멀티·크로스 모달이기 때문인데, 이를 위해 막대한 자원이 필요하기는 하지만 다양한 언어, Text, 영상, 사진을 활용할 수 있고, 놀랍게도 이제 AI는 인간처럼 세상을 이해하고, 사고하게 된다. 이외에도 ML(기계학습), NLP(자연어 처리), CV(컴퓨터 비전) 등의 하위 분야로 나뉘며, 이를 통해 컴퓨터가 데이터를 분석하고 패턴을 인식하며 의사결정을 내릴 수 있게 된다. AI 기술은 초기에 단순한 계산과정을 자동화하는 방법에서 출발했지만, 이제는 더 복잡하고 추상적인 사고 능력을 시뮬레이션하려는 방향으로 발전하고 있다. 기계학습과 딥러닝은 특히 데이터 기반 패턴 인식과 의사 결정에 중점을 두고 발전하고 있으며, 이는 대규모 데이터셋을 활용해 모델을 학습시키고 예측, 분류, 클러스터링 등을 수행하는 데 큰 기여를 하고 있다. 2024년 노벨물리학상 수상자인 존 홉필드 미국 프린스턴대 교수와 제프리 힌턴 캐나다 토론토대 컴퓨터학과 교수는 AI의 기본으로 여겨지는 머신러닝 발전에 물리학을 활용하여 기여한 사람들이다.

ChatGPT(Generative Pre-trained Transformer) 서비스가 등장하면서 AI와 AGI를 구분하는 방향도 있다. AGI(Artificial General Intelligence)는 범용(Universal), 전체(Full), 강력(Strong) AI라고 이해되는데, 인간과 같은 학습능력과 이해능력을 가진 AI를 지향한다. AI가 기존의 단순한 작업수행을 넘어서 다양한 상황에서 유연하게 대처할 수 있는 능력을 의미한다. ChatGPT는 Open AI가 서비스하는 LLM(Large Language Model) 모델이자, 인공지능 대화형 챗봇 서비스이다. ChatGPT가 등장한 이후, 빅테크들의 다양한 AI 서비스들이 쏟아지고, 많은 사람들이 접속해서 질문과 명령을 입력해 보며, 생성되는 결과물에 놀라면서 한편으로 실망하기도 한다. 하지만 이것은 정말 시작에 불과하다. AI 서비스의 진정한 혁신, AI 혁명은 앞으로 무한한 활용사례를 찾게 될 것이다. 그리고 무엇보다 우리가 생활의 각 영역에서 사용하는 기존의 다양한 서비스와 애플리케이션과 접목된, '버티컬 서비스'에서 엄청난 변화가 시작될 것이다. 유통, 여행, 금융, 회사의 업무방식 등 우리의 생활을 구성하던 영역에서 인공지능을 활용해 기존의 산업과 서비스는 변화된다. 우리가 직접 OpenAI의 ChatGPT나 구글의 '바드', MS의 '코파일럿', 유아이패스의 'RPA' 같은 서비스에 직접 접속하지 않더라도, 컴퓨터나 스마트폰의 앱을 사용한다면 이미 AI 서비스는 우리 곁에서 'AI 대혁명'을 준비하고 있다.

자율 주행 자동차는 센서 데이터를 기반으로 주행 환경을 인식하고, 실시간으로 결정을 내리며 차량을 제어하는 AI 기술을 사용한다. 일론 머스크는 자율주행은 구현도 쉽고 안전한 인공지능의 아주 작은 부분이며, 자율주행이 체계화되고 자동화되면, 엘레베이터를 사용하는 경험과 같이 버튼 하나로 운영될 것이라 말한 바 있다.

테슬라의 FSD(Full Self Driving), 구글의 웨이모(Waymo)와 같은 자율주행 기술들은 딥러닝 알고리즘을 활용하여 도로의 다양한 상황을 학습하고, 이를 바탕으로 안전하고 효율적인 주행을 구현하고 있다. 이러한 기술은 교통 안전성을 높이고, 교통 혼잡을 줄이며, 운전자의 편의성을 증대시키는 등 다양한 가치를 생성한다.

의료 분야에서 AI는 의료 영상 분석, 진단 지원 시스템, 개인화된 치료 계획, 심지어 신약개발 등에 사용된다. 예를 들어, 딥러닝 기반의 AI는 X-ray, MRI, CT 스캔 등의 의료 영상을 분석하여 질병이나 이상을 탐지할 수 있다. IBM의 왓슨플랫폼은 의료 기록을 분석하여 진단의 정확성을 높이고, 최적의 치료 방법을 추천한다. 또한, AI는 유전자 데이터를 기반으로 개인의 건강 상태를 예측하고 맞춤형 치료법, 신약을 개발하는 데도 사용된다. 2024년 노벨 화학상 수상자는 미국 워싱턴주립대 단백질 설계 연구소 소장인 데이비드 베이커 교수와 미국 구글(Google)의 AI 자회사 '딥마인드'의 데미스 허사비스 최고경영자(CEO)와 존 점퍼 선임연구원이다. 베이커 교수는 새로운 단백질을 만들 수 있는 AI인 '로제타폴드(RoseTTAFold)'를 개발했고, 구글 딥마인드는 또 다른 단백질 구조 예측·설계 AI인 '알파폴드'를 개발했다.

자연어 처리 기술은 스마트 스피커, 음성 비서, 번역 시스템 등 다양한 응용 프로그램에서 중요한 역할을 한다. Amazon의 Alexa, Apple의 Siri, Google Assistant 등은 사용자의 음성 명령을 이해하고 처리하여 일상적인 작업을 자동화한다. 또한, 기업들은 고객 서비스 개선을 위해 자연어 처리 기술을 사용하여 대화형 인터페이스를 구축하여 콜센터, 헬프데스크 등에 사용하고 있다. 아울러 교육 분야에서 AI는 학습 분석, 개인화된 학습 경로 제공, 학습자의 진도를 추적하는 등 다양한 서비스로 제공된다. AI 기반의 학습 플랫폼은 학생들의 학습 스타일에 맞춘 맞춤형 교육을 제공하며, 교육자들은 학생들의 진척 상황을 실시간으로 모니터링할 수 있다. 또한, AI는 학습 자료의 자동 생성과 평가 도구 개발에도 활용된다. 세븐일레븐의 생성형 AI 기반 점포 어시스턴트 챗봇은 점주들의 교육을 담당하고 있다. 이케아의 AI 챗봇 'Billie'는 지난 2년 동안 47%의 고객 문의를 콜센터를 대신하여 처리했으며, 이로 인해 8,500명의 콜센터 직원이 인테리어 디자인 어드바이저로 전환시켰다. Billie는 개별 고객의 취향과 요구에 맞춘 개인화된 맞춤형 서비스를 제공하며, 원격 인테리어 디자인, 디지털 리테일 판매, 복잡한 문제 해결 능력을 강화하고 있다.

금융 분야에서 AI는 이미 신용 스코어링, 사기 탐지, 투자 전략 개발 등에 활용되고 있다. 금융 회사들은 대규모의 금융 데이터를 기반으로 AI 모델을 학습시켜 시장 트렌드를 예측하고, 투자 의사 결정을 지원한다. 이러한 예측 모델은 금융 시장의 불확실성을 줄이고, 투자자들에게 더 나은 수익률을 제공하고 있다.

물류 및 공급망 관리에서 AI는 예측 분석, 재고 최적화, 운송 경로 최적화 등에 사용된다. 대규모 데이터를 분석하여 수요 예측을 개선하고, 실시간으로 재고와 운송을 관리함으로써 비용을 절감하고 효율성을 높인다. 아마존은 AI 기술로 전 세계 물류 네트워크를 최적화하여 운영하고 있다. 또한 미국에서 현재 가장 관심을 많이 받으며, 아마존을 위협하는 디지털 네이티브 리테일 기업인 '테무(Temu)'와 '쉬인(Shein)'은 2023년 이커머스 앱 다운로드 성장 순위 1위와 2위로, 전 세계 최고의 이커머스 앱으로 자리잡았다. 이들의 경쟁력인 생산성과 초저가의 핵심은 AI 기술과 디지털 변혁을 통한 생산성 혁명이다. 테무에서 한국을 담당하는 직원의 숫자는 4명이다. 정확히 말하면 일본과 한국을 담당하는 직원이 총 4명이다. 그리고 나머지 기능은 모두 자동화와 인공지능으로 이루어진 시스템으로 촘촘히 연결되어 있다. 그리고 이러한 급격한 생산성의 향상은 '백만장자처럼 쇼핑하라'는 테무의 슬로건과 가격 경쟁력으로 전 세계를 열광시키고 있다. 쉬인의 급격한 성장 뒤에도 디지털 변혁의 특징인 개인화와 이를 지원할 AI 기술이 존재한다. 쉬인은 AI가 해당 소비자가 좋아할 만한 새로운 옷을 계속해서 보여준다. 이 옷들은 소비자 개인의 취향에 맞춰 디자인된다. 쉬인은 온라인 상에서 신제품에 대한 고객 반응 데이터를 실시간으로 취합하고 자체 알고리즘으로 수요 예측을 한다. 이 과정에서 클릭률, 즐겨찾기, 판매율과 같은 소비자 반응은 물론, 날씨와 제품 기능 등의 각종 변수까지 고려해 수요 예측의 정확도를 높인다. 이렇게 예측한 수요를 실시간으로 중국 내 협력공장에 전달해 추가 생산을 하는 혁신적인 방식이다. 사실 '자라'가 신제품을 글로벌 스케일로 신상품의 디자인, 제작, 유통까지 한달이 채 걸리지 않는다는 사실에 열광했던 것이 2~3

년 전이다. 쉬인은 일주일만에 신제품을 디자인하고 제작해서 유통시킬 수 있다. 보스턴컨설팅그룹(BCG)에 따르면 쉬인의 미판매 재고비율은 업계 평균(30%)과 경쟁사 자라(10%)에 비해 크게 낮은 2% 미만에 불과하고, 재고 회전일도 경쟁사인 H&M이 4개월인 데 반해 평균 40일에 불과하다. 트렌드 예측부터 생산까지, 매일 1,000개가 넘는 신제품을 사흘 만에 공급할 수 있다. 그 결과 쉬인의 5달러, 10달러짜리 티셔츠와 치마, 청바지와 드레스 등은 미국을 비롯 전세계 소비자들을 열광시켰다.

AI는 예술과 창작의 분야에서도 창의적인 활용 가능성을 보여준다. 텍스트로 명령하면 고화질 동영상을 만들어내는 서비스 '소라(Sora)'는 픽사가 수개월 작업으로 만들 정도의 고품질 창작 영상으로 단숨에 전세계 창작자들을 당황하게 만들었다. 또한 Google의 Magenta 프로젝트의 예술창작과 같이 AI는 이미지, 생성, 예술 작품의 스타일 모방 등 다양한 예술적 창작 활동에 사용될 수 있다. 또한, AI 기술은 기존의 예술 형식을 확장하고 새로운 표현 방법을 창출한다.

그림 2-4 **텍스트 입력으로 소라(Sora)가 만들어낸 동영상 이미지(OpenAI)**

"여러 마리의 거대한 메머드가 눈덮힌 들판을 밟으며 다가오고. 멀리서 눈 덮힌 나무와 산…"

한편으로는 AI와 그 생태계 자체가 새로운 산업으로 성장하고 있다. 예를 들어 ChatGPT와 같은 LLM(거대언어모델)은 엄청난 자원을 필요로 하며, 전기를 소모하고,

발열을 유발한다. 이를 상용, 시범 서비스한다는 것만으로도 엄청난 자원과 비용을 소모한다. 이렇게 거대한 자원을 필요로 하는 AI의 기반은 클라우드일 수밖에 없다. 다시 한번 빅테크의 인프라와 자본, 빅테크가 쌓아온 데이터에 기댈 수밖에 없는 상황이다. 클라우드 업계에서는 AI는 신규 대규모 클라우드 네이티브 워크로드로서 또 한번의 성장이 기대된다. AI의 하드웨어 인프라는 지금 세계에서 가장 뜨거운 기업인 엔비디아의 GPU이다. 엔비디아는 대규모 연산에 특화된 반도체인 GPU 기술을 기반으로 데이터 학습영역에서 독보적 기술력을 보유하고 있으며, 독점적 시장 지위를 누리고 있다. GPU는 게임을 좋아하는 분들이나, 비트코인 채굴을 해본 분들에게는 익숙한 기술이다. 이러한 기술이 AI라는 더욱 거대하고 새로운 용도를 찾았기 때문에 당분간 엔비디아를 포함한 'AI 5'라고 불리는 기업들은 성장할 수밖에 없다. 물론 GPU만 필요한 것은 아니다. 작은 용량의 데이터가 빠르게 이동할 수 있는 HBM 메모리나, 별도 처리를 위한 DPU, 막대한 양의 전기 소모, 발열을 해결할 수 있는 냉각장치, 알고리즘 모델과 데이터 분석, 처리영역, 이러한 전기를 담당할 수소나 신재생 에너지 영역, 모두 급격한 성장이 예상되는 영역이다. 새로운 기술들의 만남으로 진화하는 AI 기술과 이로 인한 사회적 경제적 변화인 AI 혁명은 우리 곁으로 바짝 다가오고 있다.

마지막으로 AI 기술의 성장과 활용, 그리고 AI 혁명이 진행되기 위해서는 사회의 제도적 기반이 기술과 변화를 허용해야만 한다. 100%를 추구하는 연역적 추론과 달리, 귀납적 추론은 항상 오류를 인정한다. 테슬라의 FSD(Full Self Driving)와 같은 '자율주행 기술'이 대표적인 사례이며, 이와 같은 새로운 기술을 둘러싼 제도적 구조가 AI 트레이더, 자율주행차량, 휴머노이드 로봇, 도심항공교통(UAM) 등의 새로운 산업적 성장을 가로막고 있다. 사실 현재의 기술만으로도 자율주행차량이 발생시키는 사고보다, 인간의 실수로 인해 만들어지는 사고들이 훨씬 많지만, 이러한 새로운 기술들이 제도화되기 위해서는 데이터의 개인정보 보호 문제, 알고리즘의 투명성과 공정성 문제, 인간의 역량과 권한을 대체하려는 우려, 문제발생 시 누가 어떻게 책임을 질 것인가에 대한 사회적 인식과 같은 구체적인 제도가 준비되어야 한다. AI는 지속적인 연구와 개발을 통해 우리 사회와 산업에 혁신을 가져올 것이지만, 기술의 발전과 동시에 윤리적, 사회적 책임을 고려한 지속 가능한 발전이 필요하다.

2024년 노벨 경제학상은 국가의 번영과 쇠락을 정치와 경제 제도라는 관점에서 분석한 존슨, 아제모글루, 제임스 로빈슨이 공동수상했다. 이들은『국가는 왜 실패하는가』,『좁은 회랑』을 통해서 국가의 발전과 제도를 관계를 연구했고, 특히『권력과 진보(Power and Progress)』에서 AI 혁명 시대의 국가 제도를 연구하여 기술의 진보로 소수의 기업과 투자자만 이득을 보고 있다고 지적하면서 제도의 중요성을 강조한다.

AI 분야의 기술적 발전이 빠르게 진행되고 있고, 그 현실적인 사용분야도 늘어나고 있지만, 인간의 생활, 생각 자체를 뒤바꿀 AI 혁명은 아직 시작되지 않았다. 따라서 앞으로 일어나게 될 것들에 대한 제도적 준비가 필요하다.

인류의 생존과 진보를 위해 AI는 필요하다. 여러분의 일자리에 대한 우려, 안보와 인권에 대해서도 걱정만 한다고 될 일은 아니다. 당장 AI와 관련된 제도를 준비해야 하는 것도 사람의 일이며, 새로운 산업의 발전으로 수많은 AI 인력이 필요한 시점이다. 축적된 Data를 활용한 사람, 자기 분야에서 AI의 활용방안을 제시하는 사람 등 다양한 인력과 조직, 인프라가 필요하게 되며 인간의 창의력이 필요한 일은 더욱더 다양하고 광범위하게 존재한다.

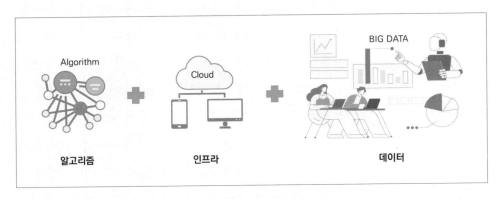

그림 2-5 AI 산업의 3대 요소

블록체인, 비트코인, 그리고 Web 3.0

블록체인과 Web3.0은 디지털 변혁을 통해 금융을 비롯한 우리의 사회에 가장 큰 영향을 미치게 되는 새로운 기술이자 제도 인프라이다. 블록체인과 Web 3.0 기술은 디지털 변혁이 낳은 새롭고 거대한 경제적 제도 인프라로 진화하고 있다.

기업의 제도적 논리에 따라 중앙에 저장된 기존의 데이터베이스와 달리 블록체인은 네트워크의 분산된 컴퓨터에 데이터가 저장되는 피어 투 피어 네트워크이자 거대한 분산형 데이터베이스이다(Thornton, Ocasio, Lounsbury, 2012). 블록체인 기술의 핵심요소는 데이터 무결성 및 보안(해킹할 중앙 기관이 없음), 플랫폼 거버넌스(데이타 베이스에 다른 행을 추가할지 여부에 대해 P2P 네트워크 내에서 합의 달성), 투명성(타임스탬프와 함께 모든 거래에 대한 접근 가능한 기록 유지), 데이터베이스의 유지 관리(데이터베이스 유지 관리를 위해 개인의 컴퓨팅 파워를 기부하도록 인센티브 제공), 스마트 계약(양쪽 거래 당사자가 사전 정의된 특정 기준을 충족하는 경우, 자동 거래 실행) 등이 있다. 블록체인 기술은 거래비용과 시간을 획기적으로 절감하여, 기존 금융업계에는 거대한 위협이다. 예를 들어, 블록체인 기반 암호화폐 비트코인은 사용자가 기존 송금 서비스보다 적은 비용으로 전 세계로 송금할 수 있다. 금융 이외 일반거래에서도 블록체인 기술을 활용하려는 노력이 진행되고 있는데, 대체 불가능 토큰(NFT: Non Fungible Token)을 활용한 자산의 유동성 확보, 분산형 무역거래나 분산형 의료기록을 위해 블록체인 기술을 활용할 수 있다. 월마트와 IBM의 기업용 블록체인을 이용한 식품 이력 추적시스템 사례에서 월마트는 농가에서 과일, 채소에 사물인터넷 센서를 부착하고, 재배환경, 재배방식 등은 블록체인에 실시간으로 저장하며, 창고 보관 과정과 운송과정에서 센서로 온도와 습도, 물리적 충격을 측정해서 블록체인에 기록한다. 월마트가 블록체인에 기록하고 관리한 수백 종류의 과일과 채소의 원산지, 배치번호, 공장, 운송정보를 소비자는 제품에 부착된 QR코드를 통해 확인할 수 있다. 월마트는 블록체인을 통해서 상한 과일을 찾아낼 수 있는 시간을 일주일에서 2.2초로 단축할 수 있었으며, 오염되거나 상한 과일이 발견된 경우, 신속하게 회수할 수 있는 공급망 가시성을 확보했다. 수많은 실험과 실패를 통해서 블록체인 기술은 이제 겨우 사회적 정당성을 확보해 가고 있는 제도이며, 산업과 기업의 제도 인프라가 되기 위한 또다른 노력을 하고 있다. 블록체인 기술과 산업, 경제는 빠른 속도로 대중화되고 있다. 다만 기술과 시장의 성숙 과정과 제도화 과정이 필요할 뿐이다.

여기서 강의할 때마다 빠지지 않는 질문이 있어 답을 해보고자 한다. "비트코인이 화폐인가? 가치가 있는 자산인가?"에 대한 질문이다. 비트코인은 1세대 블록체인의 암호화 기술이 적용된 가상화폐(엄밀하게는 암호화폐)이자, 가상자산이며, 디지털 결제 시스템이다. 2009년 익명의 프로그래머 '사토시 나카모토'에 의해 개발되었다. 비트코인은 P2P(Peer-to-Peer) 시스템으로, 중개자 없이 사용자 간의 직접적인 교환이 이루어지는 화폐이다.

비트코인이 화폐가 아니라고 주장하는 또는 가치가 없다고 생각하는 사람들의 대표적인 주장은 사회적으로 정당성을 인정받는 화폐가 되려면 교환의 매개 수단, 가치 저장의 수단, 가치 척도의 단위로 기능할 수 있는 실물의 특성을 갖추어야 한다는 것이다. 기존의 사고 체계로 여전히 빵과 우유를 살 수 있어야 화폐라고 생각하는 사람들은 디지털 변혁으로 달라진 세상을 이해하기 어렵다. 물론 현재는 가상자산의 의미가 크고, 여전히 사회적으로 정당성을 확보하고 있는 과정에 있지만 결국 그 가치는 인간이 만들어 내는 제도 속에 존재한다.

비트코인은 실물화폐가 아니다. 다만 비트코인 비트코인 네트워크상에서 일어나는 거래에 대한 소유권을 입증할 수 있는 키를 가지고 있다. 즉, 개인이 비트코인을 가지고 있는 게 아니고, 비트코인 네트워크에 기록된 비트코인의 거래내역에 접근할 수 있는 개인키를 보유하고 있는 것이다. 그래서 비트코인은 실제로 존재하지 않고, 비트코인을 거래한 거래내역에 누가 얼마를 어디로 보냈는지에 대한 거래내역들만 존재한다. 우리가 아는 화폐는 눈에 보이지만, 비트코인은 눈에 보이지 않는다. 그리고 개인이 개인지갑에 그 비트코인을 보유하고 있지도 않다. 분명 기존화폐와 비트코인은 분명히 차이가 있다. 눈에 보이는 화폐가 눈에 보이지 않는 영역으로 이동한 것이다. 또한 기존의 화폐개념은 시장에서 받아들여질 수 있는 가치가 있어야 하고,

안정적이어야 하며, 동질적이고 나누거나 합치더라도 그 본질이 변하지 말아야 하며 다른 것과 쉽게 구분되어야 하고 내구성이 있어야 했다. 그리고 화폐가 부족하거나 많을 때 그것을 관리할 수 있는 관리자가 있어야 한다는 것이 화폐의 조건이라고 경제학자들은 주장한다. 이렇게 기존의 가치관과 사고 체계로 생각하는 사람들은 디지털 변혁으로 달라진 세상을 이해하기가 더욱 힘들다고 생각이 된다. 비트코인을 가상화폐이자 매력적인 가상자산으로 만드는 주체는 미래의 사회이며, 인류이다. 디지털 변혁의 시대는 화폐의 개념조차도 바뀌어 놓았다.

비트코인을 비롯한 가상자산의 가치는 국가적 통제나 경제위기로부터 개인의 자산을 보호한다는 점에서 매우 훌륭한 조건을 가지고 있다. 특히 그 무대가 탈중화된 가상세계인 메타버스라면 가치는 인간의 사고체계, 즉 가치관을 확장시킨다. 이더리움의 비탈릭 부테린이 보여준 아이디어는 대부분의 사람들이 이해하지 못하는 이런 확장된 세계관에 존재한다. 가상자산은 현재까지 세금, 양적 완화, 규제로부터 자유롭고(제도화가 진행되면서 변화가 있을 것으로 생각한다), 국가의 관점과 탈중앙화 관점에서 중간거래자를 배제한 효율성을 가지고 있다. 또한 디지털자산으로 무한복제가능성을 가지고 있고, 거래기록 변조가 불가한 블록체인, 즉 암호화 기술을 기반으로 하며, 코드를 공개하여 불확실성을 제거한다. 이는 국가의 화폐경제 시스템보다도 훨씬 더 투명하고, 안전하며, 안정적일 수 있다. 비트코인을 법정화폐로 정한 엘살바도르뿐 아니라, 경제상황이 불확실한 국가나 전쟁을 겪고 있는 국가(예를 들어, 우크라이나의 전쟁난민이나 아프리카 국가들의 거래)에서 그 효용성이 높다. 실제로 데이터 전문기업 스태티스타가 2020년 실시한 설문에 따르면 나이지리아인의 32%가 가상화폐를 사용하고 있으며, 이는 가상화폐로서, 또한 가상자산으로서 자국의 화폐는 물론 달러를 통한 거래보다 더욱 신뢰도와 편의성을 가진다.

암호화폐의 대표인 비트코인이 미국의 금융위기 시기인 2008년에 등장했다는 것은 탈중앙화, 탈국가화라는 시대적 의미가 있다, 발행량은 2,100만 개로 한정되어 있고, 누구도 조작할 수 없도록 설계된 화폐시스템이며, 인류 최초의 모두가 주인인 가상네트워크이다. 당연히 미국을 비롯한 제도권 국가는 비트코인을 싫어한다. 더욱이 미국을 입장에서 달러는 미국의 패권을 수호하는 항공모함이다. 대부분의 국가들도 글로벌 화폐 경제 시스템의 틀인 달러를 흔드는 새롭고 거대한 제도 인프라인 비트코인을 싫어한다. 달러가 기축통화가 아니라고 생각했던 시절에 살았던 사람들은 이미 존재하지 않기 때문이며, 비트코인은 기존의 경제체제인 국가의 중앙집중화된 관리를 거부하는 탈중앙화, 탈국가적 인프라이기 때문이다. 암호화폐의 제도화 측면에서는 오히려 달러 패권 도전에 실패한 중국이 더 적극적이고, 국가별로 CBDC(Central Bank Digital Currency)와 같은 블록체인의 기술적 장점만 채용한 실험이 진행되고 있다.

그럼에도 불구하고 탈중앙화적 이념을 담고 있는 블록체인은 발전을 거듭하여 스마트 컨트랙트가 가능한 2세대 블록체인 이더리움으로 발전했다. 이더리움은 계약의 개념(if then 포함), 유연성(NFT)을 포함시키고, 스마트 컨트렉트(Smart Contract)로 진화하는데, 계약당사자가 사전 협의된 내용을 프로그래밍하여 전자계약서 문서 안에 넣어두고, 이 계약 조건이 충족되면 자동으로 계약내용이 실행되도록 하는 탈중앙 비지니스 플랫폼이 된다. Defi(Decentralized Finance)는 예치, 대출, 탈중앙화 거래소(Dex), 보험에서 블록체인 기술을 활용하여 불필요한 중개자 없이 누구나 쉽게 대출, 거래, 투자 등의 금융서비스 이용할 수 있는 세상을 꿈꾸고 있다. 기존과 달리, 약정기간이나 인증과정이 필요없게 된다. 또한 DApp(Decentralized Application)은 거래(계약)돈이 오가는 모든 산업, 금융, 유통, 의료, 게임, 콘텐츠로 확산되고 있다. 스마트 컨트렉트는 블록체인과 IoT의 결합으로 생각할 수 있다. 블록체인 기술을 통해 사전에 합의된 조건에 의해 자동적으로 거래가 진행된다. 따라서 거래비용은 획기적으로 절감되며, 속도는 빨라진다. 물류, 은행 신용장 거래에 활용하기 위해 다양한 실험이 진행 중이다. 또 하나의 이점은 스마트 컨트랙트를 통해 공급망을 통합하고 가시성을 확보할 수 있다는 것이다. 정보의 흐름을 파악하여 예를 들어 위변조가 불가능하며, 자금의 흐름을 파악하여 결제 불확실성을 제거할 수 있다. 아울러 거래 신뢰성을 높이면서도, 중개자를 제거(탈중앙화)하여 비용과 편의성(자율거래, 신용거래 비용 감소, 공인인증 불필요)도 높이는 디지털 변혁의 원칙을 실현한다.

여기서 Web 3.0은 Web과 블록체인의 결합으로 탄생한 블록체인 기술을 기반으로 하는 지능화된 개인맞춤형 웹으로 이해하는 것이 좋을 듯하다. Web 1.0 기술이 읽기, 정보의 검색과 획득을 중심으로 만들어진 인터넷 초기 기술이었다면, Web 2.0 은 기술적 발전으로 인하여 쓰기, 참여, 소통을 핵심개념으로 한다. 그리고 이제 Web 3.0은 공유 경제와 같은 소유의 분산과 탈중앙화라는 거대한 이념을 담고 있다. 따라서 참여자 중심 비즈니스 모델로 기존의 플랫포머들을 통제하여, 이익독점이 불가능하도록 하며, 소셜토큰을 통해 모든 참여자 특히 창작자에게 적절한 보상을 제공하고, 탈중앙화된 자율조직(DAO: Decentralized Autonomous Organization)을 통해 참여자가 거버넌스를 가지게 된다.

이러한 기술적 변화의 기반에는 새로운 제도와 사회적 변화가 있다. 미래 디지털 경제의 방향성은 중계자가 없고(No Agency), 소유권도 없는(No Ownership) 세상으로 진화하고 있다.

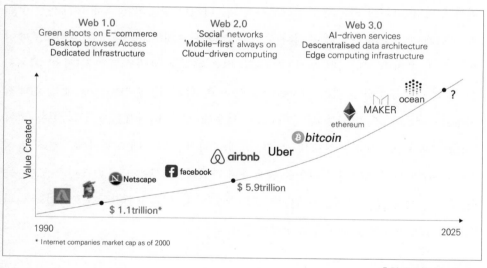

출처: Fabric Ventures

그림 2-6 Web의 진화

블록체인과 Web3.0은 디지털 변혁이 낳은 새롭고 거대한 사회경제적 제도 인프라로 진화하고 있다.

CHAPTER 03

디지털 변혁의 특징

AI 기술과 디지털 기술의 특징과 AI 혁명 및 디지털 변혁에 관련된 문헌연구을 기반으로, 사회와 기업의 관점에서 새로운 시대를 정의하고, 변혁의 시대가 가져온 사회, 경제적 변화의 특징을 파악하며, 또한 이에 대응하는 기업의 디지털 혁신과 전환의 본질은 무엇이며, AI 혁명과 디지털 변혁은 미래시대에 기업의 생존과 성장에 어떠한 영향을 미치게 되는지 확인하고자 한다. 디지털 변혁의 정의에 대해서는 학계와 산업계를 더불어 다양한 관점과 목적의 정의가 존재하고, '디지털 트랜스포메이션', '디지털 전환', '디지털 혁신', '디지털 변혁'을 혼용하여 사용하지만, 이 책에서는 그 의미를 구분하기 위해 디지털 기술로 인한 사회, 경제 전반의 총체적, 시대적 현상으로서 우리가 이해하고, 수용하며, 적응해야 할 대상으로서의 '디지털 변혁(Digital Transfomation)'과, 이러한 사회, 경제의 디지털 변혁에 대응하여 생존하고 성장하기 위해 기업이 디지털 기술을 활용하여 기업의 조직과 제도, 비즈니스 모델, 문화, 운영방식 등을 근본적으로 변화시키는 의도적 디지털 혁신활동을, '기업의 디지털 혁신(Digital Innovation)'으로 구분하였다.

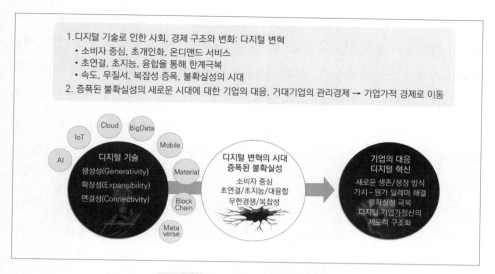

그림 2-7   **디지털 변혁과 디지털 혁신**

소비자 중심: 초개인화, 온디맨드 서비스

디지털 변혁이전의 산업사회에서는 늘 공급자가 우위에 있었으며, 따라서 "산업화 시대 기업들의 성장방식은 신기술이 개발되고, 이를 활용하려는 다양한 운용방식이 확산되면서, 독보적인 기술을 가진 소수의 기업들이 막강한 자금력과 기술을 바탕으로 생산된 제품을 시장에 출시하는 것에 몰두하고, 핵심영역에 집중하여 규모의 경제를 이루는 전략을 선호하였다(김용진, 2020)." 이는 생산과 소비가 분리되고, 생산자의 일방성을 소비자가 수용하는 아날로그 시대의 방식이다. 그러나 디지털 시대에서는 잉여생산으로 인하여, 소비자의 권리가 증대되고, 생산과 소비의 분리구도가 점점 약화되고, 심지어 소비자의 요구에 의한 요구형 생산마저 보편화된다. 특히 정보와 콘텐츠에 있어서는 소비자가 직접 생산에 참여할 수도 있고, 독자적인 생산과 유통도 할 수 있게 되어 이미 생산과 소비의 분리구도는 급격히 약화되고 있다.

또한 AI 혁명과 디지털 변혁의 시대가 되면서 정보의 평준화로 인해, 소비자는 공급자가 보유한 정보를 충분하게 파악할 수 있게 되고, 이러한 정보의 균형으로 소비자는 적극적인 권리을 주장하게 된다. 따라서 이제 디지털 시대의 소비자들은 네트워크의 특성을 이용한 일종의 수요독점(monopsony) 상태를 형성할 수도 있다. 이는 디지털 시대가 소비자 중심의 시대적 특징을 보유하게 됨을 의미한다. 김용진(2020)은 "디지털 변혁의 시대에 성공하는 기업은 고객의 문제를 찾아내고, 문제를 해결하는 방법을 제시하는 기업"이라고 하였으며, Liere-Netheler 등(2018)은 "디지털 기업가정신은 고객의 요구를 명확히 하고 반영하는 것"이라고 하여 소비자 중심적 특징을 특별히 강조하기도 하였다.

김용진(2020) 교수는 "디지털 변혁과 제품과 서비스의 융합, 즉 온디맨드 서비스 경제에서는 소비자가 인터넷이라는 공간에서 자신의 원하는 제품에 대한 구체적인 요구를 하고, 이를 공급자가 만들어서 공급하는 방식으로 공급과 소비가 변화하게 될 것"이라고 하였으며, 이미 생산체제는 '소품종 대량생산 체제'에서, '매스 커스터마이제이션(Mass Customization)'을 거쳐, 다품종 소량생산 체제인 '개인화 체제(Personalization)'로 변하고 있다. 이는 디지털 변혁으로 인하여 사회는 생산자 중심의 시장이 아니라, 소비자 중심의 시장으로 변화하고 있으며, 이는 생산자의 권리는 사라지고, 소비자의 권리만 부각되는 것을 일방적인 시장형태를 의미하는 것이 아니라, 아날로그 시대에 일방적으로 생산자의 권리만 보장받던 것에서 소비자의 권리도 동시에 보장되는 균형의 상태를 의미한다.

과거부터 기업들은 성별, 나이, 거주지 등 고객의 인구통계학적 데이터를 기반으로 상권을 분석하고, 소비자그룹을 세분화하여 소비자의 취향을 파악하고자 노력하였지만, 이와 같은 단편적인 데이터로는 형식적인 고객의 분류는 가능할지 몰라도, 실제 개별 소비자의 사고와 감성을 파악하여 구매로 연결시키는 것은 어렵다. 또한 생산 기술 측면에서도, 아날로그 생산 기반에서는 개별 소비자들이 요구하는 각각의 서비스나 제품을 만들어, 심지어 고객에게 온디맨드로 전달하는 것은 기술 측면에서나 비용 측면에서나 매우 어렵고 비효율적인 작업이다. 그러나 디지털 변혁의 시대가 되면 센싱기술과 IoT, 분석기술 등의 발전으로 인해, 기업은 소비자의 생리적, 심리적 데이터인 심박, 혈압, 동공, 체온의 변화 등을 통해 고객의 물리적 상태와 감정,

심리상태 분석를 분석할 수 있고, 이를 포함한 다양하고 복잡한 형태의 데이터를 빠르게 분석할 수 있는 빅데이타 처리기술과 분석기법들이 개발되면서 기존의 인구통계학적 데이터과 결합한 거래 데이터 분석으로, 개별 소비자의 문제를 보다 잘 이해하게 되었고, 이제 AI 기술을 이용하여 개별 데이터에 맞는 특화된 솔루션을 만들어, 적절한 상황에 개인화된 상품을 만들거나 추천할 수 있게 되었다. 또한 소비자는 자신이 원하는 바를 적극적으로 요구함으로써 더욱더 정교한 개인화가 가능하게 되었다. 이러한 디지털 변혁은 디지털 산업이나 서비스 산업은 물론이고, 제조나 금융같은 전통산업에서도 이제 충분히 실현 가능하다. 특히 4차 산업혁명의 상징으로 불리는 지멘스의 디지털트윈으로 구성된 스마트 팩토리, 아디다스의 스피드 팩토리, 금융권의 마이데이타와 개인화된 상품개발 추천 등이 이러한 개인화된 생산체계의 대표적인 사례이다.

따라서 이제는 기업이 단순히 제품을 만들어 공급하는 형태로 수익을 창출하는 시대가 아니다. 소비자와 지속적으로 소통하며 문제를 찾아내고, 해결방법을 찾고, 개인화된 솔루션을 온디맨드 형태의 서비스로 제공할 수 있는 역량에 의해 성공이 결정된다. 즉, "제품이나 서비스가 온디맨드 방식으로 전달되는 디지털 변혁의 시대에 기업이 성공하기 위해서는, 기존의 비즈니스 모델을 이에 맞게 전환하고, 시스템 역시 온디맨드 서비스를 제공할 수 있는 형태로 바꾸어야 한다(김용진, 2020)." 따라서 디지털 변혁의 시대에 생존하면서 탁월한 성과를 만드는 기업들의 공통점은 이러한 디지털 변혁의 사회, 경제 변화를 수용하고, 적응하며, 이를 활용하여 기존의 시장질서를 파괴하고 다시 융합시키는 온디맨드 혁신의 기회를 추구하는 것이다. 즉, 디지털 변혁의 시대는 개별 기업의 디지털 변혁이 소비자로부터 가치를 인정받고, 기업의 가치를 결정짓는 경쟁우위로 작동하는 핵심요소로 볼 수 있다.

우리는 역사상 개인의 힘이 가장 강력한 시대에 살고 있다. 소비자는 네트워크의 힘으로 정치와 제도와 경제마저도 바꿀 수 있는 힘을 가지고 있다. 드디어 민주화된 자본주의, 새로운 소비자의 시대가 온다.

초연결: 시간과 공간, 생산과 소비, 협력의 한계 극복

디지털 기술로 인한 디지털 변혁의 두 번째 특징은 초연결성이다. 토인비는 인류 사회의 흥망성쇠는 그 사회가 직면한 대내외적 도전에 대해 어떻게 대응했느냐에 따라 좌우된다고 했는데, 그의 주장처럼 인류사회는 끊임없이 다양한 도전을 받아왔고 그 도전을 극복하기 위한 노력을 했다. 그리고 인류가 무수한 도전들에 대해 지혜롭게 응전할 수 있었던 원천은 소통의 기술을 가지고 있었기 때문일 것이다. 자연환경과 상호작용, 사회 문화적인 갈등의 해소, 정치적 협력과 종교적인 교류 등 인류사회의 건전한 발전을 이끌었던 모든 활동은 소통에서 시작되었고, 인류가 접하는 모든 것들과 소통을 뒷받침하는 것은 정보통신기술이다. 그리고 디지털 변혁의 시대에는 AI와 IoT 기술의 발전으로 인류가 더욱 새로운 공간과 대상을 이해하고 소통할 수 있게 되었다. 그리고 이제 디지털 기술로 인한 새로운 공간의 활동 증가로 시장의 개념은 변화하고, 심지어 시장 자체가 현실공간의 시장이 아니라 가상공간으로 이동하고 있다. 메타버스(Metaverse)와 같은 새로운 공간의 창조와 이로 인한 새로운 산업의 등장은 디지털 변혁의 시대에 자연스러운 현상이다. 이렇게 시간의 한계, 공간의 한계를 뛰어넘어, 디지털 사회와 경제는 이제 초연결의 변혁을 통해 한계비용이 제로가 되는 경제에 접근하고 있다.

아날로그 시대에서도 네트워크의 개념은 있었고, 단선적인 연결은 존재했다. 그러나 디지털 변혁의 시대는 개인과 개인, 생산자와 소비자, 개인과 기업 등 전 세계의 모든 구성원들이 네트워크로 연결되는 디바이스와 앱을 통해 신속하게 정보와 영향력을 주고받는 이른바 초연결의 시대에 이르게 된다. 디지털 시대의 네트워크는 단순한 연결과 커뮤니티가 아니라, 디지털 사회에서 인간의 사회적 근간을 유지하고 있는 체제라 할 수 있다. 네트워크에 소속되어, 네트워크에서 역할을 수행하려고 노력하는 행동, 자신의 속한 네트워크에서 능력을 검증받고, 구성원들에게 신뢰를 얻기 위한 행동은 디지털 변혁 시대의 기본적인 행동양식이다. 또한 디지털 변혁 시대의 네트워크는 가족, 지역, 학교와 같은 개인적인 관계보다, 정보교환과 전문성, 사회적 역할 등을 중심으로 하는 목적이 있는 사회적 관계가 된다.

기업의 입장에서는 이러한 디지털 변혁 시대의 초연결성은 시간적, 공간적 한계를 극복하여, 소비자의 문제를 해소할 뿐 아니라. 디지털 변혁을 통해 디지털 변혁시대의 생존과 성장을 위한 가치-원가 딜레마를 극복할 수 있게 한다. 디지털 기술의 발달로 인해 탐색비용과 복제비용, 운송비용 등의 거래비용(한계비용)이 제로에 근접한 상태에서, 전 세계 어디서나, 어느 곳의 누구와도 네트워크를 형성하고, 글로벌 공급망이나, 새로운 시장의 기회를 형성한다.

다른 한편으로 디지털 경제에서 흔히 이야기하는 네트워크 효과 또는 네트워크 외부성(Carl Shapiro, Hal R. Varian, 1998)은 동일한 서비스를 소비하는 가입자의 수가 늘어나면, 다른 소비자의 효용 역시 늘어나는 사회관계망 서비스나 모바일 서비스같은 직접적인 네트워크 효과와 함께, 해당 제품이나 서비스의 보완재의 다양성과 품질이 향상되면, 그 제품과 서비스의 가치가 함께 성장하는 간접적 네트워크 효과가 있다. 예를 들면 모바일 폰이나 OS의 경우, 앱이나 호환성 있는 소프트웨어의 다양성과 킬러앱의 존재가 해당 제품이나 서비스의 가치를 증가시키게 된다.

이러한 초연결의 변화도 크리스 앤더슨(2009)이 언급했던 네트워크 효과를 기반으로 하는 "무료경제(Free-conomics)"와 "프리미엄(Free-mium) 서비스 모델"을 통해 디지털 기반 소비재 산업에서는 이미 대세가 되었다. 이러한 서비스들은 대부분 디지털 플랫폼을 기반으로 하는데, 디지털 플랫폼과 관련된 인프라는 한 번 구축되면, 추가적인 상품이나 서비스를 제공하는 경우에는 비용이 거의 발생하지 않기 때문에 한계비용은 제로에 가까워진다. 따라서 디지털 서비스 기업들은 기본적 서비스는 무료로 제공하되, 노출, 광고, 프리미엄 서비스 등을 활용하여 수익을 창출하게 되는 프리미엄(Free-mium) 서비스 모델을 활용한다. 대표적인 사례는 비영리목적의 기업을 주장하는 ChatGPT, 무료 수수료 로빈후드, 포털 사이트의 검색, 이메일, 카페, 블로그나, 인스타그램, 링크트인, DeepL, 유튜브, 페이스북, 트위터 등이 이러한 모델이다. 제러미 러프킨(2014)이 『한계비용 제로 사회』에서 언급한 공유경제의 부상으로 인한 한계비용과 한계마진 제로의 상태와는 또 다른 형태의 발전이다. 디지털 변혁 시대의 기업들에게 필요한 것은 사용자와 그들의 네트워크가 만들어 내는 가치의 효과이다.

한편으로 초연결성은 기존의 세계화와는 다른 보다 광범위하고 현실적인 개념의 확장을 의미하며, 이는 소비자 입장에서의 확장만을 의미하지 않고, 공급자와 공급망의 연결과 확장을 모두 포함한 연결이다. 정보기술과 운송, 배송기술의 발달은 사람이나 재화들의 이동을 제약하던 한계들, 즉 공간적 제약과 시간의 제약을 없애면서, 전 세계를 연결하여 하나의 시간과 공간의 영역으로 만들었다. 이는 시간과 공간을 초월한 자유로운 재화의 이동은 물론, 생산 및 판매 네트워크를 수평적으로 통합한 생태계를 플랫폼 기반으로 형성하고, 참여자들과 함께 서로의 문제를 해결하게 된다. 이는 기존의 세계화보다 광범위하고, 유연한 통합 체계로 글로벌 공급망, 글로벌 가치사슬로 나타나는데, 이렇게 디지털 변혁은 기존의 경쟁 구조를 완전하게 변화시키고, 새로운 협력의 구조로 재편된다. 개별 기업의 공급망은 해체되고, 글로벌 공급망이 새롭게 생성되어 확산되며, 대기업은 분해되고 중소기업이 수평적 플랫폼의 중심으로 통합되며, 플랫폼을 중심으로 다시 경쟁하게 된다.

글로벌 가치사슬(GVC: Global Value Chain)은 제품의 설계, 부품과 원재료의 조달, 생산, 유통, 판매에 이르기까지 각 과정이 다수의 국가 및 지역에 걸쳐 형성된 글로벌 분업체계를 말한다. 즉 지리적으로는 기업의 핵심 경쟁 부분을 제외한 공급망을 전 세계로 확대하는 것을 의미하며, 또한 가치의 생성을 따라 설계되어 원자재, 중간 생산물, 최종 생산물로 이어지면서 가치를 창조하는 네트워크를 의미한다. 이는 생산, 유통, 소비 등의 디지털화로 인해 기업 간 광범위하고 유연한 협업, 실시간 의사소통이 가능해졌기 때문이다. 마지막으로 글로벌 가치사슬은 시간을 기준으로 자본과 투자를 포함한 거대한 네트워크이다.

대표적으로 미국의 바이든 정부는 AI 혁명을 대비하여 이러한 글로벌 반도체 가치사슬을 자국에 유리한 형태로 전환하려는 다양하고 노골적인 노력을 진행 중이다. 삼성전자나 하이닉스가 있는 우리나라는 상대적으로 불이익을 받고 있으며, 단위 기업의 공급망 재편에 미국 정부가 지나친 간섭을 하는 것이 아닌가 하는 불쾌한 감정이 들기도 한다. 이 과정은 국가라는 경제 주체가 미래의 조직과 제도를 의도적으로 혁신하는 과정이다. 반도체 글로벌 가치사슬의 재편은 특정기업의 이익을 위해서가 아니라, 미국의 미래를 위한 그들의 선택이다. 그리고 지금까지의 글로벌 가치사슬이 미국에 의해 형성되고 주도되어, 미국의 역할이 절대적이었기 때문에, 이러한 의도적 변화의 상황에서 비이성적인 적대감보다는 실속 있는 대응이 필요한 상황이다.

디지털 변혁의 시대에는 소비자 경험을 극대화하기 위해서도 새로운 형태의 기업간 혹은 산업 간 협업이 이루어져야 한다. 기업들은 플랫폼화된 글로벌 공급망을 통해 부품을 주문하고, 스마트공장에서 제품을 생산해서, 온라인을 통해 제품을 판매하게 되므로, 경계가 사라진 무한대의 자원과 온라인상의 수많은 채널을 활용할 수 있게 된다. 따라서 디지털 변혁의 시대에는 과거의 기준이었던 기업의 규모는 무의미해지고, 오히려 디지털 변혁의 상황에 민첩하게 대응할 수 있는 역량과 다양한 자원과 구성요소를 연결하고 관리할 수 있는 역량이 기업의 핵심 경쟁요소로 부상하게 된다. 이는 디지털 변혁 시대에 산업생태계의 변화를 의미하는데, 기존의 노동과 자본을 보유한 대기업 중심의 수직적 계열화 형태에서 기술과 창의력을 보유한 기업 중심의 수평적 협력과 연합이 새로운 산업생태계로 자리 잡게 된다. 또한 디지털화로 인해 모든 제품 및 서비스에 데이터, 애플리케이션 등을 활용하기 위한 플랫폼이 자연스럽게 형성되고, 이러한 새로운 플랫폼을 중심의 또 다른 경쟁과 협력이 이루어지게 된다.

초연결이 만들어 내는 생산자와 소비자의 새로운 연결, 글로벌 가치사슬의 변화로 인한 협력의 한계 극복, 시간과 공간의 한계를 뛰어넘는 문제해결 등으로 이루어지는 새로운 세상, 이것이 디지털 변혁으로 인한 새로운 시대의 모습이다.

초지능화와 산업의 대융합

산업의 관점에서, 디지털 변혁은 제품이나 서비스의 디지털화, 생산과 전달 프로세스의 디지털화를 중심으로 일어난다. 대표적으로 넷플릭스는 영화와 같은 콘텐츠를 디지털화하는 것에서 시작되어, 전달 프로세스가 디지털화됨으로써 스트리밍 기술에 의한 온디맨드 서비스를 가능하게 했는데, 이제는 콘텐츠를 제작하고, 상품을 구성하는 생산체제, AI를 통해 상품을 추천하고 소비하는 행태마저 디지털로 바뀌고 있다. 아울러 블록체인과 같은 새로운 기술 인프라의 등장으로 상품의 거래와 결제마저도 디지털화되고 있다.

더불어 디지털 변혁으로 인하여 온·오프라인이 통합되며, 서로를 통제하거나, 모든 것을 온라인에서 처리할 수 있게 되었다. 또한 디지털 변혁을 통해 지식을 디지털화하고, 지금까지 산업에 비효율성을 초래했던 지식과 프로세스의 분리, 혹은 지식과 작업, 지식과 의사결정의 분리현상을 없앨 수 있다. 따라서 디지털 변혁은 물리적 경제체제에서 지식 기반 경제로 급격하게 변화되는 초지능화를 불러오고, 초지능화는 파괴적 기술, 혁신, 기업의 등장과 함께 기존의 산업을 시스템적으로 파괴하고, 또 융합하여 새로운 산업을 창출하기도 한다.

디지털 변혁의 시대에 제품의 서비스화나 서비스의 제품화는 대부분 플랫폼을 기반으로 이루어진다. 양면시장(Two sided market)의 특징을 가진 플랫폼과 플랫폼 기술은 디지털 변혁의 특징인 초연결성과 초지능성에 기반을 두고, IoT, AI, 클라우드, 빅데이타, 블록체인 등을 통한 발전으로 새로운 비즈니스 모델이 출현한다. 이처럼 제조업에서 또는 서비스업에서 소비자의 문제를 찾고 해결하는 새로운 비즈니스 목적과 이를 해결하는 새로운 솔루션, 서비스 구조로 변화하면서 개별기업의 공급망(Supply Chain)은 변화할 수밖에 없고, 새로운 글로벌 공급망 또는 글로벌 가치사슬이 생겨나고, 강화되고 있다. IoT 기술과 센서를 통해 축적된 데이터를, 클라우드에서 저장, 공유하고, 분석하며, AI로 생산 시뮬레이션을 가동하여 생산을 지시하는 새로운 생산체계가 스마트 플랫폼으로 구성되고 다양한 생산서비스들이 모듈화, 표준화되고, 디지털화되어 플랫폼에 탑재되면서, 제조기반을 보유하지 않은 기업들도 스마트공장을 통해 "맞춤형 소량생산"이 가능해지고, 온라인으로 제품을 주문하고, 스마트공장에서 제품을 생산해서 온라인의 다양한 채널을 통해 제품을 판매, 전달하는 형태인 "개방형 제조 서비스"가 가능해진다. 실패한 1세대 디지털 네이티브기업으로 발명 플랫폼인 '쿼키(Quirky)'가 꿈꾸던 생산체계이다. 하지만 당시 쿼키는 이러한 생산기술과 품질관리 기술 인프라가 제도적으로 준비되지 못한 플랫폼이었다.

이러한 개방형 제조 플랫폼을 중심으로 제조나 서비스가 이루어진다면, 기업의 형태도 변화가 불가피하다. 기존의 규모의 경제를 확보하고, 거래비용을 절감하기 위해 형성된 수직적 대기업의 형태는 해체되고, 혁신적이고 창의적인 역량을 가진 기업들이 각 부분을 담당하게 될 것이므로, 대기업의 해체와 중소형기업의 재통합, 또는 새로운 글로벌 가치사슬에서 현실적으로 상생협력하는 현상을 마주하게 된다. 따라서 디지털 변혁 시대에 온디맨드 경제는 제조업과 서비스업의 경계가 무너지고, 대기업과 중소기업 간 수직적 생태계를 파괴하며, 기술 간 경계도 협력적이고 유연하게 변하게 된다. 대표적인 사례가 디지털 변혁으로 인한 자동차, 전자, 반도체 산업의 글로벌 가치사슬(GVC: Global Value Chain) 혁신이다(McKinsey Global Institute, 2019; Zhan, 2021). 글로벌 공급망과 글로벌 가치사슬은 혼용될 수도 있으나 글로벌 가치사슬은 가치의 창출과 분배에 초점을 둔 광범위한 개념이며, 글로벌 공급망은 생산과 납품의 조달관계가 중심이므로 차이가 있다. 이제 글로벌 가치사슬은 산업의 생태계이며, 가치사슬의 혁신은 그 자체의 효율성을 넘어, 기업과 국가차원에서 또하나의 불확실성이며, 예측불가능한 변화이다. 효율성을 뛰어넘어 이제 미국을 필두로 세계의 강대국들은 특히 AI를 둘러싼 글로벌 가치사슬을 확보하기 위한 새로운 형태의 전쟁을 벌이고 있다.

이와 같이, AI와 디지털 변혁으로 인하여 산업생태계는 표준화와 모듈화에 기반한 공급사슬이 기존의 수직적 통합에서 수평적 협력으로 변화하고, 기업 간의 관계는 종속적 관계에서 대등한 가치창출의 관계로 변화하고 있다. 또한 공정성과 투명성에 기반하여 협력적 노력에 대한 수익배분이 명확해지고 있다. 다양한 참여자들이 일시적이지만 통합적 협력을 하게 되는 것이 중요한 요소가 되며, 플랫폼을 중심으로 혁신과 협력이 공존하는 기업 간 협력관계의 재구성이 진행되고 있으며, 또한 디지털 기술의 초연결성으로 인해 로컬과 글로벌이 공존하는 산업생태계 재구성이 발생되고 있으므로, 디지털 변혁은 이렇게 기술과 산업의 융합과 발전으로 산업구조를 변화시키고, 새롭고 다양한 비즈니스 모델을 창출하고 있다. 즉 디지털 기술을 기반으로 산업 분야들 간의 융합과 복합을 통해, 경계를 무너뜨리고, 공진화하면서 다양한 사회와 경제의 디지털 변혁을 이루어 내고 있다.

초지능화와 대융합의 결과로, 산업이나 업종의 경계가 사라지고 융화가 일어나는 현상을 설명하는 용어인 '빅블러(Big Blur)'는 소비자, 기업, 서비스, 비즈니스모델, 산업 장벽, 경쟁 범위의 분야에서 다양한 힘이 작용하며, 생산자와 소비자, 다른 규모의 기업들, 온·오프라인, 제품과 서비스 간 경계가 무너지는 것을 중심으로 산업과 업종 간 경계가 사라지는 디지털 변혁 시대의 현상을 지칭한다. 이는 디지털 변혁 시대의 특징으로 비즈니스 영역에서 주요 경계가 사라지고 있으며, 특히 최근 유통혁명, 금융혁명과 관련하여 산업의 경계가 사라지고 핀테크, 에듀테크 등의 새로운 산업이 발생하는 것이 이러한 현상 중 하나이다. 이에 따라 구매자와 판매자, 작은 것과 큰 것, 서비스와 제품, 오프라인과 온라인의 경계에서, 심지어는 교환가치와 사용가치의 혼용 등 다양한 혁신의 새로운 흐름이 일어나고 있음을 의미한다.

필립코틀러는 『마케팅 6.0』에서 "디지털 공간과 물리적 공간의 경계를 뛰어넘어, 완전히 몰입할 수 있는 고객 경험을 창조해야 한다."라고 주장한다. 첨단 기술은 인간의 능력을 모방하려고 하는데, 인지 기능을 복제하고 의사소통을 가능하게 하거나 인간의 감각을 모방하고 물리적 동작과 상상적 경험을 만들어 내고 상호연결성을 강화하는 등 새로운 가능성을 열게 되면 이러한 첨단 기술 덕에 인간과 인간을 닮은 기계 사이에 음성 명령, 안면 인식, 손 동작을 비롯한 자연스러운 상호작용에 대한 새로운 가능성이 생긴다. 이를 통해 인간은 물리적 공간 안에서 기계 및 디지털 콘텐츠와 상호작용하는 새로운 형태의 융합이 생겨날 수 있다.

속도, 복잡성이 증폭된 무질서와 불확실성의 시대

새로운 시대는 AI 혁명과 디지털 변혁의 시대, 소비자 중심의 시대, 아울러 초연결의 시대로 시간과 공간의 한계를 극복하는 시대이고, 초지능으로 인한 산업구조의 붕괴와 융합의 시대라는 시대적 특징을 가지게 된다. 또한 디지털 기술과 디지털 변혁의 시대는 단순한 기술적 발전에 머무르지 않고, 소비자들의 라이프스타일과 행동양식, 문화적 환경, 가치체계, 정치와 경제활동 등 사회 전반에 걸쳐서 직접적인 영향을 미치게 된다는 것을 확인하였다. 따라서 디지털 변혁의 시대는 사회와 기업들에게 과거와 다른 불확실성의 형태로 더 많은 기회와 더욱 심각한 위협을 동시에 제공하게 된다는 것을 확인할 수 있다.

우리가 너무도 당연하게 생각하고 있던 미국의 경제패권과, 대안을 찾을 수 없던 기축통화인 미국 달러는 이를 대신할 초강대국으로의 패권 이동이 아닌, 탈중앙화나 탈국가화와 같은 새로운 글로벌 제도의 도전을 받고 있다. 좀 더 자세히 보면, 미국은 경제적, 정치적 패권을 유지하기 위해 노골적인 자국위주의 제도 변경을 시도하고 있지만, 암호화폐, Web 3.0, 블록체인, AI 등의 영역에서 국가라는 너무 당연한 제도적 기반에 대한 도전이 일어나고, 탈중앙화와 탈국가화에 대한 기술적 도전이 이어지고 있다.

따라서 디지털 변혁과 AI 혁명으로 인한 새로운 시대에 기업이 가장 주목해야 할 사회적 특징은 VUCA(Warren Bennis and Burt Nanus, 2003)로 불리는 불확실성과 예측 불가능성이다. VUCA는 AI 기술과 디지털 기술의 특징인 생성성, 확장성, 연결성으로 인하여, 발생한 디지털 변혁 시대의 중요한 특징이며, 변동성(Volatility), 불확실성(Uncertainty), 복잡성(Complexity), 모호성(Ambiguity)을 의미한다. 즉 기존의 속도로는 따라잡기 힘든, 빠른 변화인 변동성(Volatility), 현재 무슨 일이 어떻게 변하고, 어떤 방식으로 새로운 일이 벌어질지 모르는 불확실성(Uncertainty), 그리고 기업의 의사결정을 위해 고려해야 할 다양하고 복잡한 요소들의 복잡성(Complexity)을 마주하게 되며, 마지막으로 이미 언급된 글로벌 밸류체인의 혁신, 네트워크 효과, 디지털 다위니즘 등 디지털 변혁의 현상과 AI 혁명으로 인한 변화들에 대해 명확한 인과관계를 설명할 수 없는 모호성(Ambiguity)을 경험하게 된다. AI 혁명과 디지털 변혁은 인류 사회발전에 긍정적이고 진보적인 의미를 부여하지만, 반면 언급된 극도의 변동성, 불확실성과 복잡성, 모호성과 같은 예측 불가성은 새로운 시대를 맞이할 기업에게 거대한 위협이 될 것이다.

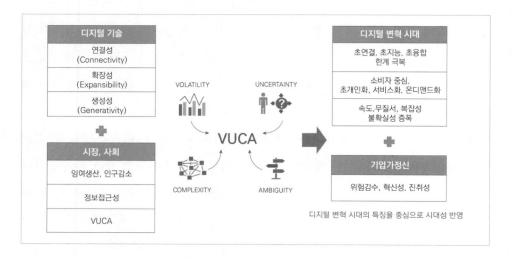

그림 2-8 **디지털 변혁 시대의 핵심, 불확실성**

새로운 시대에 AI 기술을 포함한 디지털 변혁을 통해 기업들은 "가치–원가 딜레마"에서 핵심요소인 원가를 극적으로 절감하고, 경영효율성을 극도로 향상시킬 수 있는 유연한 프로세스와 경계 없는 자원활용을 현실로 마주하게 되었다. 또한 소비자를 이해하고 행동을 예측할 수 있는 데이터와 분석수단을 확보하게 되어, 고객의 문제를 파악하고 해결하여 고객의 가치를 창출할 수 있는 힘을 동시에 확보할 수 있게 되었다. 그러나 한편으로 AI와 디지털 변혁 시대의 불확실성은 전통적 방식의 합리적 계획과 기업의 비즈니스 활동을 무력하게 한다. 소비자 중심으로 급격히 진화되고 있는 경제와 사회에서, 디지털 기술의 특징으로 인해, 과거와는 다른 속도와 규모의 치열하고 급박한 경쟁 상황에 놓이게 되었으며, 산업구조의 해체와 융합이라는 충격적인 변화를 마주치게 되었다. 이에 따라 기업 경영의 의사결정에 있어 복잡도는 더욱 높아졌고, 기업의 핵심가치가 산업화 시대가 가진 공급측면의 효율성 증대를 포함하여, 디지털 변혁의 시대의 소비자, 기업, 사회의 문제 해결을 통한 가치의 창출을 동시에 해결하여 가치-원가 딜레마를 해결해야 하며, 기업이 활용해야 할 기술 역시 과거의 노동대체 기술에서 고부가가치 지능 기반 기술로 변화하고 있다.

결국 AI 혁명과 디지털 변혁의 시대에 기업은 디지털 기술의 발전을 활용하고, 새로운 시대의 소비자와 사회의 변화를 결합하여 디지털 변혁을 이루고 미래사회로 발전해야 하는데, 이러한 과정에서 발생하는 미래의 불확실성을 극복하고, 기회로 활용하기 위해 도전해야 하는 주체로 우리는 다시 '미래기업가'를 주목할 필요가 있다. 그러나 기존 산업시대의 계획과 관리가 중심이 되는 기업가정신만으로는 이러한 복잡한 불확실성을 극복할 수 없다. 따라서 디지털 변혁의 시대를 이해하고, 시대의 요구를 받아들이고, 적용하며, 유연하고, 창의적으로 대응할 수 있는 미래시대의 새로운 기업가정신이 필요하게 된다.

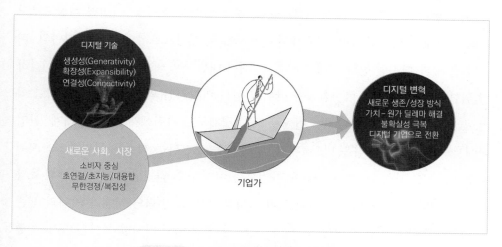

그림 2-9 디지털 변혁을 주도할 새로운 기업가

CHAPTER 04

기업의 의도적 디지털 혁신

앞에서 AI를 포함한 디지털 기술의 특징과 디지털 변혁에 관련된 연구를 기반으로, 사회와 기업의 관점에서 디지털 변혁의 시대가 가져온 거시적인 사회, 경제적 변화의 특징을 파악했다. 이제 이에 대응하는 미시적인 단위 기업의 디지털 혁신의 본질은 무엇이며, 디지털 변혁의 시대가 기업의 생존과 성장에 어떠한 영향을 미치게 되는지 확인해 보고자 한다.

이 책에서는 디지털 기술로 인한 사회, 경제 전반의 총체적, 시대적 현상으로서 우리가 이해하고, 수용하며, 적응하여 활용해야 할 대상으로서의 거시적 의미의 '디지털 변혁'과 디지털 변혁 시대의 사회, 경제적 대변혁에 대응하여 생존하고 성장하기 위한 기업의 디지털 혁신활동을 단위 기업의 미시적인 의미의 의도적 디지털 혁신으로 구분하고 있는데 디지털 변혁은 거시 경제구조 관점에서 조직, 생태계, 산업 내에서 기존의 게임규칙을 변화, 위협, 대체 또는 보완하는 새로운 행위자(또는 행위자 구성), 구조, 관행, 가치 및 신념을 가져오는 여러 단위 디지털 혁신의 결합된 효과이다. 그러나 이 두 개념은 분리된 것이 아니다. 디지털 변혁의 시대가 기업의 생존과 성장을 위해 디지털 혁신을 요구하는 것과 같이, 기업의 디지털 혁신은 다시 그 결과로 기업의 성장에 영향을 줄 뿐 아니라 사회와 경제의 디지털 변혁을 구성하고, 핵심적인 역할을 하게 된다.

디지털 변혁과 혁신은 급격한 제도적 변화

필자는 IBM, VMware, UiPath를 거쳐 기업의 디지털 혁신을 지원하면서 고객과 직원의 행동과 기대가 어떻게 변화하는지에 대해 연구하게 되었다. 비즈니스 및 운영모델을 혁신하기 위해 업무, 프로세스, 지원시스템이 어떻게 발전되거나, 재구성될 수 있는지를 연구하여, 기업이 비즈니스 성과를 위해 디지털 기술을 활용하고 조직을 변화시켜야 한다는 생각이었다. 따라서 디지털 변혁을 비즈니스 전략과 디지털 기술에 투자하여 비즈니스 운영, 프로세스, 고객과 직원에게 가치를 창출하고 전달하는 방식을 변화시키는 것으로 생각했으며, 기업의 경쟁력을 확보하기 위해 디지털 혁신이 필요하다고 생각했다. 그러나 대부분의 디지털 혁신이 실질적인 개선을 이끌어내지 못하고 더욱더 기술적인 전환으로 지우치게 된 이유는 디지털 혁신이 효과가 없기 때문이 아니라 기업이 진정한 변화를 추구하지 않았기 때문이었다. KPMG가 2023년에 발표한 2023년 기술 설문조사에서 미국 경영진의 대다수는 현재까지 디지털 혁신에 대한 투자로 인한 성과나 수익성의 증가를 확인하지 못하였다고 답하였다. BCG의 조사에서도 디지털 혁신의 70%가 기대목표에 미치지 못하며, 심각한 부작용을 발생시키기도 했다고 조사되었다. 반면 경쟁력, 생산성 향상, 고객경험에 투자한 기업은 업계에서 높은 수익률로 성장할 수 있었다. 오랜 디지털 혁신에 대한 투자를 통해 우리는 디지털화나 디지털 기술만으로는 혁신이 일어나지 않는다는 것을 배웠다.

기업가의 관점에서는 기업가가 디지털기술을 활용하여 기업의 디지털 혁신을 유도하며, 디지털 변혁 시대의 기업성과에 영향을 미친다고 단순하게 볼 수도 있다. 그러나 제도적 관점에서 본다면, 디지털 변혁은 그 자체가 조직과 산업에서 기존의 게임 규칙을 변화, 위협, 대체 또는 보완하는 새로운 행위자(및 행위자 구성), 구조, 관행, 가치 및 신념의 중대한 변화이다. 이러한 디지털 변혁의 과정에서 기업가는 성과를 창출하기 위한 다양한 노력을 하겠지만, 일정 규모에 이르게 되면 장기적으로 새로운 조직, 새로운 제도, 새로운 문화로 디지털 변혁에 적응하는 사회와 기업의 제도적 구조를 형성하는 중대한 역할을 하게 된다. 이는 기업의 초기라면 기업가 자체의 역량이 기업의 성과에 직접적인 영향을 미치게 되겠지만, 성공한 기업에게 지속적인 성장이 필요하다면, 기업가 자체의 역량이 기업의 성과에 직접적인 영향을 미친다기보다는, 기업가가 만든 제도적 구조인 조직과 제도인프라와, 기업문화라는 기업의 실행역량이 성과에 영향을 미치기 때문이다. 기업가의 중요한 역할 중 이러한 제도를 형성 또는 혁신하는 기업가의 활동을 메타구조화(Meta Structuring)라고 하며, 기업의 디지털 혁신은 기존의 제도적 구조에 디지털 기술을 활용하여 변화를 일으키는 것이다. 이러한 과정에서 디지털 변혁/혁신은 기존 제도의 단순한 변경이 아닌, 실제 업무 수행에 있어도 느껴질 만큼의 급격한 변화(Greenwood & Hinings, 1996)를 일으키게 되며, 디지털 변혁의 시대의 급진적인 변화는 새롭고 합법적인 형태의 조직 및 제도, 문화를 출현시키는 것이다(Boxenbaum & Jonsson, 2017; Strang & Meyer, 1993). 따라서 디지털 변혁/혁신은 급격한 제도적 변화를 의미하며, 미래기업가는 사회와 기업의 급격한 디지털 제도적 변화를 일으켜(Hinings, Gegenhuber, Greenwood 2018) 새로운 제도적 구조를 형성하여, 디지털 변혁 시대의 기업의 성과에 영향을 미치게 된다. 물론 기업가의 지향성도 이러한 변화된 제도적 구조에 내재화되어 기업의 성과에 영향을 미치게 될 것이다. AI 혁명과 디지털 변혁을 급격한 제도적 변화로 본다면, AI와 디지털 기술로 인한 사회적 변화 속에서 불확실성을 극복하면서 생존하고 성장하기 위한 사회와 기업의 제도적 구조를 만들어 가는 것이 미래기업가의 중요한 역할이다.

디지털 혁신의 유형

기업의 투자 관점에서 디지털 혁신은 비즈니스 현대화를 위한 기술투자에서 가장 큰 규모를 차지하고 있는 영역이다. 초기에는 기술을 사용하여 성능이나 비즈니스 범위를 근본적으로 개선하는 것을 의미하였고, 시간이 지나 기업들은 기존의 디지털 혁신에 대한 투자가 약속된 수익에 부응하지 못한다는 것을 알게 되었다. 비즈니스 전략이 디지털 혁신을 주도하는 경우는 드물었고, 그 결과 진정한 의미의 혁신은 일어나지 않았다. 대다수의 기업들이 투자한 것은 디지털화였다. 클라우드와 디지털 기술은 혁신적 성과보다는 기존의 비즈니스를 현대화하는 데 사용되었고, 기업들은 디지털 퍼스트를 외치며 변화하였지만 비즈니스 자체나 비즈니스 모델의 전환을 고려하지는 않았다.

기업의 디지털 혁신은 주제, 구성 및 이들 간의 관계의 다양성이 증가하여 디지털 혁신에 관한 이해에 혼란을 초래한다. 이 글에서는 몇 가지 기존 이론들을 검토하여, 디지털 기술의 수용과 디지털 변혁 시대의 비즈니스 모델을 중심으로 한 제도적 구조라는 두 가지 중요한 요소를 기준으로 기업의 네가지 디지털 혁신의 유형을 구분하여 제시한다.

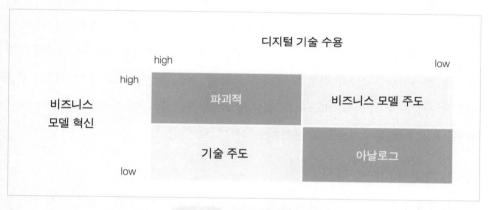

그림 2-10 디지털 혁신의 유형

시장에서 생존과 성공의 기회를 높이기 위해 IBM, GE와 같은 여러 산업 분야의 많은 선두기업이 디지털 기술을 비즈니스에 실질적으로 통합하려는 노력을 선제적으로 진행했다. 그리고 이러한 조직적 변화를 '디지털 전환' 또는 '디지털 혁신'이라고 했다. 하지만 디지털 혁신은 기업의 상황에 따라 더욱 다양하게 변화한다. 초기에는 AI, 사물인터넷과 같은 새로운 기술을 채택하는 것을 디지털 혁신으로 생각하는 기업도 있었고, 소셜 미디어를 사용하여 사용자와 소통하여 피드백을 얻거나 새로운 판매 채널을 여는 기업도 있었다. 하지만 AI와 디지털 변혁의 시대에 기술은 보편화되고, 이제는 기술을 이용하여 완전히 새로운 비즈니스 방식을 제공하는 것으로 그

의미를 변화시키고 있다. 하지만 여전히 일부 기업은 디지털 혁신을 프로세스를 최적화하고 비용을 절감하는 방법으로 보고 있으며, 다른 기업은 디지털 혁신을 이전에 없었던 제품과 서비스를 제공함으로써 새로운 가치를 창출할 수 있는 새로운 기회로 간주한다. 또한 일부는 디지털 혁신을 직원들의 역량 변화로 보기도 하고, 다른 기업은 새로운 고객을 위한 새로운 서비스 제공으로 정의한다. IBM의 CEO 설문 조사는 CEO들이 고객 경험, 운영 프로세스 및 비즈니스 모델을 디지털 혁신 이니셔티브의 초점이 되어야 하는 세 가지 요소로 생각함을 보여주고 있다. 학계에서는 Bharadwaj, El Sawy, Pavlou, Venkatraman 등(2013)이 '디지털 자원을 활용하여 차별화된 가치를 창출하고, 비즈니스 가치창조와 포착, 규모, 속도 등을 식별함으로써 공식화되고 실행되는 조직 전략'으로 디지털 혁신을 정의하고, Matt(2015)는 디지털 혁신 전략을 기술 사용, 가치 창출의 변화, 구조적 변화, 재정적 측면의 네가지 차원을 통해 분석했다. 이 책에서는 Zeljko Tekic(2019)가 제시한 기업의 디지털 혁신 유형을 활용하여, 시장과 기업의 디지털 기술의 수용 수준과 기업의 비지니스 모델 혁신을 기준으로 파괴적, 비즈니스 모델 주도형, 기술 주도형, 아날로그형이라는 네 가지 디지털 혁신 유형으로 구분하여 살펴보기로 한다.

가. 파괴적 디지털 혁신

첫 번째 유형인 '파괴적 디지털 혁신'은 높은 수준의 비즈니스 모델 혁신과 높은 수준의 디지털 기술 수용을 특징으로 한다. 파괴적인 디지털 혁신을 추구한 기업은 새로운 산업을 만들거나, 업계에 새로 등장하는 기업이며, '디지털 네이티브 스타트업'이 대표적이다.

파괴적 디지털 혁신에는 자원, 직원, 고객, 공급 업체, 공장, 브랜드, 확립된 루틴 또는 비즈니스 수행 규칙, 조직이 없다. 아무것도 가지지 않으면 업계에서 근본적으로 새로운 비즈니스 방식을 찾고, 전체 산업의 논리를 바꾸고, 차세대 제품 및 회사의 표준이 되기 위해 모든 것에 의문을 제기하고 실험할 수 있다. 파괴적 혁신은 외부에서 문제를 찾고 접근하는 방식(Out of the building, Blank, 2013)을 사용하고, 사용자, 공급자, 이해 관계자와의 집중적인 상호 작용을 통해 그들의 문제를 지원하거나 해결하는 방법을 제시한다. 고객가치사슬을 분석하고 디커플링하여 새로운 시장을 찾아내기도 한다(Thales S. Teixeira and Greg Piechota, 2019). 단순히 기술적인 관점에서 접근하는 것이 아니라 고객의 관점에서 제도적 구조의 혁신을 통해 새로운 비즈니스 모델의 가설을 설정하고 실험하면서, 초기 비즈니스 모델을 지속적으로 조정 또는 전환(Pivot)하여 단순히 좋은 비즈니스 모델을 찾는 것이 아니라 반복 및 확장 가능한 모델을 찾는 것이다(Blank, 2013). 여기에 비즈니스 모델이 적용되는 부문에 대해 충분한 창의성이나 독창성을 가지고 파괴적 혁신을 추구한다. 이미 언급한 것과 같이 디지털 기술은 생성성과 확장성을 가지고 있어, 상당한 수준의 창의성 또는 고유성을 제공할 수 있다.

파괴적인 디지털 혁신을 위해 새로운 방식의 새로운 연결도 고려할 수 있다. 그러나 기존 기업은 조직의 관성, 관리 프로세스, 일반적으로 쉽게 해결하거나 무시할 수 없는 경로의존적 제약과 같은 기존 조직의 성공 경험으로 인한 거대한 저항 때문에 파괴적 혁신이 어렵다(Massa & Tucci, 2013).

파괴적 혁신은 해당 산업을 완전히 변화시킨다. 가장 성공적인 디지털 네이티브 스타트업인 우버, 아마존, 페이스북(Meta)이나 중국의 텍센트, 알리바바, 테무, 쉬인을 생각해 보자. 우리가 경험한 테무가 질좋은 제품과 높은 서비스 수준의 인터넷 쇼핑몰은 아니지만, 이는 AI와 디지털 기술이 만들어 낸 놀라운 생산성의 변화이며 현상이다. 2006년 지점이 없는 디지털 은행, 세계 최대의 완전 온라인 은행이 되겠다는 창립자의 비전으로 시작한 러시아의 Tinkoff Bank는 서비스가 부족한 디지털 네이티브 사용자에 초점을 맞추고 디지털 기술을 활용하여 가장 일반적인 고객대기시간의 문제를 해결함으로써, 보수적이고 관료적이며 국가가 통제하는 것으로 인식되는 러시아 금융 시장에 파괴적 혁신을 불러왔다. Tinkoff는 여전히 세계에서 가장 수익성 높은 은행이며, 본사 직원의 70%가 IT 전문가로 구성되고 대부분의 비즈니스 프로세스가 AI를 통해 구동되기 때문에 "은행 라이센스를 보유한 기술 회사"로 불린다 (Finance Disrupted, 2018).

파괴적인 디지털 혁신의 주요 목표는 가치가 생성, 전달, 적용되는 방식을 변경하여 기존 제품을 무의미하게 만들어, 기존 시장에서 가치 제안을 변경하는 것이다. 이 노력의 출발점은 빠르고 정량화 가능한 학습을 제공하고, 기술에 정통한 얼리어답터와 주류 소비자 간의 효율적인 연결을 제공하기 위해, 소위 초기 시장에서 핵심 문제와 최고의 사용자 그룹을 식별하는 것이다. 이러한 기업들은 창업자의 비전에서 시작하여, 시장에 필요한 것이 무엇인지에 대한 아이디어와 이러한 요구를 충족하는 방법에 대한 가설에 의해 주도된다. 이러한 비전은 재능 있는 초기 구성원들이 스스로의 성공을 위해 미친 듯 몰두하게 한다. 일론 머스크의 SpaceX는 창업자인 일론 머스크의 비전을 직원들이 공유하는 것으로 유명한 사례이다. 또 유아이패스는 뛰어난 RPA 기술과 창업자의 비전에 더하여, 새로운 형태의 조직과 새로운 비즈니스모델, 새로운 협력과 보상의 기업문화까지 디지털 변혁의 시대에 빠르게 적응한 디지털 네이티브 기업이며, 특히 초기 직원에게 막대한 주식보상 제도를 제시하여 성공을 공유한 기업이다. 2021년 상장하는 순간까지도 BEP를 넘지 못하였으나, 자기 일처럼 미친 듯 몰두한 직원들은 파괴적 혁신을 적극적으로 이루었다. 디지털 네이티브 스타트업의 창업자나 초기구성원은 빠르게, 또한 과감하게 실패하고, 실패로부터 배우며, 경험을 쌓는다. 그리고 실패의 과정은 더 큰 성공을 가져올 수 있다.

출처: UiPath

그림 2-11 UiPath의 IPO 현장

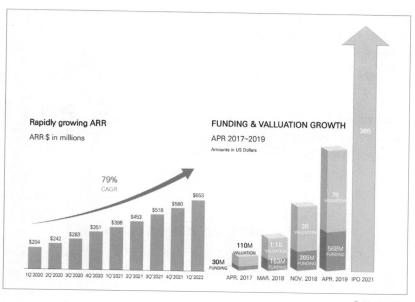

출처: Seeking Alpha

그림 2-12 UiPath의 기업가치 성장

나. 비즈니스 모델 주도형 디지털 혁신

두 번째 유형인 '비즈니스 모델 주도형 디지털 혁신'은 비즈니스 모델을 포함한 제도적 구조의 혁신이 디지털 혁신을 주도하는 경우이다. 따라서 이들은 과거의 비즈니스 모델이 가진 경쟁 환경에서, 이익의 축소, 시장 감소로 생존을 위해 변화해야만 하는 동기를 가진 기업들이다. 일반적으로 새로운 비즈니스 모델을 먼저 제시하고, 기술 격차를 메우려고 한다. 미쉐린은 타이어 제품의 생산과 판매에서 성능을 보장하는 서비스 제공으로 모델을 전환했다. 기존의 SW 업체가 SaaS 형태로, 구독형 서비스 비즈니스로 전환하는 것은 이미 흔한 사례이며, 이미 대기업으로 성장해버린 디지털 네이티브 기업에게도 적용된다. 아마존의 FBA(Fullfilment by Amazon), 카카오의 오픈이노베이션의 비즈니스 모델 주도형 디지털 혁신 사례는 기업자체는 높은 디지털 기술역량을 가졌더라도 새롭게 제시되는 비즈니스 모델이 디지털 기술의 수용을 리딩하는 경우이며, 기술력을 가진 선발 기업과의 협력 등을 통해 디지털 혁신을 추진하게 된다.

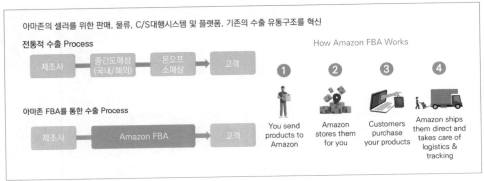

출처: Amazon.com

그림 2-13 **아마존 FBA(Fullfilment by Amazon)**

다. 기술 주도형 디지털 혁신

세 번째, '기술 주도형 디지털 혁신'은 높은 디지털 기술 혁신을 중심으로 혁신하는 기업들의 방식이다. 디지털 혁신의 초기사례는 IBM, GE 같은 글로벌 기업이 디지털 혁신의 선두주자로 시스템과 비즈니스 프로세스를 통합하려고 노력했다. 그 외에도 CIO(Chief Information Officer)나 CDO(Chief Digital Officer) 조직을 만들어 ERP, SCM과 같은 대규모 시스템을 도입하는 디지털 혁신을 주도하는 기술 주도형 디지털 혁신이 유행했었다. 특히 대기업은 자신의 검증되고 성공한 비즈니스 모델을 실험하는 것보다 디지털 기술에 의한 혁신이 안전하고 예측 가능하며 정당화하기 쉽기 때문에 신기술에 열심히 투자했다. 이는 대기업에서 일해 본 사람이라면 누구나 반복적으로 수행해온 PI, ERP 그리고 결국은 새로운 IT 툴의 도입, 클라우드로의 인프라 전환과 같은 IT 주도의 디지털 혁신을 포함한다.

기술 주도형 디지털 혁신의 주요 목표는 최적화 및 비용 절감이며 새로운 기술을 사용하여 기존 계획 내에서 기존 리소스를 더 효과적으로 활용하고, 개별 디지털 기술을 사용하여 개별 비즈니스 문제를 해결하는 것이다. 이 또한 제도화의 과정으로 의미있고 중요한 일임에는 분명하고, 단기적으로는 긍정적인 결과를 제공할 수 있지만 근본적 혁신이라고 하기에는 한계가 있을 수 있다.

대부분의 성공한 기업들은 파괴적 디지털 혁신보다는 검증된 기존 비즈니스 모델에 집착하는 경향이 있다. 디지털 변혁과 AI 시대의 기업은 과거의 모델이나 업무를 디지털화하는 것만으로는 생존할 수 없다.

물론 Caterpillar 및 GE와 같은 중장비 업체의 디지털 기술을 활용한 선제적 유지보수 서비스와 같이 기술 중심으로 시작된 디지털 혁신이 비즈니스 모델의 혁신으로 이어질 수도 있다.

디지털 혁신을 진행함에 있어 디지털 혁신 비전과 전략에 의한 관리도 매우 중요하다. 현대자동차는 2025 비전에서, 스마트 모빌리티 솔루션 공급자로서의 전환, 하드웨어에서 소프트웨어, 서비스기업으로의 전환을 선언하고 다양하고 구체적인 실행전략으로 디지털 혁신을 실행하고 있는데, 이는 파괴적, 또는 비즈니스 모델 주도형 디지털 변혁으로 보이지만, 그 과정이 단기적인 성과를 노리고, 기술 주도의 디지털 혁신으로 흘러가지 않도록 제도적 구조를 만드는 데 주의를 기울여야 한다. 즉, 시장의 변화와 고객 및 직원의 행동과 기대치의 변화에 따른 비즈니스 혁신에 대한 명확한 비전과 목표, 전략을 명확하게 제시해야 한다.

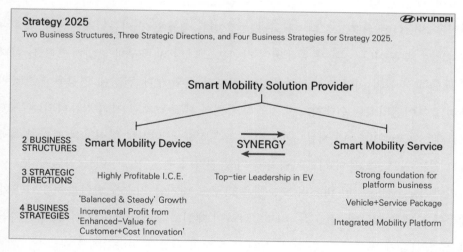

출처: 현대자동차

그림 2-14 **현대자동차의 2025 전략**

라. 아날로그형 디지털 혁신

마지막 유형인 '아날로그형 디지털 혁신'은 오랜 기간 변하지 않는 고객의 가치와 업의 본질을 추구하는 디지털 혁신이며, 상대적으로 낮은 수준의 비즈니스 모델 혁신과 디지털 기술 수용이 특징이다.

디지털 혁신은 기존의 제도, 즉 비즈니스 관행, 프로세스, 사고방식에 무조건적인 도전을 의미하는 것은 아니다. 디지털 기술로 기업의 중요한 가치를 훼손하는 것은 더욱 아니다.

본연의 자세로 돌아가고자 하는 혁신도 존재하며, 생산을 확장하고 더 많이 판매하는 것에 우선순위가 있지 않은 기업도 존재한다. 따라서 상대적으로 디지털화나 자동화에 가치가 크지 않고, 소비자의 독창성과 개성에 대한 욕구가 강한 시장의 기업들이 채택할 수 있다. 명품인 롤렉스, 롤스로이스, 버버리와 같이 독점적이거나 틈새 고객 또는 최소화된 제품만 받아들일 것이라고 가정하는 비즈니스 모델을 가진 기업, 특별한 고객의 욕구를 충족시키는 기업들이 활용할 수 있다. 특히 명품을 만드는 기업들이 대표적인데, 이들은 소비자의 요구가 아니라 욕구를 충족시키는 면이 강하다. 목표는 업의 본질에 충실하여 아날로그 상태로 유지해야 하는 비즈니스의 핵심을 최소화된 위험으로 디지털화하는 것이다. 예를 들어 커뮤니케이션과 품질 관리와 같은 부분이다. 전통을 현대적인 라이프 스타일 및 욕구와 혼합하고 소셜 미디어를 통해 자신의 이야기를 전달하여 소비자의 향후 구매 결정에 영향을 줌으로써 브랜드 아이덴티티를 현대화하며 기업의 가치와 본질을 책과 지역 커뮤니티에 두고, 프로세스와 커뮤니티 내 커뮤니케이션과 같은 부분을 디지털 혁신하여 재기에 성공하고 있는 반즈앤노블의 사례처럼 성공적인 전략이 될 수 있고, 이들 영역에서도 버버리의 'Bespoke'처럼 비즈니스 모델을 바꾸고 디지털 기술을 받아들여 120만 개 제품과 모델을 모듈화, 표준화, 디지털화하여 개인화에 성공한 디지털 변혁의 과감한 성공 사례가 발생할 수도 있다. 문제는 혁신의 반복과 지속성에 있다.

그림 2-15 Create Your Own Trench Coat With Burberry Bespoke

마. 성공적인 디지털 혁신

특정 디지털 혁신 방식이 정답이 될 수는 없다. 다만 기업의 환경과 역량, 자원과 비전을 고려하여 가장 효율적이고 이상적인 전략을 찾아나가는 것이 필요할 뿐이다. 전략 자체도 변화가 필요하고 영원할 수는 없다. 다만 기존의 창의성과 혁신으로 한 때 시장을 주도했던 기업의 경우, 그 성공 경험의 크기가 클 수록 내부의 저항으로 인해, 혁신에 어려움을 겪게 된다. 이는 모든 자원과 프로세스가 기존 성공의 방식에 묶여있기 때문이기도 하지만 과거 성공의 크기에 비해 불확실한 규모와 형태로의 전환에 대한 위험을 추구하고 싶어 하지 않는 조직의 관성과 저항 때문이기도 하다.

표 2-1 디지털 혁신 전략의 종류와 특징

주요 특징	디지털 혁신 전략			
	파괴적	비즈니스 모델 중심	기술 중심	아날로그
혁신 목표	가치 제안의 지속적 변화	새로운 기회 탐구	최적화, 비용절감	디지털화 영역 인식
리더십	Vision 중심	고객 중심	위험회피형	위험회피형
방안	빠른 저비용 실험	시장파괴자 복제, 오픈이노베이션	상향식 접근 허용, 촉진	디지털 파트너십
해당 기업	**디지털 네이티브** Meta, Uber, Tencent, Alibaba, Tinkoff Bank, UiPath	Michelin, Amazon FBA, Sberbank, Coupang, GE, HMC	B2B IBM, GE Digital, Komatsu, Caterpillar,	**독점적 B2C** Rolex, Rolls-Royce, Burberry, Barnes&Noble

디지털 기술은 디지털 혁신의 끝이 아니라 디지털 혁신의 전략적 목적을 달성하기위한 수단이며, 비즈니스 혁신의 원동력이다. 반대로 비즈니스 모델은 디지털 혁신의 원동력이며 혁신의 성공 여부를 결정하는 요소이다. 비즈니스 모델은 새로운 수단으로 비즈니스를 수행하는 방법을 보여주었으며, 디지털 기술은 비즈니스 모델 실험을 크게 가속화하여(Massa & Tucci, 2013) 비즈니스 활동을 조직할 수 있는 새로운 기회를 열었다.

따라서 디지털 혁신에 있어, 디지털 기술을 요리의 핵심재료로, 비즈니스 모델을 조리법으로 본다면 서로의 관계에 대한 이해가 쉬울 것 같다. 일반적으로 디지털 기술은 기존 구성 요소를 대체하지 않는다. 오히려 향상시키고 디지털화하여 새로운 연결과 조합을 가능하게 한다(Iansiti & Lakhani, 2014). 디지털화는 구성 요소를 변경하여 주변에 있는 다른 구성 요소와의 새로운 상호작용 및 새로운 연결 가능성을 만들어 디지털 혁신 프로세스를 가능하게 한다. 그러나 구성 요소의 디지털화는 각 구성 요소의 핵심 디자인 개념을 변경하지 않는다. 디지털 기술의 극적인 발전과 보급은 우리 삶의 많은 분야를 혼란에 빠뜨릴 수 있는 잠재력과 결합되어 개별적으로 그리고 복합적으로 디지털 혁신의 핵심 도구와 개념이 된다. 기존 기업과 디지털 네이티브 기업, 오래된 제조업이나 첨단 산업, 대학 및 정부 기관에 이르기까지 전 세계 기업과 기관들은 차세대 비즈니스 솔루션을 구현할 수 있는 지식을 습득하고 역량을 구축하기 위해 투자하고 있다.

기술의 혁신이 가치의 혁신을 의미하지는 않는다. 기술은 제품이 아니기 때문이다. 또한 디지털 기술을 활용하여 고객에게 가치를 창출하고 제공하는 것은 디지털 혁신의 일부에 불과하다. 기업은 창출된 가치의 실행 가능한 부분을 포착해야 하는데, 비즈니스 모델은 조직이 가치를 포착, 창출, 전달하는 세 가지 주요 활동에 대한 체계적인 설명이다. 조직은 특정 비즈니스 모델을 사용하고 비즈니스 모델은 조직의 문제를 정의하고, 누구를 위한 문제 해결인지, 어떤 가치를 제공하는지, 어떤 기술이 관련되어 있는지, 솔루션 비용은 누가 지불하고 얼마인지, 솔루션은 어떤 형태로 제공되는지, 투자비용은 어떻게 준비되는지, 이러한 모든 활동을 가장 잘 수행할 조직을 어떻게 구성하는지에 대한 답변을 하게 된다. 이 관점에서 비즈니스 모델은 기술 영역과 사회 영역 간의 가치 창출 프로세스를 중재하는 관리 가능한 장치로 이해된다(Chesbrough & Rosenbloom, 2002).

또한 산업화 시대의 기업과 달리 미래기업의 비즈니스 모델은 개별 고객과 복잡한 공급망 및 파트너 네트워크를 모두 고려해야 한다(Massa & Tucci, 2013). 잠재적인 보완자 및 경쟁자의 식별을 포함하여 가치 네트워크 내에서 회사의 위치를 설명해야 한다(Chesbrough & Rosenbloom, 2002). 가치 창출, 전달 및 포착과 관련된 측면을 설명하는 비즈니스 모델은 또한 회사의 아키텍처를 요약한다. 그것은 기업이 어떻게 조직되어야 하고, 수익성 있고 지속 가능한 수익원을 창출하기 위해 창출된 가치를 창출, 마케팅 및 제공하기위한 파트너 네트워크를 어떻게 형성해야 하는지 규정한다(Osterwalder, Pigneur, & Tucci, 2005).

미래기업가에게는 기술 혁신과 비즈니스모델을 포함한 제도적 구조, 개별고객과 공급망을 고려하는 균형있는 디지털 혁신이 필요하다.

디지털 변혁 시대 성공기업의 구조

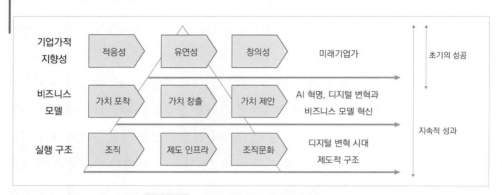

그림 2-16 **디지털 변혁 시대 성공기업의 구조**

제도적 관점에서 기업의 디지털 혁신을 구성하고 실행하는, 또한 성공에 이르게 하는 세 가지 요소는 '기업가 또는 조직의 기업가적 지향성', '비즈니스 모델' 그리고 실행주체인 기업의 '제도적 구조'로 볼 수 있다. 제도적 구조는 비즈니스 모델을 포함하는 광범위한 개념이지만 그 중요성으로 인해 분리해서 볼 수도 있다.

기업가와 조직의 기업가적 지향성은 기업의 비전과 방향성이다. 디지털 혁신의 비전과 방향성을 제시할 것이다. 그리고 기업의 제도적 구조는 성공을 위한 구체적인 실행주체이며, 역량이 될 것이다. 그리고 비전과 실행 사이의 실행전략은 비즈니스 모델이며, 이러한 비즈니스 모델이 지속적으로 혁신될 수 있는 동적역량이 비즈니스 모델 혁신이다.

비즈니스 모델은 고객과 고객가치제안을 중심으로 수익방정식과 핵심자원, 핵심 프로세스로 구성되며, 어떠한 사업 아이디어를 가지고, 어느 시장에서, 누구에게, 어떤 가치를 어떤 방법으로 전달하고 어떻게 수익을 창출할 것인지에 대한 방향과 방법을 정의한 것이다.

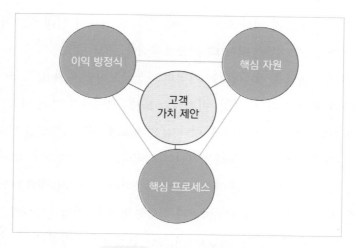

그림 2-17 **비즈니스 모델의 구성**

　기존의 비즈니스 모델과 디지털 변혁 시대의 비즈니스 모델의 가장 큰 차이는 비즈니스 모델에서 '고객'이 차지하는 중요성과, 자원의 경계없는 확장성 그리고 프로세스의 유연성이다. 또한 디지털 변혁 시대의 비즈니스 모델은 산업시대와는 다르게 지속적이고, 빠른 비즈니스 모델의 혁신을 필요로 하는데, 이것은 기업의 동적 역량으로 환경의 변화에서 가치를 포착하고, 창출하며, 제안할 수 있는 역량이다. 이러한 것들이 디지털 시대의 소비자의 가치, 기업의 가치로 연결되어 성과에 중대한 영향을 미치게 된다. 즉 디지털 변혁 시대의 고객(시장)의 변화와 디지털 기술의 발전에 의한 자원의 활용방법과 프로세스의 확장에 따라 기존의 비즈니스 모델은 혁신을 거듭하게 되며, 여기에 디지털 변혁 시대의 새로운 가치와 기술을 더하여, 과거에 생각하지 못했던 새로운 방식의 비즈니스 모델로 지속적인 혁신이 진행된다.

　따라서 비즈니스 모델은 기업의 고객과 비즈니스를 정의하고, 자원을 분배하고, 협력하는 방법으로, 디지털 변혁의 시대에 그 중요성을 더하고 있으며, 디지털 변혁의 시대는 불확실성에 대응하여 적극적으로 변화하는 동적 역량으로서의 비즈니스 모델 혁신이 강조되고 있다. 비즈니스 모델 혁신은 기업이 기술, 시장 변화의 상황에 직면할 때, 그들의 물리적, 인적, 조직적 자원기반을 어떻게 적응시키는지를 설명하는 프레임워크(Mezger, 2014)이며, 동적역량의 관점에서 비지니스 모델의 설계와 운영은 기업의 역량에 달려 있다(Teece, 2018). 디지털 변혁의 시대에는 이러한 감지, 적응, 재구성능력, 즉 실행능력이 더욱 중요해진다.

디지털 변혁 시대의 투자자(VC)는 기업의 자산규모나 자원과 같은 물리적 자원이 아닌, 기업가가 제시한 비전, 열정, 비즈니스 모델, 기업가가 가진 비즈니스 모델의 혁신 능력과 불확실성에 대한 대처능력과 같은 새로운 기업가정신을 판단하여 투자하게 된다. 손정의의 비전펀드가 대표적인 사례이다. 비록 여러 차례 위기를 겪고 실패한 경우가 존재하지만, 이러한 불확실성에 대응하는 미래기업가에 대한 평가의 과정에서 가장 중요한 것은 기업가의 비전과 실행능력이다. 기업가정신과 비즈니스 모델, 마지막으로 실행 능력(제도적 구조)이 디지털 변혁시대에 성공하는 기업의 중요한 조건이다. 안타깝게도 초기 스타트업에서 확인할 수 있는 것은 기업가의 비전과 덜 떨어진 비즈니스 모델뿐이다.

아마존의 제프 베조스가 초기에 제시했던 비즈니스 모델은 지금 상황에서 보면 물류도 없고, 클라우드도 없는 평범한 전자상거래 모델이다. 그러나 제프 베조스는 불확실성에 대응하여, 시대의 새로운 요구에 적응하고, 유연하게 변화하며, 창의적으로 아마존을 변화시킬 수 있는 미래기업가만의 역량을 가지고 있었다. 물론 성장과 변화의 과정에서는 의도하지 않았던 창발적 성과와 이를 실행할 수 있는 기반인 사회적 제도가 많은 영향을 주게 되지만, 이 또한 이러한 변화를 인지하고 변화할 수 있는 디지털 변혁 시대와 미래기업가의 특징으로 보아야 한다.

비즈니스 모델 혁신은 반복적인 프로세스이다. 고객의 요구, 가치 제안, 제품, 전달 채널, 고객 수 및 기타 특성에 대한 초기 아이디어는 기업가 또는 관리자의 경험, 교육 및 상황에 따른 가설과 추측일 뿐이다(Blank, 2013; Chesbrough & Rosenbloom, 2002; Teece, 2010). 비즈니스 모델을 개발하려면 조직은 다양한 접근 방식과 프로토타입 솔루션을 사용하여, 빠르고 저렴한 학습 및 가설 검증이 필요하다(Blank, 2013; Massa & Tucci, 2013; Ries, 2011).

애플 아이팟의 성공과 애플이 디지털 음악 기기를 시장에 내놓은 첫 번째 기업이 아니었다는 것은 이제 많은 사람들이 알고 있다. 하지만 이 기기가 최초로 만들어진 것은 1997년 우리나라의 '디지털 캐스트'라고 하는 중소기업이 만든 '엠피맨(mpman-F10)'이었다는 것은 잘 알려져 있지 않은 것 같다. IMF 당시 이 특허는 미국 기업에게 판매되었으며, MP3로 출시된 기기를 벤치마킹하여 탄생한 것이 '아이팟'이다. 모두 뛰어난 제품들이지만, 유독 아이팟만 큰 성공을 거둘 수 있었을까? 애플은 단순히 뛰어난 기술을 가지고 세련된 디자인으로 포장된 제품을 출시하는 데 그치지 않았다. 애플의 혁신은 비지니스 모델에 있었다. 애플의 아이팟이 만든 혁신은 디지털 음원을 쉽고 간편하게 다운로드받고 들을 수 있는 소비자의 편익이라는 가치를 창출한 것이다. 이를 위해 애플은 하드웨어 소프트웨어 서비스를 모두 결합한 비즈니스 모델을 구축했다. 애플의 접근방식은 아이팟 디바이스, 디지털 음원 콘텐츠, 아이튠즈 생태계 플랫폼이었다. 얼핏 보면 면도날을 팔기 위해 면도기를 제공하는 질레트의 방식과 비슷하다. 또한 애플 아이팟의 비즈니스 모델은 처음부터는 아니지만 언제부터인가 내가 원하는 곳에서, 원하는 음악을, 내가 원하는 방식으로 듣고 싶어 하는 온디맨드 비즈니스 모델로 혁신하고 진화한 사례이다.

비즈니스 모델 혁신은 산업전체의 틀을 바꾸어 놓을 뿐 아니라, 새로운 산업을 만들어 내기도 한다. 샘 월튼의 월 마트라는 대형할인점 모델은 당시 미국 소매업의 판도를 바꾸어 놓음과 동시에 미국인의 새로운 라이프 스타일을 제공했고, 저가항공서비스는 초기에는 항공업의 틈새를 공략하는 포지셔닝처럼 보였지만, 이제는 대형항공사보다 더욱 가치있는 서비스로 고객들에게 자리 잡았다.

매년 실시되는 IBM의 설문조사 'CEO 스터디'에 의하면 비즈니스 모델의 혁신이 중요하다는 것은 이미 많은 대기업의 CEO와 임원들이 알고 있다. 고객의 새로운 니즈와 해결방안, 그리고 그 성과에 대한 확신없이 성공한 기업의 비즈니스 모델을 혁신한다는 것은 과거의 혁신으로 인한 성공의 크기가 큰 기업일수록 내부의 저항과 관성에 부딪히게 될 가능성이 높다.

클레이튼 크리스텐슨(2008)은 지속적인 성장을 원한다면, 근본적인 변화가 필요한 때가 언제인지를 깨닫는 것이 중요하다고 하였다. 너무 시대를 앞서가서도, 시장의 변화에 충분히 빠르게 대응하지 않는 것도 문제가 될 것이다. 따라서 디지털 변혁의 시대에 성공하는 기업은 디지털 변혁 시대의 가치-원가 딜레마를 해결하고, 디지털 시대의 불확실성을 극복하면서, 지속적이고 빠르게 변화를 수행할 수 있는 미래기업의 동적역량인 비즈니스 모델 혁신 역량을 확보해야 한다. 또한 지속적인 성공을 원한다면, 미래기업에 맞는 새로운 기업가정신과 빠르게 적응하고, 유연하게 변화할 수 있는, 창의적인 실행주체인 미래기업의 제도적 구조(조직과 제도)를 준비해야한다.

기업의 디지털 혁신의 본질

기업에 있어 디지털 혁신의 본질은 고객경험, 비즈니스 모델, 운영의 근본적 재구성, 가치제공, 수익창출, 효율개선, 자원활용을 디지털 기술을 활용하여 혁신하는 것이며, 상품, 프로세스, 자원을 표준화, 모듈화, 디지털화시키고 온디맨드 서비스로 전환하여, 고객의 문제를 해결함으로써 고객가치를 극대화시키는 것이다(김용진, 2020).

기존 산업시대의 창업가들이 가지고 있었던 기업가정신과 같은 디지털 기업가정신을 디지털 시대의 기업은 보유하게 된다. 이는 기존 기업에서 전략의 영역이라고 생각했던 기업의 영혼이다. 디지털 시대에 맞는 비즈니스 모델과 동태적인 혁신역량인 비즈니스 모델 혁신 역량을 가지고 있다. 마지막으로 디지털 시대에는 고유의 조직, 고유의 제도, 고유의 기업문화로 구성된 조직적 구조를 가지고 실질적인 실행을 담당하게 된다.

AI 기술과 디지털 변혁이 급격하게 확산되면서 기존의 기업 형태과 경제 환경은 물론, 사회 환경마저도 과거에 상상할 수 없는 규모와 속도로 달라지고 있다. 이는 기업의 디지털 혁신의 필요성과 가속도를 높였다. 공유경제, 구독경제, 플랫폼 경제, 특히 원가의 급격한 증가 때문에 기존의 사업방식으로는 가능하지 않았던, 고객 중심의 개인화된 제품과 서비스가 온디맨드 서비스라는 비지니스 모델로 제공되면서,

디지털 변혁은 기존의 규모의 경제와는 다른 방식으로 가치-원가 딜레마를 해결하고, 기업의 경쟁 구도를 근본적으로 변화시켰다(김용진, 2020, 온디맨드 비지니스 혁명).

따라서 AI와 디지털 변혁의 시대에, 기업이 고민해야 할 혁신의 핵심은 '고객의 문제 해결을 통한 고객가치의 극대화'이다. 이러한 부분은 디지털 기술로 인하여 급격한 글로벌화가 진행되고, 기존의 산업이 붕괴되고 다시 융합되고 있는 상황에서도 고객들에게 디지털 기술을 활용하여 낮은 원가로, 얼마나 큰 가치를 느끼게 만들어 줄 수 있느냐에 달려있다. 이것이 가치-원가 딜레마를 해결하는 '디지털 변혁'이다 (김용진, 2020). 우리에게 이미 익숙한 '기업의 생존과 성장의 법칙'은 변하지 않는다. 고객들이 느끼는 가치가 자신들이 내는 가격보다 훨씬 크다면, 그 제품과 서비스는 성장할 것이고, 그렇지 않다면 쇠퇴할 것이다. 또한 가치를 제공함에 있어 낮은 원가로 이를 달성할 수 있다면 그 제품이나 서비스는 생존한다는 기업의 생존과 성장의 법칙은 디지털 변혁의 시대에도 적용된다(김용진, 2020). 따라서 경계없는 자원과 유연한 프로세스를 기반으로 한 효율성의 증대를 통해 원가를 절감하고, 창의적이고 창발적인 결과물로 소비자의 문제를 해결함으로써, 소비자의 가치를 증대시키는 것은 디지털 변혁의 본질이며, 원가의 효율성에 매달렸던 산업시대와는 달리 디지털 변혁의 시대는 원가와 가치, 양쪽에서 극적인 성과를 통해서 가치-원가 딜레마를 해결하는 것이다.

그림 2-18 **미래기업의 성장생존법칙(김용진, 2020 참조)**

"기업의 디지털 혁신을 주도하는 두 가지 주요 동력은 첫째, 디지털 기술 자체와 관련 서비스이며, 다른 하나는 진화하는 소비자의 욕구에 반응하는 시장의 보이지 않는 손이다(Gregory Unruh, David Kiron, 2017)."

기업의 디지털 변혁에 관한 다양한 정의 중에서 산업의 측면에서 최근 가장 구체적인 디지털 변혁에 대한 정의는 "온디맨드 서비스를 제공하기 위해, 기업이 가진 자원과 프로세스를 표준화하고, 모듈화하여, 디지털화한 후에 온라인에서 오프라인을 통제할 수 있도록 하는 것(김용진, 2020)이다." 우리는 혁신적 디지털 기술을 사용하였다고 해서, 또는 기업을 단순히 디지털화(Digitalization)했다고 해서 이를 디지털 변혁(Digital Transformation)이라고 하지 않는다는 것은 잘 알고 있다. 이러한 디지털 기술의 특징인 생성성과, 확장성과 연결성, 사회, 경제적 디지털 변혁을 기반으로, 이제 기업은 기존의 아날로그 기업과는 다르게 경계를 뛰어넘는 자원활용과 유연한 프로세스를 통한, 창발적 결과를 경험할 수 있게 되며, 과거의 생산자 입장에서의 상상할 수 없었던 경계없는 자원과 유연한 프로세스, 생산, 전달, 결재 과정의 효율성 극대화는 물론이고, 소비자 입장에서 소비자의 문제, 개인과 기업과 사회의 문제를 찾아내고 이를 해결함으로써, 소비자의 가치를 극대화하여, 가치와 원가 양쪽에서 가치−원가 딜레마를 해결할 수 있게 된다. 이는 디지털 기술과 디지털 변혁으로 가능해진 기업 측면의 디지털 혁신의 가장 큰 특징이다(김용진, 2020).

이러한 기업의 디지털 변혁과정에서 슘페터(1942)가 언급한, 기술 주도의 혁신이 기존 산업을 붕괴시키고 새로운 구조로 개편된다는 "창조적 파괴(Creative Destruction)"는 디지털 변혁의 시대에는 자연스러운 과정으로 쉽게 찾아볼 수 있다. 거시적으로는 2000년 이전 대형 에너지 기업들이 차지했던 글로벌 시가총액 순위를, 2020년대에는 애플, 마이크로소프트, 아마존, 구글, 메타, 테슬라, 엔비디아, 텐센트, 알리바바와 같은 빅테크라고 불리는 디지털 기술 기반 기업이 차지했다. 디지털 변혁에 적응하는 기업만 생존하고, 변화하지 못하는 기업은 도태된다는 '디지털 다위니즘(Tom Goodwin, 2022)'은 소위 빅테크라고 불리는 디지털 기업들인 애플, 아마존, 알파벳(구글), 마이크로소프트, 엔비디아, 그리고 메타(페이스북)와 같은 디지털 기술기반 기업들이 어떻게 전통의 대기업들을 제치고 글로벌 시가총액 Top 10을 차지하게 되는지를 설명한다.

아울러 개별 산업을 보면 아마존이 디지털 기술과 사회적 디지털 변혁을 활용하여, 전자상거래를 통해 도서 유통업뿐만 아니라, 모든 유통산업에 창조적 파괴를 불러오고, 파괴적인 영향력으로 대형백화점, 대형서점, 완구점 등의 디지털 변혁에 적응하지 못한 대형 유통사를 몰락시켰으며, 애플의 아이폰과 모바일 생태계는 스마트폰의 파괴적 생태계와 혁신에 주저하던 전통의 세계 1위 전자 제조 기업들인 노키아, 모토롤라, 노키아, 소니 마저 줄줄이 몰락시키며, 창조적 파괴를 일으켰다. 자동차 디지털플랫폼 강자인 테슬라의 시가총액이 연간 1,000만 대를 양산하는 최대의 자동차기업인 토요타를 추월하고, 자동차 산업의 생태계를 뒤집는 '테슬라 쇼크'를 발생시켜 산업의 구조를 변화시키고, BYD, 리비안와 같은 후발 전기차기업의 탄생뿐 아니라 기존 내연기관 업체들의 전기차로의 전환을 이끌어 냈다.

금융 및 서비스 분야에서는 핀테크 기업인 로빈후드가 미국 금융업계를 창조적으로 파괴하고 있다. 미국의 소매 증권사 찰스슈왑(Charles Schwab)을 비롯한 증권사들은 2019년 건당 4.95달러 수준이었던 온라인상의 주식, ETF, 옵션의 거래수수료를 전면 폐지했다. 이는 실리콘 밸리 핀테크 스타트업 로빈후드의 무료 주식거래 서비스가 결정적 요인으로 작용한 것이다. 따지고 보면 찰스슈왑도 1970년대 온라인 거래 중심의 디스카운트 브로커리지(Discount Brokerage) 사업모델과 수수료 인하로 시장의 판도를 바꾼 금융기업이었다. 로빈후드는 무점포 형태의 모바일 앱 기반의 증권사로, 소액투자를 주로하고 거래비용에 민감한 미국의 디지털 네이티브 세대를 주요 고객층으로 설정하고, 주식 및 ETF 거래의 수수료를 없앤 사업모델을 제시했다. 물론 가격적인 측면뿐만 아니라 로빈후드의 쉽고 직관적인 모바일 트레이딩 시스템(Mobile Trading System: MTS)에 디지털 네이티브 세대로는 열광했고, 2023년 MAU(월간 활성고객수)가 1,000만 명을 넘는다. 또한, 로빈후드 고객 평균연령은 31세로, 이들은 찰스슈왑의 고객들보다 거래횟수는 40배, 위험자산 투자비율은 88배가 된다. 미래 수익기반이 될 젊은 고객층 확보를 고민하는 대형사들이 로빈후드의 성장에 민감한 이유이다. 로빈후드는 수익모델과 장기적 성공에 대한 이견은 있으나, 거대 기관들의 장악했던 주식 자본시장을 개인들에게 개방시키면서 '금융 민주화'에 대한 새로운 시각을 제시하여 사회발전에 기여한다는 측면이 있다.

제조업의 디지털 변혁 역시 눈부신 발전을 거듭하고 있다. 전기차 기업 테슬라의 프리몬트 공장은 과도한 자동화로 인한 시행착오는 있었지만, 이미 전 생산공정을 디지털화함과 동시에, 새로운 기술과 로봇을 활용한 생산 자동화를 적극적으로 도입하면서, 미국 자동차업계 조립공장 효율성 1위로 극대화하여 경쟁자를 압도하고 있으며, 부품부터 완제품생산까지의 수직계열화를 시도하면서, 핵심부품인 차세대 배터리 표준을 제시하고, 기가캐스팅 공법으로 차량의 부품 개수를 줄이고, 생산단가도 절감하고 있다. 이는 또한 경쟁자들의 디지털 혁신 노력을 더욱 가속화시키고 있는데, 현대자동차를 비롯한 대부분의 완성차 기업들은 자동화와 디지털 트윈 등 새로운 기술을 적용하여 자동차 생산 전과정을 디지털화하는 노력을 진행하여, 자동차의 설계, 시제품 생산, 테스트, 양산에 이르는 모든 공정을 디지털로 전환하고 있다. 이미 4차 산업혁명의 상징으로 잘 알려진 지멘스의 암벡공장은 스마트 팩토리를 통해, 고객이 디자인한 제품을 실시간으로 생산하고, 대부분의 제품을 주문 후 24시간 이내에 출하하면서도, 불량률 0.001%를 실현한다. 이를 위해서 1년에 5,000번 이상 생산라인을 조정하고, 1,000가지가 넘는 제품을 생산해야 하는데, 여기서 생산라인의 유연성은 디지털 기술이 아니라면 실현 불가능하다. 또한 기계를 만드는 기계인 공작기계(Mother Machine)의 제조사인 디엠지 모리 역시 디지털 트윈과 IoT 기술을 통해 기계의 생산공정을 디지털화함과 동시에 모바일 기기와 앱을 통해 자사 제품을 이용한 제조공정을 관리하고 제어할 수 있는 디지털 변혁을 시도하여 업계의 관심을 집중시키고 있다.

디지털 기술과 변혁은 이러한 기업들의 새로운 비즈니스 모델을 실행하기 위해서 반드시 필요한 조건이다. 예를 들어 자동차 제조 회사의 경우, 자동차를 만들기 위해서는 내연기관의 경우 일반적으로 2만 5,000개 이상의 부품이 필요하고, 전기차는 1만 5,000개 수준의 부품이 필요한데, 기존의 아날로그 형태 기업에서 이것을 수행한다면, 이러한 자원과 부품의 표준화와 모듈화가 현실적으로 불가능에 가깝고, 모듈화와 표준화가 가능하다 하더라도, 이를 통합하거나, 통제하기 위해서는 많은 시간과 자원이 소요된다. 통합된 자원의 세부내용을 추적하여 관리, 활용하는 것도 어려운 일이다. 이런 다양한 부품들을 수요 예측하여 다양한 공급업체에 적시에 발주를 하고, 안정적인 품질로 공급받아야 하며, 수많은 테스트 과정을 거쳐, 디자인을 제작하고, 설계해고, 이를 다시 테스트하는 반복적인 과정을 거쳐야만 한다. 양산과정에서도 생산, 조립, 포장, 보관하고, 수요자에게 판매하고, 배송을 해야 한다. 그런데 심지어 모든 부품들을 표준화, 모듈화해서, 고객이 디자인을 하게 한 후, 온라인으로 발주를 받아 바로 생산하고 전달하는 프로세스로 바꾼다는 것은 기존의 아날로그 방식으로는 상상할 수 없는 일이며, 가능하다고 하더라도, 품질과 생산성 측면에서 그 결과를 장담할 수 없을 것이며, 제조와 배송까지 적시성과 소요시간, 투자되어야 할 비용과 인력은 상상할 수 없을 것이다. 하지만 디지털 기술을 활용한 디지털 변혁은 이러한 것들을 가능하게 한다.

디지털 서비스 기반 기업은 시간과 공간의 제약을 뛰어 넘을 수 있으므로 그 결과 역시 더욱 혁신적이다. 넷플릭스와 같은 디지털 콘텐츠 서비스와 같은 경우. 초기에는 비디오테이프에 담겨 있던 콘텐츠들이 CD나 DVD 형태로 저장되면서, 표준화, 모듈화, 디지털화되었다. 디지털화된 콘텐츠를 딜리버리하는 방식도 초기의 우편배송방식에서, TV나 휴대폰 등을 통해 다운로드받거나, 스트리밍서비스를 통해 온라인화되었다. 이후 계약, 결제 과정들 역시 디지털화, 온라인화되었으며, 이외에도 콘텐츠 제작 등 온디맨드 서비스에 대응하기 위해 비즈니스 모델, 생산 및 전달, 결재과정을 포함한 기업의 내부 체계와 협력생태계를 바꾸는 기업의 혁신활동을 '기업의 디지털 변혁'이라고 한다. 제도적 관점에서의 디지털 변혁은 이러한 기술적 변혁으로 인하여 기업의 조직과 형태, 생태계와 인프라, 내부적인 시스템과 프로세스, 행동양식과 기업문화까지 디지털기술에 의해 변화됨을 의미한다.

이러한 기업의 디지털 혁신은 아날로그 경제가 디지털 경제로 바뀌는 사회적 디지털 변혁을 단위 기업의 시각에서 표현하고 있는 것으로, AI, 블록체인, 메타버스와 같은 새로운 디지털 기술을 적극적으로 활용하여 대중화시킬 뿐 아니라, 소프트웨어화, 서비스화를 통한 고객맞춤형 온디맨드화, 구독 및 공유 경제, 글로벌 공급망, 오픈 플랫폼과 협력적 사업형태로의 전환을 시도하여 산업을 변화시키고, 사회적, 경제적 제도 변화에 영향을 미치는 디지털 변혁을 이루게 된다.

또한 기업 단위의 디지털 혁신은 아날로그 세계가 갖고 있던 원가와 효율성의 문제를 해결하고, 개인 맞춤형 제품 및 고객이 원하는 시간과 방식으로 원하는 서비스를 제공하여 고객의 문제를 해결하여, 새로운 가치를 창출하여, 가치-원가 딜레마를 해결하는 의도적 활동으로, 다양한 새로운 디지털 기술과 시대적 디지털 변혁의 특징을 활용하여, 고객의 문제를 찾아내고, 이해하며 이를 해결하여, 새로운 가치를 창출한다. 즉 디지털 기술들이 개인화에서 발생하는 제품의 생산 및 판매 그리고 서비스 제공과 관련된 복잡성을 해결하여, 소비자의 가치를 극대화하면서도 원가를 효율성 또한 극대화할 수 있게 된다.

한계비용 제로의 사회에서 제러미 러프킨이 언급한 것과 같이 제품의 소유보다는 원래의 목적인 서비스와, 공유에 초점을 맞춘 새로운 비즈니스 모델 등 새로운 아이디어도 이러한 디지털 변혁을 가능하게 한다. 디지털 변혁은 고객이 원하는 시점과 장소에서, 원하는 형태로, 고객의 문제를 해결하여, 가치를 창조하는 온디맨드 서비스를 향하고 있다(김용진, 2020, 온디맨드 비즈니스혁명).

한편으로 조직적, 제도적 관점에서 기업의 디지털 혁신은 '디지털 기술이 기업의 비지니스 모델, 제품, 프로세스, 그리고 조직구조에 가져올 수 있는 변화'를 의미하며(Hess et al 2016), '디지털화 및 디지털 혁신, 디지털 기술을 기반으로, 그리고 사회 전체의 영향을 가진 인터넷을 기반으로, 새로운 기술을 구축하는 기업 변화의 원동력(Unruh, Kiron,2017)'으로, IDC(2015)에서는 기업이라는 조직이 새로운 비지니스 모델, 제품 및 서비스를 제공하기 위해, 디지털 역량을 활용하여, 고객과 시장을 포함한 외부 생태계의 파괴적인 변화에 적응하거나, 변화를 추동하는 프로세스로 정의하였다.

디지털 변혁은 디지털 혁신, 모든 비즈니스 부문의 지속적인 상호 연결과 디지털 경제의 요구 사항에 대한 적응(Bloching, 2015) 또는 디지털 혁신을 통해 발생하는 경제, 기관과 사회의 시스템 수준 재구성(Unruh & Kiron,2017)으로 정의되고 있으며, 이로 인하여 기업은 디지털 변혁의 시대 이전에 상상할 수 없었던 수준의 유연한 프로세스(Flexible Process)와 경계없는 자원(Unbounded Resource)의 활용을 통해, 창발적 결과(Fluid Outcome)를 창출하게 되고, 이는 디지털 기술로 가치-원가 딜레마(Value Cost Dillemma)를 해결하는 결과를 낳게 된다(김용진, 2020).

한편 디지털 변혁을 사회나 산업관점에서 바라보는 학계와 다르게, 업계의 디지털 변혁에 대한 정의는 기업의 디지털 혁신 전략과 활동관점에 집중한다. 기업들의 입장에서 디지털 혁신은 디지털 변혁의 시대에 적응하는 것, 디지털 기술을 수용, 활용하여, 변화에 적응하며, 경쟁력을 확보하는 것이 중요하며, 창의적인 새로운 가치를 만들어 내는 활동이나 전략으로 정의한다.

정리해 보면 기업의 디지털 혁신이란, 물리적으로는 기업이 가진 자원과 프로세스를 표준화, 모듈화하여 디지털로 변환시키고, 온라인으로 통제할 수 있도록 만드는 것(김용진, 2020, 온디맨드 비지니스혁명)이며, 이러한 디지털 혁신을 통해 아날로그 기반의 사회에서는 상상할 수 없었던 시간과 공간과 자원의 한계를 해결하고, 이로 인해 기업이 디지털 변혁의 시대에 맞는 가치-원가 딜레마를 해결하여, 기업의 성장과 생존의 법칙에 대응할 수 있도록 하는 제품, 비지니스 모델, 프로세스, 조직적 변화를 포함하는 것이라고 할 수 있다.

표 2-2) 기업의 디지털 혁신에 대한 정의

출처	정의 및 개념
IBM(2011)	기업이 디지털과 물리적인 요소들을 통합하여 비즈니스 모델을 변화시키고, 산업에 새로운 방향을 정립하는 전략
Accenture(2014)	고객 중심의 디지털 변혁은 우수하고 관련성이 높은 고객경험 우선순위를 정하고 조직, 프로세스 및 기술을 조정하는 것으로부터 시작됨

IDC(2015)	기업이 새로운 비즈니스 모델, 제품 및 서비스를 창출하기 위해 디지털 역량을 활용함으로써 고객 및 시장의 변화에 적응하거나, 이를 추진하는 지속적인 프로세스
Bain & Company (2015)	디지털 엔터프라이즈 산업을 디지털 기반으로 재정의하고 게임의 법칙을 근본적으로 바꾸어 변화를 일으키는 것
A. T. Kearney (2021)	모바일, 클라우드컴퓨팅, 빅데이터, AI, IoT 등 디지털 신기술에 의해 생겨나는 경영환경의 변화에 선제적으로 대응함으로써 현행 비즈니스의 경쟁력을 획기적으로 높이거나 새로운 비즈니스를 통한 성장을 추구하는 기업활동

4차 산업혁명과 온디맨드 비즈니스

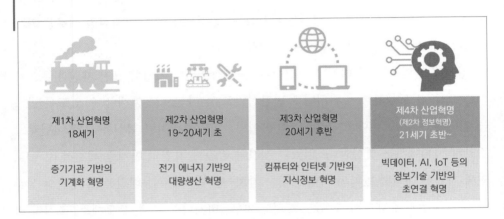

제1차 산업혁명 18세기	제2차 산업혁명 19~20세기 초	제3차 산업혁명 20세기 후반	제4차 산업혁명 (제2차 정보혁명) 21세기 초반~
증기기관 기반의 기계화 혁명	전기 에너지 기반의 대량생산 혁명	컴퓨터와 인터넷 기반의 지식정보 혁명	빅데이터, AI, IoT 등의 정보기술 기반의 초연결 혁명

그림 2-19 산업혁명의 역사

'4차 산업혁명'이라는 용어는 많은 사람을 혼란스럽게 만든다. 1차 기계화, 2차 에너지, 3차 지식과 정보혁명을 넘어, 정보기술 기반의 AI, 초연결 혁명이라 불리고 있지만, 혁명이라고 불릴 수 있는 수준의 인간의 삶을 바꾸는 파괴적 변화인가? 단지 부가가치를 부여하는 방법의 변화인가? 이에 대해 여전히 다양한 견해가 존재하고 있지만 어떤 이름으로 불리든 핵심은 디지털 기술과 디지털 기술로 인한 사회와 경제의 변화인 디지털 변혁을 담고 있으며, 그 본질은 온디맨드 서비스를 제공하기 위한 기업의 디지털 혁신/변혁이다(김용진, 2020, 온디맨드 비지니스혁명) 디지털 변혁은 기업이 가진 자원이나 프로세스를 표준화, 모듈화하여 디지털로 전환함으로써, 고객이 요구하는 온디맨드 서비스를 실제로 구현하게 해준다. 이는 단순한 디지털화를 넘어 고객의 문제를 온디맨드로 해결하기 위한 '모든 것의 디지털화'를 의미한다. 그리고 단위 기업의 디지털 혁신은 다시 산업 패러다임을 변화시키고 더욱 진화된 디지털 변혁의 시대를 만들게 된다.

디지털 변혁이 시작된 지난 30여 년간 경제와 산업, 특히 기업은 광범위하고 급격한 변화를 경험하여 왔는데, 산업적 변화의 핵심은 "서비스의 제품화"와 "제품의 서비스화"로 대표되는 제품과 서비스의 융합현상이다.

서비스의 제품화는 기존에는 제공자에 따라 품질과 형태가 다르며, 반복생산이 불가능했던 서비스 형태의 상품을 표준화시켜, 상품화하고, 고객이 원하는 형태로 제공하는 것을 말한다. 로봇이나 소프트웨어를 통한 서비스 제공이나, 표준화된 플랫폼 위에 표준화된 맞춤모듈로 제공되어 온디맨드 서비스로 서비스 생산성을 극대화하는 형태이다. 반면, 제품의 서비스화는 제공하는 제품이나 서비스가 고객의 문제를 해결하는 것이라는 이해를 기반으로 "문제의 해결"이라는 본질적인 가치에 초점을 맞추는 것이다. 산업화 시대에 자동차를 생산하던 기업들은 이제 모빌리티 서비스를 공급하는 기업으로 스스로를 전환하고 있다. 또한 건설장비를 제조 판매하던 기업들이 임대나 관리 서비스 기업으로 변모하는 것이다.

이러한 변화로 과거와 같이 제품과 서비스로 구분된 비즈니스 모델의 접근방식을 벗어나, 기업들이 어떻게 자신들의 상품과 서비스를 정의하고, 스스로를 정의하여, 불확실한 시장 속에서 생존과 성장을 위한 새로운 경쟁을 할 것인지 알려주고 있다.

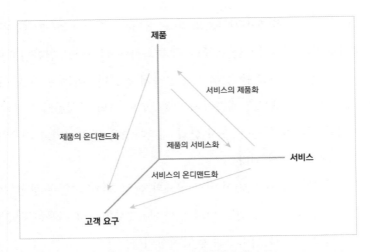

그림 2-20 **제품의 서비스화, 서비스의 제품화, 온디맨드화(김용진, 2020)**

　전통적인 생산방식인 대량생산 체제는 생산자가 가진 자원을 기반으로 제품을 만들어, 보관하고, 유통하여 고객에게 판매, 전달하는 프로세스이며, 이는 '재고-생산 방식'이다. 이에 반해 '맞춤형 생산'은 원래 존재하던 제품의 일부를 소비자의 요구에 따라 변형할 수 있는데, 이는 대량생산체제의 재고-생산 방식이 아닌, 고객의 주문에 따른 주문생산 방식이다. 이러한 맞춤형 생산이 진화하면 디지털 변혁의 시대가 목표로 하는 '개인화 생산', 즉 솔루션이 특정 개인의 요구에 의해 개인화된, 차별화되고 전문화된 형태가 이루어 진다.

　제품과 서비스의 통합 방법은 표준화와 맞춤화를 중심으로 한다. 먼저 표준화는 제품이나 서비스에 있어 소재, 부품, 제품 제작 방식, 서비스를 제공하거나 생산하는 방식을 얼마나 정리하고, 관리하는 방식에 관한 것이며, 모듈화는 이러한 표준화된 구성을 고객의 요구에 능동적으로 대응하기 위해 구조화하는 것이며, 표준화는 모듈화의 근간이 된다. 맞춤화는 개별 고객의 문제의 해결을 위해 이러한 표준화와 모듈화를 활용하여, 기존 또는 새로운 제품이나 서비스의 개발에, 얼마나 유연하게 대응할 수 있는가에 대한 것이다.

기업의 자원과 프로세스가 체계적으로 표준화되고 모듈화되어 있어야만 맞춤형 솔루션을 제공할 수 있다. 하지만 표준화와 모듈화가 오프라인상에서 이루어져 있다면, 매우 비효율적이다. 이러한 문제를 해결하기 위해 필요한 것이 바로 디지털 변혁이다(김용진, 2020, 온디맨드 비지니스혁명). 사실 디지털 기술이 아니더라도 표준화와 모듈화만으로 맞춤형 생산이나 온디맨드 서비스는 가능할 수 있다. 그러나 고객의 요구가 증가하고 거래의 빈도와 규모가 증가하게 되면, 디지털 기술과 디지털 기술을 활용한 제도적 기반 없이 이를 지속시키는 것은 불가능하다.

CHAPTER 05

디지털 네이티브 기업

비상장 기업 중에서 시장가치가 10억 달러 이상인 유니콘 기업은 2023년 5월 기준 전 세계적으로 1,209개에 이른다. 세계 유니콘 기업의 가치는 2023년 5월 기준 총 3조 8,451억 달러이다. 이와 같이 많은 디지털 네이티브 기업들이 성공의 길을 가고 있는 것처럼 보이지만, 실제로 디지털 변혁의 시대에 성공하는 것은 확률적으로는 매우 어려운 일이다. 기업공개를 스타트업의 성공기준으로 본다면 실리콘 밸리의 성공확률은 불과 0.2%로 추정되고 있으며, 이 책에 사례로 제시된 성공한 디지털 네이티브 기업인들의 평균 실패 횟수는 대략 2.6회이다. 존 맥스웰(John C. Maxwell)은 창업가의 성공을 위해서는 평균 3.8회의 실패가 필요하다고 말했고, 2019년 세계적인 학술지인 네이처에 실린 실패에 관한 연구에선 기업공개(IPO)나 기업매각을 경험한 스타트업 창업자가 성공에 앞서 평균 1.5번의 실패를 경험한 것으로 조사되기도 했다. 중국 빅데이터 분석회사인 DT재경의 신경제 스타트업 분석 통계에 따르면 2017년 2021년 사이에 폐업한 중국의 스타트업은 약 15,000개이다. 즉 중국에서는 5년간 연평균 3,124개의 디지털 네이티브 기업이 사라진다. 지금은 더욱 빠른 속도로 생성과 소멸이 진행 중이다.

이러한 디지털 네이티브 기업가의 상황은 향신료나 금과 은이 있는 새로운 땅과 항로를 찾아 모험하던 15세기 대항해의 시대나 인터넷 기술로 생겨난 수많은 기회를 찾아 창업했던 20세기 말 닷컴 붐의 시대와 비교할 수 있다. 새로운 기업들이 디지털 기술을 바탕으로 또는 AI 기술을 바탕으로 미래의 새로운 가치를 찾아 스타트업을 만들고 스케일업을 진행 중이다. 일부 디지털 네이티브 기업은 빅테크로 성장하여 글로벌 시장의 기득권과 막대한 자산, 기술력을 바탕으로 더욱더 거대하고 독점적인 제국을 만들기 위해 노력하고 있지만, 거대한 빅테크의 진입장벽을 허물 수 있는 제도와 자원과 자본이 이제 디지털 기술로 시간과 공간을 초월하여 제공될 수 있다. 또한 제국주의적 국가가 아닌 빅테크들이 글로벌 시장의 기득권과 막대한 자산가 기술을 기반으로 제국적 기업을 형성하고 절대적인 패권을 유지하기 위해 치열하고 다양한 노력을 경주하고 있다. 물론 최근 몇 년간은 글로벌 팬데믹의 후유증으로 거시경제가 위험신호를 보이고 침체된 상황이지만, 이러한 위기를 다시 한번 극복할 방법은 여전히 디지털 기술과 기업가정신이며, 새로운 시대의 주역이 될 미래기업가정신이다.

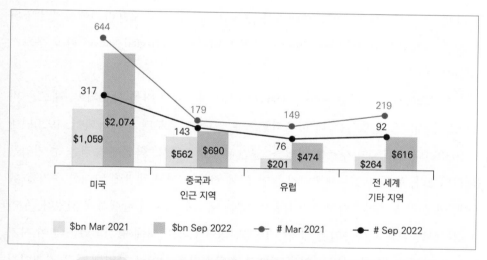

그림 2-21 **글로벌 유니콘 트렌드(CB Insight with PwC analysis)**

디지털 네이티브 스타트업

"디지털 네이티브(Digital Native) 세대"는 어린 시절부터 디지털 기술을 사용하여 성장했으며, 자유분방한 문화적 특징을 가지고, 디지털 도구 및 플랫폼에 높은 수준의 편안함과 친숙함을 가진 세대를 지칭하며, 이들이 형성한 새로운 기업들이 1995년경 인터넷의 급속한 발전과 함께 성장한, 디지털 기술을 기반으로 한 혁신 기업들인 "디지털 네이티브 기업"이다. 디지털 네이티브 기업은 단순히 디지털 도구와 플랫폼 활용에 대한 이해의 차이뿐 아니라 창업의 동기적인 요소로부터 이전의 기업들과는 차별화되어, 디지털 변혁 시대의 기업가와 '미래기업가정신'을 정의하고, 기업가정신과 기업성과의 인과관계를 설명하기 위한 좋은 모델이 된다. 이 책에서는 인터넷이 활성화된 1996년 이후 창업된 기업을 디지털 네이티브 기업으로 분류하여 분석하였다. 이러한 기업과 달리 소비자는 더욱 빠른 변화를 보이고 있어 필립 코틀러는 마켓 6.0에서 Z세대와 알파세대의 수준 높은 고객층, 온·오프라인에서 쌍방향의 몰입형 고객 경험을 요구하는 세대를 '피지털 네이티브(Phygital Native)'라고 부르기도 한다.

또한 '스타트업'이라는 용어는 1851년 신문 기사에서 처음 사용되어, 새로운 비즈니스나 기업을 설명하는 데 사용되었으나, 20세기 초부터 구체화되어, 1920년대와 1930년대에 미국의 새로운 기업들, 일반적으로 소규모, 혁신에 중점을 둔 기업들을 의미했다. 특히 제2차 세계대전 동안 미국 정부는 연구 개발에 막대한 투자를 했는데, 이로 인해 스타트업이 상용화할 수 있는 새로운 기술이 탄생하게 되었다. 우리가 생각하는 현대 스타트업 생태계는 1970년대와 1980년대에 형성되었는데 이 시기는 높은 인플레이션과 금리로 인해 경제가 혼란스러운 시기로 창업에 좋은 기회이기도 했다. 이 기간 동안 현재 전 세계 시총 순위의 1, 2위를 다투는 Apple, Microsoft 등 빅테크 기업이 창업되었고, 이들의 성공은 디지털 기술에 매우 익숙한 젊은이들에게 창업의 영감을 주었으며, 기업가정신의 표상으로 현재의 미국의 글로벌 경제 패권을 뒷받침하고 있다. 그들은 새로운 일자리를 창출하고 혁신을 주도한다.

'디지털 네이티브 스타트업'은 디지털 네이티브 기업의 초기 단계의 조직형태이다. 높은 불확실성과 위험을 가지고, 제품과 서비스로 수익을 창출할 수 있는 새로운 비즈니스 모델을 개발하고, 좋은 아이디어를 성공적인 사업으로 바꾸는 데 필요한 자금을 제공하는 벤처 캐피털을 끌어들인다. 그리고 훌륭한 제품을 만드는 것보다 훌륭한 회사를 만드는 데 더 관심이 있는 새로운 유형의 기업가가 있다. 이들 기업가들은 스타트업의 성공에는 강력한 팀과 설득력 있는 비전, 창의적 비즈니스 모델이 필요하다는 것을 이해하고 있다.

강력하게 정리하면 디지털 네이티브 스타트업의 첫 번째 단계는 일반적으로 사업 계획을 개발하는 것이다. 이 계획에는 비즈니스 모델을 포함한, 비즈니스 목표, 전략, 마케팅 및 재무 계획이 포함된다. 사업 계획이 완료되면 다음 단계는 자금 조달이다. 이는 디지털 변혁 시대에 더욱 다양해져 엔젤 투자자, 엑셀러레이터와 같은 각 단계의 벤처 캐피털리스트 또는 크라우드 형태의 자금 조달 소스를 통해 이루어질 수 있다. 스타트업에 자금이 지원되면 다음 단계는 제품이나 서비스를 구축하는 것이다. 이는 일반적으로 제품이나 서비스를 만들기 위한 개발자와 디자이너로 구성된 팀을 고용함으로써 수행된다. 제품이나 서비스가 구축되면 다음 단계는 이를 대중에게 출시하는 것인데, 이는 일반적으로 잠재 고객이 제품이나 서비스를 시험해 볼 수 있는 베타테스트를 통해 수행된다. 베타테스트 후 스타트업은 고객의 요구를 충족하기 위해 스케일업이라고 하는 운영 확장에 돌입한다. 이는 더 많은 직원을 고용하거나, 새로운 사무실을 열거나, 새로운 시장으로 확장하는 형태의 고속 성장을 의미한다. 마지막 단계는 스타트업, 스케일업을 넘어 단계를 벗어나 1차적 성공 관문인 IPO(기업공개) 또는 인수와 같은 방식으로 이루어질 수 있다.

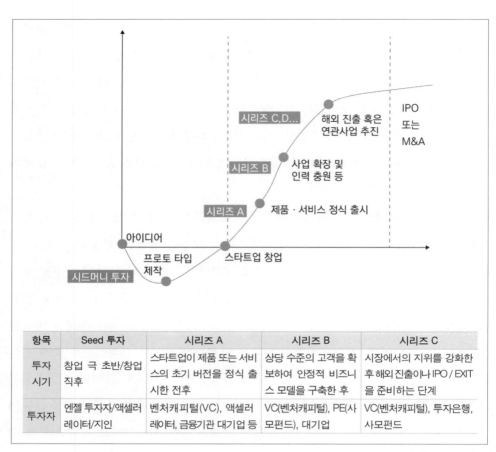

항목	Seed 투자	시리즈 A	시리즈 B	시리즈 C
투자 시기	창업 극 초반/창업 직후	스타트업이 제품 또는 서비스의 초기 버전을 정식 출시한 전후	상당 수준의 고객을 확보하여 안정적 비즈니스 모델을 구축한 후	시장에서의 지위를 강화한 후 해외진출이나 IPO / EXIT을 준비하는 단계
투자자	엔젤 투자자/액셀러레이터/지인	벤처캐피털(VC), 액셀러레이터, 금융기관 대기업 등	VC(벤처캐피털), PE(사모펀드), 대기업	VC(벤처캐피털), 투자은행, 사모펀드

출처: 오픈트레이드

그림 2-22 **스타트업 성장과 투자 과정**

디지털 변혁 시대에는 기술의 발전과 시장의 글로벌화로 인해 다시 한번 스타트업의 성장이 가속화되었다. 그리고 디지털 기술의 발전으로 인하여 오늘날 디지털 네이티브 스타트업은 그 어느 때보다 성공할 가능성이 높다. 스타트업이 전 세계 고객에게 빠르게 접근할 수 있고, 효율적으로 자본을 조달할 수 있다. 또한, 제품이나 서비스에 더 쉽게 만들고 판매할 수 있게 되었다. 이것은 일과 성공에 대해 우리가 생각하는 방식의 변화 때문이기도 하다. 과거에는 창업이나 사업을 한다는 것을 위험한 도박과 같이 생각했다. 그러나 오늘날 디지털 네이티브 세대는 미래기업가를 매력적이고 실행 가능한 직업 옵션으로 받아들이고 있다. 디지털 네이티브 기업가들은 스타트업이 실패하는 것을 더 쉽게 만들어야 한다고 믿으며, 국가나 사회가 그들을 지원하기 위해 더 많은 일을 해줄 것을 요구한다. 디지털 네이티브 스타트업을 위한 사회제도적 노력이 필요한 이유이다.

디지털 네이티브 스타트업이 인기를 얻는 데에는 여러 가지 이유가 있다. 첫째, 세계경제의 변동성이 커지고 있다. 이는 전통적인 기업이 생존하고 번영하는 것을 더 어렵게 만든다. 그러나 스타트업은 더 민첩하고 적응력이 뛰어나 경쟁 우위를 제공하는 경우가 많다. 둘째, 기술 덕분에 사업을 시작하는 것이 그 어느 때보다 쉬워졌다. 과거에는 사업을 시작하려면 많은 돈과 인맥이 필요했다. 하지만 이제는 아이디어와 노트북만 있으면 누구나 사업을 시작할 수 있다. 셋째, 문화가 바뀌었다. 과거에는 스타트업이 실패와 연관되는 경우가 많았다. 그러나 오늘날 스타트업은 멋지고 혁신적인 것으로 여겨진다. 이는 구글, 페이스북, 애플과 같은 스타트업으로 시작된 빅테크의 성공 경험 덕분이다. 넷째, 오늘날에는 과거보다 스타트업에 대한 지원이 더 많아졌다. 이제 초기 단계 비즈니스에 기꺼이 투자하려는 인큐베이터, 액셀러레이터, 벤처 캐피털리스트가 있다. 대부분의 기업이 은행이나 가족으로부터 자금을 조달받았던 과거와는 다르다. 우리는 일과 성공에 대해 생각하는 방식의 변화를 목격하고 있다. 과거에는 사람들이 성공을 대기업에서 일하는 것과 연관시키는 경우가 많았다. 그러나 오늘날 점점 더 많은 사람들이 자신의 방식대로 성공할 수 있다는 것을 깨닫고 있고, 그것을 미래기업가와 스타트업 모델이 제공할 수 있다고 생각한다.

하지만 여전히 스타트업은 놀라운 속도로 실패하고 있는데 그 원인은 로마가 몰락하게 된 원인만큼 다양하다. 스타트업이 실패하는 이유 중 가장 인상적인 이론은 스타트업 모델이 지속 불가능하다는 것이다. 스타트업은 위험과 불확실성을 기반으로 구축되며, 비즈니스를 구축하는 것보다는 새롭고 멋진 가치를 만드는 데 관심이 있는 디지털 네이티브 기업가(엔지니어나 개발자)에 의해 설립되어 아마존, 구글, 페이스북(메타)처럼 장기적이며 지속적인 성공을 거둔 경우도 있겠지만, 그 형태가 태생적으로 지속가능하지 않으며, 확률적으로 대부분의 디지털 네이티브 기업은 장기적으로 실패한다는 것이다. 이들은 스타트업 단계에서 초고속 성장을 위해 기업가적 행위를 극대화하며, 조직과 제도를 왜곡시키는데, 스케일업 단계에 이르게 되면 조직을 제도적으로 구조화하여 지속가능한 형태로 전환해야만 한다. 즉, 단기적인 성공은 뛰어난 기업가, 차별화된 비즈니스 모델, 상품, 서비스 중 하나의 특별한 요소만으로도 가능하다. 하지만 장기적 성공을 위해서는 이러한 다양한 요소들이 조화를 이루어야 하며, 이때 필요한 것은 지속적이고 반복적인 혁신이 가능한 기업의 제도적 구조, 즉 조직과 제도와 문화를 만드는 것이다.

스타트업에 대한 환상

전설의 복서, 마이크 타이슨은 "누구나 그럴듯한 계획이 있다. 처맞기 전까지는…"이라는 간단한 인터뷰를 하는데, 이는 디지털 네이티브 스타트업을 꿈꾸는 필자와 같은 초보 기업가에게 더할 나위 없이 적절한 교훈이다. 디지털 네이티브 스타트업은 영화에서처럼 IT 기술 기반의 기업, 특히 수십 억 달러 가치를 달성한 스타트업인 "유니콘 기업"으로 생각되는 경우가 많다. 또한 위워크같이 번화가에 위치한, 깔끔한 통창을 가진 사무실과 맥북, 슬리퍼를 끌고 스쿠터를 타는 자유로운 복장과 근무환경을 생각하게 된다. 하지만 유니콘 기업은 매우 희박한 확률로 성공에 다가서고 있는 극소수 디지털 네이티브 스타트업의 모습이다. IT 산업이 아니더라도 디지털 기술을 도구로 활용하여 성공할 수 있는 기회는 얼마든지 존재한다. 중요한 것은 누구에게 얼마만큼의 가치를 반복적으로 만들어 낼 수 있는가이다. 디지털 기술을 활용하여 새로운 가치를 만드는 방법은 다양한 방식으로 존재한다.

또한 디지털 네이티브 기업은 세계에서 가장 성공적인 기술 기업이 많이 설립된 미국 실리콘 밸리를 연상하게 된다. 그러나 누구나 기술을 사용하여 새로운 비즈니스를 창출할 수 있는 디지털 기술의 확장성에 의해 이제 디지털 네이티브 스타트업은 전 세계 어디에서나 찾아볼 수 있다. 진입장벽이 낮아지고 있으며, 창업을 위해 필요한 자원은 아이디어와 약간의 코딩 지식뿐이다. 벤처 캐피털의 가용성은 증가되고, 시장의 세계화, 직업적 선택지로 기업가에 대한 선호 등 다양한 요인에 의해 전세계 어디에서도 디지털 네이티브 스타트업을 찾아볼 수 있다.

디지털 네이티브 스타트업의 숫자는 성장했다. 2023년 미국에만 4,000개가 넘는다. 그리고 이들은 실리콘 밸리, 뉴욕, 보스턴에 기반을 두고 있지만, 전 세계 곳곳에서 더 많은 디지털 네이티브 스타트업이 생겨나고 있다. 디지털 네이티브 기업들의 성장은 사회에 큰 영향을 미쳤다. 이들은 우리가 살고, 일하고, 즐기는 방식을 변화시키고 있으며 경제적으로도 큰 영향을 미치고 있다.

하지만 창업이 많아지면서 경쟁도 더욱 치열해졌다. 내가 생각할 수 있는 것은 다른 경쟁자들도 생각할 수 있다. 모건 하우젤은 '불변의 법칙'에서 고통을 참아내는 능력을 강조하며, 혁신은 고통에서 나온다고 강변한다. 또한 초기 기업에 대한 투자를 심사하는 벤처캐피털이 투자를 위해 가장 중요하게 생각하는 것도 단편적 아이디어보다는 꿈의 크기와 포기하지 않고 버틸 수 있는 힘이다. 실제로 AI와 함께 가장 가파른 성장세로 전 세계 시총 1위에 다가서고 있는 엔비디아의 창업자 젠슨 황은 최근 인터뷰에서 "살아남고자 하는 나의 의지가 나를 죽이고자 하는 자들의 의지보다 강했기 때문에 살아남을 수 있었다."라고 회고했다. 많은 사람들은 게임용 그래픽카드, 비트코인의 채굴, AI로 연속적으로 이어지는 엔비디아의 성공을 세상에서 가장 운 좋은 기업가라고 이야기한다. 하지만 젠슨 황은 엔비디아를 창업하면서 성장하는 과정이 매일같이 너무도 치열하고 고통스러웠기 때문에 다시 시작한다면 엔비디아를 창업하지 않겠다고 한다. 그리고 이미 잘 알고 있는 일론 머스크의 테슬라와 스페이스X의 연쇄 파산위기나 저자가 겪은 유아이패스의 현금고갈 사태처럼, 죽음의 계곡(Death Valley)은 스타트업의 상품 및 서비스 개발 단계에만 오는 것이 아니다. 디지털 시대의 불확실성은 상품 개발, 사업화, 성장, 경쟁, 규제 등의 예상치 못한 상황이 올 때마다 나타날 것이며, 스케일업의 시기에도, 상장이후에도 기업가를 괴롭힐 것이다.

사회적으로 디지털 네이티브 스타트업으로 인해 전통적인 산업의 파괴가 일어나고, 시장이 점점 더 세분화되고 더 많은 틈새 기업이 생겨나면서, 이제 제조, 유통, 운송부터 교육, 의료까지 모든 영역에 디지털 네이티브 스타트업이 있다. 그리고 이들이 모두 성공할 수는 없더라도 최소한, 일부는 우리가 살고 일하는 방식을 영원히 바꿀 것이다. 디지털 네이티브 스타트업의 성공률은 여전히 낮다. 대부분의 디지털 네이티브 스타트업이 실패한다. 심지어 IPO에 성공한 기업도 실패하는 경우가 많다. 하지만 그 수가 늘어날수록 성공하는 기업의 수도 늘어날 것이다. 디지털 네이티브 기업의 미래는 항상 불확실하지만 한 가지 확실한 것은 기업가정신과 창업이 필요하다는 것이며, 희망한 확률일지라도 누군가는 성공한다는 것이가. 디지털 기술로 무장한 디지털 네이티브 스타트업은 성공의 확률을 높이고, 더욱 큰 성과를 향해 더욱 빠르게 도전하고 있다.

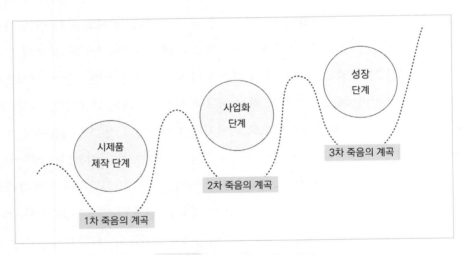

그림 2-23 **스타트업과 죽음의 계곡**

"디지털 시대의 불확실성은 상품개발, 사업화, 성장, 경쟁, 규제 등의 예상치 못한 상황이 올 때마다 나타날 것이며, 스케일업의 시기에도 상장 이후에도 기업가를 괴롭힐 것이다."

디지털 네이티브 기업의 창업 동기

디지털 네이티브 기업의 창업 동기와 초기 목표는 사회적 문제나 소비자의 문제해결과 새로운 가치의 창출로 변화되는 경향을 보이고 있다. 좀더 실질적으로는 이를 실현하기 위해 성장가능성을 확보하기 위한 투자를 받거나, 빠르게 규모를 확장하는 것을 목표로 설립되는 경우도 많았다. 고객의 가치사슬을 분석하여 솔루션을 찾는 '디커플링' 기법이나 스타트업의 극단적인 속도와 규모의 레버리지를 의미하는 '블리츠 스케일링' 기법은 디지털 네이티브 스타트업들에게는 성공의 공식처럼 들린다. 이러한 극단적 성장과 가치 지향의 사고방식은 창업자의 소득이나 기회 창출을 목표로 사업을 시작하는 산업화 시대 모델과 다르며, 1970년대와 1980년대에 빌 게이츠, 스티브 잡스의 미국 비즈니스 벤처의 모델과도 다르고, 1990년대에는 월드 와이드 웹(World Wide Web)을 위한 새로운 기술과 애플리케이션 개발을 목표로 많은 기술 스타트업이 설립된 '닷컴 붐' 시대와도 다르다.

이러한 창업의 동기 변화는 기업가정신의 변화와도 밀접한 관련이 있다. 디지털 네이티브 기업가들의 기업가정신을 확인하기 위해 표본 디지털 네이티브 기업가의 창업동기를 조사한 결과, 디지털 네이티브 기업가들은 우선 창업의 동기부터 기존의 기업가와는 큰 차이를 가지고 있었다. 즉 디지털 네이티브 기업가들은 개인과 사회의 문제해결이라는 새로운 동기를 보유하고 있으며, 디지털 기술을 활용하여 '가설과 검증'이라는 방식으로 기업가정신을 발휘하게 된다(김용진, 2020). 또한 기업가정신의 본연의 사회적 진보를 리딩하고자 하는 의지와 실현가능성에서 산업화 시대의 기업가들과 차별화된 특징을 보이고 있다.

대부분의 디지털 네이티브 기업들은 그들이 우연한 기회에 발견한 사소할 수도 있는 소비자의 문제점을 해결하기 위한 방법으로 상품이나 서비스, 기술, 비즈니스 모델을 설계하면서 창업이 시작되었다. 예를 들어 페이팔은 인터넷상의 거래에서 결제의 안정성을 확보하기 위해, 넷플릭스는 비디오 대여자의 연체료라는 매우 사소한 문제점에서 출발하여, 소비자가 가지고 있던 욕구를 지속적으로 폭발시키고 해결함으로써 성공한 기업들이다. 물론 환경이나 에너지 같은 지구적 위기, 국가적 위기에서 문제점을 찾아내고 해결하려고 하면서 성공한 기업들도 있다. 일론 머스크와 같은 경우가 대표적이며, 그는 테슬라, 스페이스X 등을 통해 이러한 지구적 문제에 대응하고 있다고 주장한다. 일론 머스크라는 기업가를 보는 시각은 다양하지만, 수익만을 추구하는 기존 산업사회의 관점으로는 이해할 수 없는 행동들이다. 하지만, 제도적 관점에서 테슬라 조직이 제시한 지구에너지 문제 해결이라는 미션을 생각해 보면 이러한 디지털 네이티브 기업의 행보를 이해할 수도 있을 듯하다.

디지털 네이티브 기업가의 1세대인 피터틸은 그의 저서 『제로투원』에서 창업은 제로투원을 목표로 한다고 하였다. 이는 기존에 없던 것을 제공함으로써 가치를 창출하는 것이라고 하였다. 여기서 그는 재무적 가치만이 아닌 기업가적 가치와 소비자적 가치를 포함하고 있다.

물론 과거의 기업가정신과 같은 특별하지 않은 창업동기를 가진 디지털 네이티브 기업도 있다. 디지털 네이티브 1세대의 상징과 같은 아마존의 창업자 제프 베조스는 단순히 인터넷 활용률의 급격한 증가에서 사업의 기회를 포착하고, 디지털 기술을 통해 실현하기 가장 좋은 도서유통이라는 분야에 착안해서 창업을 했다고 한다. 그러나 제프 베조스는 아마존을 키우기까지 '변하지 않는 고객의 수요'에 집중했다. 온라인 종이책 쇼핑몰로 시작한 아마존은 1995년 '수많은 책들을 저렴한 가격에 판매합니다'란 슬로건을 내걸었다. 그리고 30여 년이 지난 오늘날의 경영철학도 이와 크게 다르지 않다. 저렴한 가격과 빠른 배송을 원하는 고객의 변하지 않는 욕구에 집중한 결과, 아마존은 세계 최대 온라인 쇼핑 플랫폼 중 하나로 성장했다. 그의 기업가적 성향은 지독하게 '고객지향적'이며, 결국은 고객의 문제를 찾아내고 해결하고자 하는 디지털 네이티브 기업가의 특징을 잘 드러낸다.

최근의 디지털 네이티브 기업의 추세는 기술적 기반이나 솔루션 없이도 사회나 소비자의 문제나 욕구에 대한 문제 의식과 해결방안에 대한 새로운 가설인 아이디어만을 가지고, 필요한 기술과 자본, 인력이 협력하여 창업하는 경우가 많다.

디지털 네이티브 기업인 그랩의 공동창업자인 탄후이링은 말레이시아의 여성들의 이동이라는 문제를 해결하기 위해 그랩을 만들었다고 한다. 그리고 "기업가정신은 어떻게 수익을 달성할 것이냐가 아니라, 잘못된 것을 바로 잡기 위해 열정적으로 전념하는 것"이라고 창업의 동기와 자신의 기업가정신을 밝혔다. 또한 대표적인 언더서브드 그룹을 위한 데이팅앱 서비스를 제공하는 범블의 경우도 있는데, 이들의 창업의 동기적 요인의 특징은 사회적 약자의 문제해결이며, 이를 위해 그들의 서비스를 제공받는 소비자와 서비스를 제공하는 직원들이 같은 방향을 바라보게 한다는 특징을 가지게 된다.

이와 같이 디지털 네이티브 기업들은 창업의 시작에서부터, 또는 성장하면서도 개인과 사회의 문제를 해결하기 위한 새로운 창업의 동기에 집착하는 추세를 보이고 있다. 물론 모든 디지털 네이티브 기업이 이러한 동기적 요소에서 시작되었다는 것은 아니지만, 디지털 네이티브 기업의 동기적 요소는 기존의 기업들과 가장 크게 차별화될 수 있는 부분이다.

산업화 시대의 기업들이 개인의 기회창출, 성공을 위해서 창업을 했다고 하면, 이들은 개인과 사회의 문제를 찾아내고 이를 해결하기 위해서 창업을 하거나, 성장과정에서 그들만의 가치와 문화를 찾기 위해 고민하고, 실현하기 위한 노력을 지속한다. 제도적 관점에서 기업은 수익 창출 수단 그 이상. 사회적 목적을 성취하는 원동력, 직원들의 의미있는 생계수단이기도 하다.

이러한 새로운 창업의 동기적 요소로 인하여 디지털 네이티브 기업의 성과 또는 성공의 기준도 과거의 재무적인 매출이나 수익의 성장과 같은 '전술적 성과'도 중요하겠지만, 목표한 문제를 해결하였는가, 어떠한 가치를 창조하였는 가를 탄력적인 기준으로 평가할 수 있는 '적응적 성과'도 중요하게 판단하여 균형을 이루려 노력한다. 아울러 디지털 네이티브 기업에게도 이해관계자들이 존재하고, 다양한 성공의 기준이 제시되지만, 기존의 기업들이 성공의 기준으로 제시하는 재무적 관점의 현재 매출과 성장지표보다는 '적응적 성과'로서 소비자의 가치와 사회적 가치를 포함한 기업의 미래의 가치를 중시하여, 이를 가장 잘 표현할 수 있는 기업의 시장가치

(Market Value)와 소비자의 가치(브랜드와 스토리)를 포함하는 새로운 성공의 기준을 찾아내는 것이 필요하다.

디지털 네이티브 기업의 성장 방식

디지털 네이티브 기업들은 디지털 사고에 기반하여, 디지털 변혁으로 인해 기술적으로 더욱 정교해지고, '데이터에 기반하는 가설과 검증'이라는 독특한 실험의 방식으로 문제를 해결한다. 기술력을 기반으로 한 제품과 서비스를 개발하고, 이를 가설과 검증의 방식으로 시장에 초기제품 형태로 출시, 고객의 피드백을 기반으로 개선절차를 수행하며, 디지털 변혁의 시대에 스타트업의 성공에 있어 중요한 지표로 여겨지는 제품과 시장 적합도(PMF: Product Market Fit)를 찾는 방법 역시 "가설과 검증"을 활용한다.

그들의 창업은 가장 먼저 소비자, 고객의 문제를 찾아내는 것에서 시작된다. 이는 사회적 문제도 포함되며, 일상생활에서, 기업고객의 사업에서 기술적, 사회제도적으로 그들이 해결해야만 하는 문제를 파악하는 것이다. 이러한 문제가 크고 어려울수록 그들은 창조적 파괴의 더 큰 성장, 독점적 이윤의 기회가 있다고 생각한다. 기업행위를 함에 있어서, 소비자의 가치를 증가시키면서도, 비용 측면의 효율성을 극대화 시키는 방법을 찾아내는 것 또한 그들이 해결해야 할 문제이다. 하지만 디지털 기술을 활용하여 새로운 소비자의 가치를 창출하고, 생태계 내의 전방위적 협력을 통해 효율성을 극대화시키고, 경계없는 자원을 활용하여, 비용 측면의 효율성을 확보하여, 가치와 원가 측면에서 동시에 가치-원가 딜레마를 해결하는 것에 대해 디지털 네이티브 기업들은 너무도 익숙하다. 문제가 파악되면, 이들은 이 문제를 해결하기 위한 가설을 설정한다. 그리고 가설을 검증하는 과정을 거치게 되는데, 가설과 검증을 완료한 후 제품과 서비스가 제공되는 것이 아니라, 가설의 검증과정에서 제품과 서비스가 제공되는 특징을 가지게 된다(Reid Hoffman, Chris Yea, 2020). 이는 디지털 네이티브 스타트업의 '블리츠 스케일링' 기본 원칙 중 하나이기도 하다.

디지털 네이티브 기업의 성장 과정은 스타트업 사이클(Start-up Cycle)과 스케일업 사이클(Scale-up Cycle)로 구분할 수 있는데, 스타트업 사이클은 스타트업이 창업 단계에서 사업화(초기 성장) 단계로 진입하며, 시장을 확보하고, 스케일업(성장과 확장)하기 위한 준비 과정이다. 이 과정에서 디지털 네이티브 기업은 제한된 시장 또는 특정국가나 특정지역의 작은 시장에서 시작하여, 개방성이나 호환성 있는 플랫폼을 구성하고, 스타트업의 단계에서 투자를 받아 자금력을 확보하여 스케일업(성장)의 과정을 거치게 된다.

한편 스케일업 사이클은 기술적으로 스타트업이 사업화 단계를 지나서 "로켓십 성장"이라고 불리는 폭발적 성장의 단계로 진입하여 "제이커브"를 그리며 성장하는 과정을 의미한다. 이 과정에서 기업들은 주로 플랫폼의 확장 또는 글로벌화를 추구한다. 즉 핵심역량을 확보한 스타트업이 초기 사업화 단계를 지나서 핵심역량과 시장 요소를 결합하여 기업 규모를 급속히 키우면서 높은 기업 가치를 인정받는 과정이다. 이러한 스케일업의 단계에서, 또는 스케일업이 완성되면, 그들의 기술과 비즈니스모델, 상품과 서비스는 시장의 평가를 받아 인수합병, 또는 기업공개와 같은 1차적 성공의 단계를 거쳐, 안정적인 성공의 단계에 이르게 된다. 물론 스케일업이 완성되지 않은 경우, 기술적으로 완전한 준비가 되지 않은 경우에도 기업공개는 자금 확보의 수단으로 충분히 가능하며. 따라서 기업공개 이후에도 실패하는 기업이나, 기업공개 시점의 고성장 목표와 고평가로 인하여 어려움을 겪는 기업들이 많아, 기업공개 자체가 궁극적인 성공을 의미한다고 할 수는 없다. 하지만 일반적으로 투자의 이익을 실현하는, 또한 기업의 성공에 이르는 중요한 단계라는 것에는 이의가 없으므로, 이 책에서는 디지털 네이티브 기업의 성공을 기업공개, 인수합병을 기준으로 1차적으로 평가하되, 이후 성과를 보완하여 검토했다. 또한 비상장 기업이라 할지라도 가치와 성숙도를 평가하여 성공의 기준을 적용하였다.

기존 문헌에 따르면 기술 또는 혁신에 기반한 스타트업의 성장인, 스케일업에는 차별화된 비즈니스 모델 또는 비즈니스 모델 혁신, 창업자와 최고경영자의 역량, 공급, 수요 시장의 규모 확대, 자본금의 조달과 투자 자금의 회수(exit) 등 기업 내부 요인, 생태계에 기반을 둔 기회 포착과 가치 창출, 지원 제도와 규제 개선 등 외부 환경 요인이 종합적으로 영향을 준다(김애선 외, 2019; 김선우, 진우석, 2020; 김정호, 한정희, 2014; 유효상, 장상필, 2020; 조병문, 신현한, 2020; Baum et al., 2001; Braunerhjelm et al., 2015; Jinzhi and Carrick, 2019). 하지만 2010년 이후에 상장한 디지털 네이티브 기업은 1990년대 중반에서 2010년까지의 상장한 1세대 디지털 네이티브와는 규모와 속도 면에서 질적으로 다른 성장을 보이고 있다. 예를 들어, 1세대 디지털 네이티브 기업은 주로 인터넷 서비스업 내 B2C 사업 분야에서 제대로 된 비즈니스 모델이 없거나 유연성과 확장성 있는 제도적 기반 없이 단순한 인터넷 기반의 아이디어형 서비스를 바탕으로 한 경우가 많았고, 따라서 많은 1세대 디지털 네이티브 기업들이 2000년의 닷컴 버블 붕괴나 2008년 글로벌 금융위기 시기에 시장에서 쉽게 사라졌다. '쿼키(Qirky)', '홈조이(HomeJoy)'와 같은 기업이 대표적이다.

아이디어만 있으면 제품 생산부터 판매까지 해준다는 크라우드 기반의 발명플랫폼인 '쿼키'는 비즈니스 모델과 거대 자본이 아닌 개인이 모여서 세상에 없던 아이디어를 현실화시키는 참신한 아이디어로 대규모 투자를 받기도 했으나, 제품의 가격이나 품질을 관리할 조직과 제도적 기반 없이 급격한 성장과 경쟁의 상황에 노출되게 되자, 가치-원가 딜레마를 해결하지 못하고 무너진 대표적 사례이다.

한편 홈조이는 청소 인력과 고객을 연결해 주는 O2O(Online-to-Offline) 서비스로 청소 관련 자격증을 보유한 전문인력을 투입한 크라우드 기반 집 청소 연결 서비스이며 실리콘 밸리의 기대와 투자를 받은 기업이다. 품질 관리, 즉 협력업체 관리라는 비즈니스의 기본에서 문제가 생긴 채로, 경쟁상황을 극복하기 위해 수익성을 포기한 캐시버닝으로, 블리츠 스케일링의 기본원칙인 독점적 시장지위를 확보하지도, 디지털 변혁의 기본원칙인 가치-원가 딜레마를 해결한 것도 아닌 디지털 변혁 초기의 실패 사례이다.

하지만, 최근의 디지털 네이티브 스타트업은 IT, 제조, 유통업뿐만 아니라 유관 지식기반 서비스업(금융, 전자상거래, 헬스케어 등), 고급 IT 기술(빅데이터, AI 등)이나 최신 기술(로봇, 드론 등)을 활용한 디지털 혁신과 융합이 가능한 첨단 제조업 등 다양한 산업 내 B2C, B2B 사업 분야에 분포하고 있으며, 실현가능성과 기술적 차별화 면에서도 상대적으로 수준이 높고 과거의 실패한 기업이 가진 조직과 제도의 문제들을 잘 이해하고 해결하여 제시하고 있다. 아울러 투자자, 즉 VC 관점에서도 최근에는 경험있고, 수준높은 투자자들을 중심으로, 스타트업이라 할지라도, 향후 지속적으로 수익을 낼 수 있는 비즈니스모델과 기술적 실현가능성에 대한 과감하고 냉철한 평가가 진행되고 있다.

오라클에서 나와 CRM, SaaS 서비스를 만든 마크 베니오프의 세일즈 포스나 대학 교수들로 구성된 창업자들이 만든 가상화기술을 상용화한 브이엠웨어, 데이터 브릭스와 같은 디지털 기술 기업 등은 창업자가 업계에 오랫동안 종사한 전문가인 엔지니어, 교수 출신이었고 이들이 가진 기술을 기반으로 자체가 실리콘 밸리의 투자자나 전문 경영인을 만나 성장(Salce Up)하고 기업공개(IPO)로 이어지는 경우였다. 이들은 기술중심적 기업들은 기술적으로 그들이 생각하는 문제를 해결하고, 그것을 통해 사회의 문제를 해결하려는 동기에서 시작된 기업들로, 기술과 혁신의 가치를 높게 평가하고, 혁신하기 좋은 조직으로 기업문화를 만들어 나가는 경향을 보인다.

또한 과거에 비해 최근 비상장 디지털 네이티브 기업의 가치는 크게 증가하여, 유니콘과 데카콘처럼 기업가치가 매우 높은 비상장기업이 증가했다. 이는 주식시장에 상장(IPO)되지 않고서도 자금을 조달할 수 있는 비공개 펀딩의 방법이 다양해지고 펀딩 규모가 크게 증가했기 때문이다. 예를 들어, 초기 성장 단계에서 전통적인 투자자인 엔젤 투자자, 독립형 벤처캐피털(IVC: Independent Venture Capital) 이외에 크라우드 펀딩, 엑셀러레이터, 마이크로 벤처캐피털 등이 초기 투자자로 참여하게 되고, 후기 성장 단계에서 대형 벤처캐피털 이외에 기업형 벤처캐피털(CVC: Corporate Venture Capital), 대형 사모펀드(Private Equity), 뮤추얼 펀드, 국부 펀드 등이 투자자로 참여한다. 이처럼 새로운 유형의 투자자가 증가하였고, 그 성격도 전략적 투자(Strategic Investment)인지 재무적 투자(Financial Investment)인지에 따라 기준이 다르고, 투자자의 자금 운용 규모도 커졌다. 투자자들은 일반적으로 기업공개(IPO) 외 인수합병을 통해 투자를 회수하는 방식으로 초기 성장 단계의 투자를 실현하게 된다.

초기 디지털 네이티브 기업에서는 창업자가 차지하는 역할이 지나치게 클 뿐만 아니라, 창업자의 역량은 성장 과정에서도 지속적으로 영향을 미친다. 기존 연구에 따르면 창업자의 창업 분야(사업, 기술, 비즈니스모델)에 대한 깊은 이해와 사업기회 인지, 높은 전문성, 과거 창업 또는 사업 경험, 공동창업자 역량, 성장 목표와 비전, 진취성 등은 초기 기업의 성장에 긍정적 영향을 준다(김정호, 한정희, 2014; 유효상, 장상필, 2020; Baum et al., 2001). 이 책에 제시된 사례에서도 창업자의 기업가적 지향성과 기업성과는 연관성이 인정되고 있다.

디지털 네이티브 기업처럼 빠르게 성장하는 기업의 가치는 현재 수익보다 미래 성장률이나 성장잠재력을 반영해 결정되기 때문에 성장지향 전략은 기업가치의 성장에 기여한다. 예를 들어, 목표시장이 독점적 지위를 누릴 수 있는 시장이라면, 현재 수익성이 낮더라도 시장점유율을 크게 높임으로써 장기적으로 시장지배적 지위를 확보하기 위한 전략, 시장에서 잠재적 경쟁자를 줄이고 관련 기술과 고객을 선점하거나 새로운 융합형 제품과 서비스를 만들기 위한 인수 전략은 네이티브 기업의 성장에 기여할 수 있다. 특히 디지털 플랫폼 시장은 승자 독식이 가능한 시장이므로 성장지향 전략은 디지털 네이티브 기업의 성장에 중요한 역할을 한다(McKelvie and Wiklund, 2010; Kenney and Zysman, 2019). 또한 급격히 성장한 디지털 네이티브 기업은 디지털 플랫폼에 기반한 빅테크 기업뿐만 아니라 다른 산업 내 여러 기업과의 전략적 제휴를 통해서 고객과 공급자를 확보하고 단기간에 시장에서 인지도를 쌓을 수 있다. 자원, 자본과 규모 측면에서 열위에 있는 디지털 네이티브 기업은 대형기업과 파트너십 또는 전략적 제휴를 통해 자원을 확보하고, 기존 기업의 시장과 인접 또는 관련된 영역을 중심으로 사업을 확장하거나 융합형 제품과 서비스를 출시하여 지속적 성장을 위한 기반을 다질 수 있다(Colombo et al., 2006). 한편 Jinzhi and Carrick (2019)는 중국 내 스타트업과 공공 부문과의 긴밀한 관계, 스타트업에 대한 정부 지원과 규제 완화가 중국 내 유니콘 기업의 초기 성장에서 크게 기여하였음을 제시하여, 특히 중국과 같은 통제된 시장에서는 정부와의 협력이 중요하다는 것을 확인하였다.

이 책에 제시된 디지털 네이티브 기업가에 대한 인구통계적 특징을 보면, 과거의 창업과 다르게 성공한 디지털 네이티브 기업의 창업자와 경영진은 저명한 대학 출신으로, 복수의 성공과 실패를 통해 업계에서 이름이 알려진 창업자가 많았다. 그리고 이들 중 상당수는 창업 전 실리콘 밸리를 비롯한 각국의 스타트업 허브에 해당하는 지역에서 인적 네트워크를 만들고, 체계적인 창업보육 또는 전문적인 창업지도를 받았거나, 빅테크 기업(구글, 애플, MS, 아마존, IBM, 메타 등)에서 다양한 업무 경험을 통해 기술과 사업 분야에 관한 전문 지식을 쌓았다. 대표적인 것이 페이팔 마피아, 빅테크 출신의 창업가와 같은 이미 성공한 기업가들의 네트워크이다. 안타깝게도 또다른 계층이 형성되는 분위기이다. 특히 제시된 사례들 중 성공한 기업들의 62%는 공동창업의 형태였고, 투자자들은 공동창업의 형태가 창업자의 약점을 보완하는 데 도움이 된다는 의미에서 선호하는 경향이 있으며 대부분의 실리콘밸리 기업가들의 인터뷰는 스타트업 생태계에서의 인적 네트워크가 그들의 전문지식 이상으로 중요하다고 이야기하고 있다.

불확실성에 대처하는 방법

디지털 네이티브 기업에서는 인적 자원의 불확실성, 시간의 불확실성, 심지어 목표의 불확실성이 너무나도 당연하게 받아들여지고, 이러한 불확실성에 유연하게 대처하는, 민첩하고 협력적인 조직문화는 자연스럽게 만들어진다. 이는 팀원 개인에게도 높은 오너십과 문제해결에 대한 집착, 그러면서도 다양한 가능성에 대한 열린 태도, 즉 창의적이고 주도적으로 일할 수밖에 없는 환경이 주어진다는 것이다. 디지털 네이티브 기업에게 잘 알려진 『린스타트 업』의 저자 에릭 리스는 '불확실성 속에서 새로운 사업을 창조하는 조직'으로 스타트업을 정의한다. 이러한 유동적인 스타트업의 환경에서 자연발생한 것이 "린 스타트업 방법론"이다. 전통적인 기업의 운영과 네이티브 기업의 운영의 차이점은 계획을 기반으로 하는 것이 아닌 가설을 기반으로 한다는 것이다. 핵심은 속도와 피드백, 반복을 통해 효율성을 극대화한다는 것이며, 아이디어를 빠르게 가설 기반의 '최소기능의 제품(MVP: Minimum Viable Product)'으로 만들어, 시장의 반응을 확인하고, 이후 제품의 개선에 반복적으로 반영하는 전략이다.

이외에도 수직적인 워터폴 모델에서 탈피하여, 변화하는 시장, 요구사항, 기술에 유연하게 대응하기 위해 작업계획을 짧은 단위로 세우고 제품을 만들고 수정하는 사이클을 반복함으로써 고객의 요구 변화에 유연하고 신속하게 대처하는 개발방법론인 '애자일 방법론'이나. 디지털 변혁의 불확실성을 극복하고, 더욱더 적극적으로 빠르게 시장을 선점하기 위한 '블리츠 스케일링(Reid Hoffman, Chris Yea, 2000, Blitz Scaling)'이라 불리는 극단적인 형태의 스케일링 방식이 디지털 네이티브 기업들에게는 매우 익숙하다. 이는 스케일링의 '속도'와 '불확실성'의 정도에 따른 적합한 전략을 찾는 것으로, 기존 기업의 형태와 다르게 고도의 불확실성을 특징으로 가진 스타트업에게 그들의 상황에 맞는 방법론이 만들어지고 있으며, 이를 기존의 기업들도 그들만의 디지털 혁신에 활용하기 위해 연구하고 있다. 이러한 대규모 자본을 활용하여 새로운 생태계를 구성하고 활용할 수 있는 제도를 구축하여 시장을 선점하는 방식이 아마도 실리콘벨리의 디지털 네이티브 기업들이 사용했거나, 고민했을 성장의 방식이며 대표적인 사례는 OpenAI, 링크트인, 메타, 에어비엔비, 쿠팡 등이다. 더 큰 문제를 해결하기 위해서는 더 큰 자원을 필요로 하는 것은 당연하다. 또한 디지털 변혁시대의 플랫폼 경제와 같이 승자독식의 시장에서의 초기선점을 위한 속도를 통해서 독점적 지위를 확보할 수 있는 시장이라면, 블리츠 스케일링의 자원 활용은 새로운 디지털 제도를 통해 성공에 이르는 새로운 성장의 방식이다.

그러나 이러한 디지털 네이티브 기업의 성장에 관한 연구들은 특정 목표와 성과를 이루기 위한 방법론에 초점을 맞춘 것으로, 상황에 따라 방법은 다양하게 변할 수 있고, 성과의 파괴력만큼 위험성도 크다. 이는 창업자의 현실에서는 더욱 절박한 문제이다. 예를 들어, 블리츠스케일링의 핵심은 속도인데, 이것은 빠른 성장속도를 만들어 내기 위해, 더욱 빠른 캐쉬 버닝의 모래시계를 뒤집는 극단적 방법이기 때문이다.

디지털 네이티브 기업은 초기 성장과정에서는 고객과 기업의 문제, 사회의 문제를 해결함으로써 더 큰 가치를 창출하는 기업의 본질에 집중하면서, AI와 디지털 변혁 시대의 기업의 불확실성을 극복하고, 새로운 기회로 활용하기 위한 방법론을 뛰어넘는 절대적인 역량을 보유한 창업자 또는 기업가가 절실하지만, 사업과 조직의 규모가 커지고, 장기적이고 지속가능한 성장으로 진행되기 위해서는, 미래기업가정신을 활용하여 불확실성에 대응할 수 있는 조직과 생태계 인프라, 프로세스, 조직문화 등을 제도, 시스템 등으로 구조화하는 노력을 하게 되는데, 이는 절대적인 능력의 기업가가 스스로를 복제하여, 각 부서별로 배치하는 것과 같은 것이며, 동일한 비전과 방향을 가지고, 구성원들이 기업가적 상황에서 동일한 의사결정을 할 수 있는 제도적 구조를 만들어가는 것이다.

디지털 네이티브 기업의 지향성

이 책에서 조사된 디지털 네이티브 기업들은 기술을 활용하여 프로세스를 간소화하고, 고객 경험을 향상하며 혁신을 주도하는 것은 물론, 강력한 디지털 존재감과 마케팅, 판매 및 고객 참여를 위한 디지털 채널 활용에 중점을 두고, 온라인을 적극 활용하는 특징을 가지고 있었으며, 내부적으로는 데이터 및 분석의 힘을 이해하고, 가설과 검증으로 이를 실험하고 검증하는 특징과 AI 기술을 활용하여 디지털 변혁 시대의 통찰력을 얻고, 데이터 기반 창의적이고 유연한 의사결정과 함께, 제품을 서비스화하고 개인화하는 특징을 가지고 있었다. 디지털 변혁 시대의 불확실성을 대응하여 기회를 창출하기 위한 최적의 조직형태와 지향성이다. 디지털 네이티브 기업의 지향성은 다음과 같이 정리된다.

첫째, 디지털 변혁 시대에 대한 타고난 적응성을 가장 큰 특징으로 생각할 수 있다. 디지털 네이티브 기업들은 먼저 그들이 해결하고자 하는 문제를 정의하고, 이를 해결하기 위해 디지털 기술이 가진 가설과 검증의 방식을 통해 끊임없이 실험하고, 결과를 만들어 낸다. 그들이 풀어야 할 디지털 기업과 개인, 사회의 문제인 원가-가치 딜레마 해결, 제품의 서비스화, 온디맨드, 공유경제, 구독경제, O2O(OnLine to OffLine)와 같은 운영모델 변화 등이 대표적이며, 이 역시 디지털 기술이 가설과 검증의 과정을 과거와 달리 충분한 데이타와 피드백을 가지고 실험할 수 있게 하는 디지털 변혁이 있기에 가능한 일이다.

또한 이들은 태생적으로 디지털 퍼스트 사고 방식과 디지털 채널 및 기술 솔루션을 적극 활용하여 고객과 상호작용하고 제품 또는 서비스를 제공하며 내부 운영을 최적화한다. 창업자이자 구성원인 디지털 네이티브 세대는 디지털과 모바일 환경에서 태어나고 자란 세대이며, 데이타 기반의 디지털 사고과 디지털 역량을 자연스럽게 보유하고 있다.

둘째, 디지털 네이티브 기업은 기술 발전과 시장 변화에 민첩하게 반응하는 유연성을 가지고 있다. 기술의 발전을 신뢰하며, 신기술의 얼리어답터로, 경쟁에서 앞서기 위해 기꺼이 가설을 설정하고 실험하며, 결과를 고객의 피드백을 받아 수정하고, 변경하며, 또한 이러한 과정을 반복하여 성장한다. 그들은 피봇이나 가설의 오류로 인한 실패를 두려워하지 않는다. 유연하게 프로세스를 변경할 수 있고, 경계없는 자원을 활용하며, 디지털 생태계를 만들고 협력하며, 고객 및 파트너와의 협력에 익숙하고, AI와 디지털 기술을 활용한 창발적 결과물을 만들고 활용하는 데도 매우 유연하다.

셋째, 디지털 네이티브 기업들은 개인화된 경험, 디지털 인터페이스 및 편리한 상호작용을 통해, 창의적으로 고객의 문제를 이해하고 해결하는 데 집중하는 고객 중심의 창의성을 가지고 있다. 반면 업계의 기존 비즈니스 모델에 도전하고, 디지털 기술을 활용하는 혁신적인 문제해결을 선호한다. 창의성은 디지털 기술로 인한 무한경쟁의 상황에서 고유의 차별화된 제품과 서비스와 기업을 만드는 더욱더 중요한 지향성이다. 다만 실패를 조직의 급격한 성장과정에서도 실패를 두려워하지 않는 문화를 만들고, 지속적인 창의성을 확보할 수 있는 제도적 노력이 필요하다.

결국 디지털 네이티브 기업들은 디지털 기술로 인해 과거에 상상할 수 없었던 제한없는 자원 활용 구조 속에서, 유연한 프로세스로, 고객 중심의 지속적인 변화를 통해, 창발적 결과를 충분히 활용하게 되어, 디지털 변혁의 무한경쟁 시대에서 빠르고, 유연하게 실험하고 검증함으로써 가치-원가 딜레마를 해결할 수 있게 된다. 이는 디지털 네이티브 기업들이 미래기업가의 지향성을 발현함으로써 기업의 성과를 창출하는 과정으로 이해될 수 있다.

이러한 디지털 네이티브들을 만들어 내는 실리콘 밸리의 스타트업 창업 프로세스는 디지털 네이티브 기업의 지향성을 설명하는 자원활용의 사례라고 할 수 있다. 과거의 자원조달이 가족, 친지, 은행 등에 국한되었던 산업화 시대와는 달리, 디지털 네이티브 기업들은 비지니스 모델과 가능성이 확인되면, 문제해결을 위해 필요한 거의 무제한의 자원을 다양한 네트워크를 통해서 조달할 수 있다. 기존의 금융권을 비롯하여 벤처캐피탈과 같은 금융권은 물론 크라우드 펀딩과 같은 네트워크 형태의 펀딩, 기업공개(IPO)와 같은 형태의 다양한 자금 조달방식이 존재한다. 이러한 자금조달 방식은 지역적 한계를 넘어서며, 자금 대여의 방식, 투자의 방식으로 다양화되었다. 이들은 투자자의 자원뿐 아니라, 협력업체, 대기업, 크라우드의 자원들도 다양한 방식의 협력을 통해서 창의적이고, 유연하게 활용하는 특징을 가지고 있으며, 디지털 변혁의 시대에서 주도권을 차지한 소비자들은 기존의 소수의 기업가 중심의 성취인 개인경험이나 인사이트보다는 디지털 네이티브 기업들의 데이타 기반의 투명한 과정과 문제를 해결하는 열정의 스토리에 열광한다. '프로슈머(Prosumer)'와 같은 새로운 형태의 충성도 높은 고객은 소비자의 새로운 추세이며, 기업은 소비자와 함께 성장하고, 이러한 추세에 투자자 역시 민감하게 반응한다. 넷플릭스, 아마존, 스노우플레이크, 테슬라, 로빈후드와 같은 기업들은 충성도 높은 고객군을 보유하고, 고객과 함께 성장하는 대표적인 기업이다.

디지털 네이티브 기업들과는 달리 이미 과거에 성공의 경험과 다양한 조직적 이해관계가 존재하는 기존 기업들은 디지털 네이티브 기업들 보다도 풍부한 자원을 보유하고 있으면서도, 성공경험, 조직적 관성, 디지털 변혁을 위한 동기적 요소나 문제의 해결방식에 대한 차이로 인해 변화가 더욱 어렵게 느껴질 것이다. 이를 해결하기 위한 새로운 기업가정신과 이를 제도적으로 재구조화하는 혁신이 필요하다.

03

미래기업가가 온다!

CHAPTER 01

산업화 시대의 기업가와 미래기업가

미래기업가를 정의하는 방법은 산업화 시대의 기업가적 지향성과 동기적 요소, 생존, 성장, 성공의 방법론이 디지털 변혁과 같은 새로운 시대적 변화에 따라 어떻게 변화하는지를 보는 것이 가장 효과적이다.

먼저 산업화 시대의 기업의 '창업 동기'는 기회의 창출이라는 측면에서 바라볼 수 있었다. 개인과 가족의 생존이나 부의 창출, 성공의 기회 등의 개인적인 동기에서 시작되는 경우가 많았다(Shane, Venkataraman, 2000). 이러한 산업화 시대의 기업가정신은 기업가정신에서 미리 정의된 과정을 통해, 미리 정의된 결과를 얻을 수 있다고 생각한다(김용진, 2020). 따라서 산업화 시대의 기업가들은 그들 또는 그들의 가족 또는 지인들의 제한된 자원을 사용하여, 열정을 가지고 기회를 추구하기 위해, 위험을 감수하는 지향성을 가진 사람들이며, 고객의 욕구를 충족시키기 위한 노력을 게을리 하지 않는 진취적인 사람들이다.

'혁신의 방법론'으로 슘페터는 앞서 언급한 새로운 결합의 유형을 크게 새로운 재화, 새로운 생산방법, 새로운 시장의 개척, 새로운 경제조직의 도입 등 네 가지로 구분하였으며, 창업이 새로운 경제조직의 도입을 대표하는 가장 전형적 사례라고 하였다. 기업가정신의 개념적 논의는 다양하게 이루어져 왔으며, 대체로 불확실성과 위험을 감수하는 도전정신과 유망한 기회를 사업화하는 창의성 기반의 활동을 강조하고 있다. 또한 기업가정신을 새로운 결합, 즉 혁신적 활동을 가능하게 하는 기업가의 재능 또는 역량으로 정의하였으며, 현대 경영학에서 피터 드러커(Peter Drucker)는 기업가정신을 '변화를 탐색하고, 변화에 대응하며, 변화를 기회로 활용하는 것'이라 하였다.

표 3-1 혁신의 방법론 비교

New Combination	Schumpeter 기업가정신 이론(1909)	미래기업가와 디지털 변혁
혁신	새로운 상품의 소개	새로운 디지털 제품과 서비스
기술	새로운 생산 방식	프로세스의 디지털 변혁과 협력
고객지향	새로운 시장 개척	새로운 디지털 시장, 유통
조직화	새로운 조직, 제도	새로운 비즈니스모델, 조직, 제도
기업가적 지향성	진취성	적응성
	위험감수성	유연성
	혁신성	창의성

'기업가적 기회'에 대해서 슘페터, 피터드러커, 커즈너의 견해는 차이가 있지만, 개인의 부의 창출 기회를 강조하는 산업화 시대 기업가들의 동기적 요소를 잘 설명하고 있다. 슘페터는 변화를 일으킬 수 있는 기회, 즉 혁신이 창업가의 기질에서 나오고, 창업가는 불확실한 기술변화의 시기에 경제적 균형에 충격을 가하고 파괴하는 혁신가라고 생각했다. 즉 슘페터의 관점에서는 혁신이 '창조적 파괴'의 과정으로 나타나는데, 기회는 발견하는 것이 아니라, 기술변화와 혁신을 통해 창조하는 것이라는 견해이다. 한편 커즈너는 기업가 이윤의 존재 이유를 윤리적으로 정당화하였는데, 창업가가 시장에서 재정거래자(Abitrageur), 또는 가격조정자 역할로서 지식이나 정보비대칭성을 이용함으로써, 기회를 발견한다고 주장했다.

슘페터가 기업가정신을 '창조적 파괴'를 통한 기술 혁신과 사회 발전의 과정으로 이해했다면, 커즈너는 미래의 불확실성 속에서 이윤을 획득하는 것으로 기업가 이윤을 정당화했다. 커즈너는 인간의 행동에 투기적 요소가 포함되어 있음을 인정한다. 이러한 투기적 요소가 바로 기업가정신의 바탕이며, 결국 모든 사람들은 선택 과정을 통해 기업가정신을 발휘하게 된다. 기술적 혁신을 강조하는 슘페터의 기업가정신과 달리 커즈너의 핵심사상은 기업가의 상상력과 창조성에서 나오는 '민첩성'이다.

이것은 새로운 기술, 새로운 재화 등의 새로운 지식을 발견하는 정신이다. 커즈너에 따르면 자동차의 도입은 산업의 파괴가 아니라 마차 산업에 대한 과도한 자원배분을 개선시키는 창조적 건설이다. 또한 커즈너는 기업가정신은 슘페터가 주장한 바와 같이 엘리트 자본가만이 가지고 있는 것이 아니라, 소비자든 노동자든 누구나 가질 수 있는 정신이라고 생각하여 기업가정신을 보편화했다.

따라서 산업화 시대 기업가정신의 정의를 보면, 사회를 변화시키는 지속적이고도 혁신적인 창조적 행동(슘페터), 지속적인 혁신을 통하여 기업의 가치를 증대시키는 과정으로 개인 또한 기회를 추구하는 과정(가트너), 자원을 새로운 방식으로 결합하여 기업의 가치를 창출하는 행동방식과 사고의 특성(쉰들러), 새로운 사업기회를 인지하고 "혁신"을 통해 이를 성취하는 것(김용진)으로 정의하고 있으며, 기업가정신은 새로운 비즈니스 기회를 포착하고 새로운 경쟁 우위를 창출하기 위한 전략적 움직임이며, 선제적 위험감수, '혁신적' 또는 '창의적'이라는 특징을 가지고 있다.

학계의 보편적인 기준의 기업가적 지향성은 코빈(1989)의 논문에서 제시된, '위험감수성', '혁신성', '진취성'으로 정리되는데, 첫 번째 기업가적 지향성인 혁신성은 새로운 변화와 혁신을 선호하고 추구하면서 문제를 해결하려는 성향으로, 혁신성이 높을수록 시장에 적합한 아이디어를 비즈니스의 기회로 전환하는 과정에서 아이디어와 적극적 자세로 신제품이나 프로세스를 개발하려는 경향이 있다. 두 번째인 진취성은 새로운 기회를 적극적으로 포착하기 위해 기존의 틀에 얽매이지 않고 새로운 방안을 제시하려는 성향을 가리킨다. 마지막으로 위험감수성은 불확실한 결과가 예상됨에도 과감히 도전하려는 의지로 위험이 수반되는 상황에 직면했을 때 위험을 감수하려는 성향을 의미한다.

특히 위험감수성은 과거 훌륭한 기업가들을 구분하는 가장 핵심적인 차이점이었는데, 사실 전통적 기업가적 지향에서 위험은 통제가능한 위험, 계산가능한 위험으로 디지털 시대의 불확실성과는 다른 개념이다. 예를 들어 포드사의 헨리 포드(Henry Ford)나 월마트의 샘 월튼(Sam Walton) 또는 우리나라 기업가정신의 상징인 현대의 정주영 회장과 같은 위대한 기업가들에게 위험은 사업 확장을 위한 기회를 포착하기 위해서 반드시 해결해야 할 예측 가능하고, 통제 가능한 위험을 의미한다. 그들의 대담한 행동은 특정 사업에서 어떤 위험을 감수할 때, 또는 위험을 관리할 때 위험의 크기와 위험을 감수함으로 인해 얻을 수 있는 기회의 크기에 대한 심각한 의사결정의 과정을 거치거나, 정밀하게 조사하고 계산된 기업의 행위로 볼 수 있다.

호메로스가 지은 대서사시 '오디세이아'에서는 트로이전쟁의 영웅 오디세우스가 10여 년의 귀향길에서 마주친 위기에서 '리스크'라는 단어를 찾아볼 수 있다. 오디세유우스 일행은 항해 중 노래소리로 유혹해 사람을 잡아먹는 괴물인 '세이렌(Seiren)'으로부터 벗어난 뒤, '스킬라(Scylla)'와 '카립디스(Charybdis)'라는 괴물이 있는 두 바위절벽 사이를 통과해야만 했다. 스킬라는 머리가 여섯 개 달린 괴물로 상반신만을 내놓고 지나가는 배의 선원을 낚아채 잡아먹으며, 카립디스는 소용돌이로 지나가는 모든 것을 빨아들인다. 오디세우스는 이 두 '위험' 앞에서 스킬라를 선택해 선원 여섯 명을 잃은 뒤에야 위험을 탈출한다. '용기내어 도전하다'라는 의미의 라틴어 'risicare'에서도 찾아볼 수 있는 '리스크'는 도전이라는 능동적 선택을 의미하며, 이것이 확장되면서 경제학적으로 '확률론적 위험'이라는 의미를 가지게 된다. 리스크는 미래를 생각하기 때문에 존재한다. 또한 리스크를 극복하지 못한다면 미래도 없다. 즉 '리스크'는 회피의 대상이지만, 어원인 'risicare'에서 처럼 도전하고 극복할 대상이기도 하다. 이러한 리스크를 감수할 수 있는 기업가만이 차별화된 미래를 그리고, 위험에 대한 보상을 얻을 수 있다.

기업가적인 지향성은 기업이 시장의 욕구에 맞추어 보다 혁신적이고, 위험을 감수하며 경쟁기업보다 진취적으로 대응할 수 있는 의지를 의미하며(Covin, Slevin, 1989), 현재까지 기업가정신에 대한 많은 연구가 진행되었는데, 그중에서도 기업의 성과와의 관계에 대해 실증한 연구들이 많았다는 점에서 오랫동안 기업가정신은 성과에 영향을 미치는 중요한 요인으로 생각되어 왔다.

하지만 이러한 기업가정신은 제한된 자원의 유연한 활용이 어려운 산업화 시대에, 기회를 포착하여, 규모의 경제를 확보하기 위해, 계산가능한 위험을 기꺼이 수용하며, 대량생산 체제하에서 규모의 경제를 선점하여 원가 측면의 가치원가 딜레마를 해결하는 산업화 시대의 기업가정신이다. 현대의 정주영 회장은 "불가능은 없다."라는 도전적이고, 진취적인 기업가정신으로 우리나라의 산업화 시대를 리딩했다. 또한 록펠러와 같은 석유재벌은 산업화 시대의 기술적 기회를 찾아내고, 이를 실현한 기업가로 '석유'라는 자원과 석유의 운송기술, 활용기술 측면에서 지속적인 혁신으로 산업화 시대를 주도한 기업가정신을 보여준 기업가이며, 헨리포드는 자동차 산업에 대량생산 방식을 도입함으로써, 생산성 극대화를 통해 가치원가 딜레마를 해결한 기업가이다. 이들의 특징은 당시의 상황에서 정상적인 기업가라면 주저하거나 포기할 수밖에 없는 환경을 기업가정신 특유의 의지와 지향성으로 극복한 것이다.

따라서 과거의 기업가정신은 '위험감수성', '혁신성', '진취성'(Covin, Slevin, 1989)으로 특징지을 수 있으며, 새로운 기회에 대하여 신속한 의사결정과 도전정신을 가지고 위험을 감수하며, 혁신적이고, 창조적으로 기업의 발전을 책임지기 위한 태도와 행동을 포함하는 개념으로, 이는 가장 많이 인용되고 있는 기업가정신의 정의이며, 지향성이다. 따라서 이 책에서도 이들의 정의를 인용하여 산업시대의 기업가정신을 "새로운 비즈니스 기회를 포착하고 새로운 경쟁 우위를 창출하기 위한 전략적 움직임"으로, 이를 성취하기 위해 필요한 기업가적 지향성을 "위험감수성", "혁신성", 그리고 "진취성"으로 정의한다. 이는 산업화 시대를 넘어 디지털 변혁의 시대와 미래기업가의 기반이 되는 중요한 특성임에는 틀림이 없다.

기존 학자들의 견해를 종합하면, 기존의 기업가정신은 새로운 기회에 대하여 신속한 의사결정과 도전의식을 가지고 위험을 감수하며, 혁신적, 창조적으로 기업의 발전을 책임지기 위한 행동과 태도를 포함하는 개념이다.

표 3-2 기업가정신에 대한 정의

항목	내용
R. Cantillon(1755)	기업가는 생산수단(토지, 노동, 자본)을 통합하여 상품을 판매하고, 경제발전을 담당하는 자이며, 불확실한 가격에 상품을 구입하여 불확실한 가격에 판매함으로써 발생되는 위험을 부담함

J. A. Schumepeter (1942)	기업가는 창조적 파괴를 통하여 새로운 제품 발명, 새로운 생산방법도입, 새로운 시장개척 등의 새로운 결합을 창출하는 사람임. 기업가정신은 혁신적인 활동을 가능하게 하는 기업가의 재능 또는 역량이라고 주장함
H. Stevensons(1983)	통제할 수 있는 자원에 구애받지 않고, 기회를 추구하는 것
J. Timmons	기업가정신은 실질적으로 아무것도 아닌 것으로부터 가치 있는 어떤 것을 만들어 내는 창조적인 행동이며, 현재 보유하고 있는 자원의 부족을 감수하여, 새로운 기회를 추구하며, 비전을 추구함에 있어 다른 사람들을 이끌 열정과 헌신, 계산된 위험을 감수하는 의지를 필요로 함
P. Drucker	기업이란 언제나 변화를 탐색하고, 그것에 대응하며, 이러한 변화를 하나의 새로운 기회로 실천에 옮기는 사람이며, 이것이야말로 기업가정신의 정의임. 기업가정신을 발휘하는 특유의 수단을 혁신이라고 함
EU	위험수용성, 창의성, 혁신성을 새로운 조직이나 기존조직에서 기업경영에 접목함으로써 경제활동을 창출하고 발전시키는 정신 자세와 과정

새로운 시대의 기업가적 지향성을 정의하기 위해 디지털 네이티브 기업의 특징을 분석해 보면, 산업화 시대의 기업가정신이 디지털 기술이 촉발한 디지털 변혁의 시대를 맞아 기존의 지향성을 포함하면서도, 디지털 변혁의 시대환경에 맞는, 차별화된 기업가정신과 디지털 기업가적 지향성으로 진화하고 있다는 것을 확인할 수 있다.

산업화 시대의 창업 동기는 개인적인 성취를 위한 기회의 창출에 머물러 있었지만, 디지털 변혁의 시대에는 시장의 문제를 찾고, 이를 디지털 기술을 통해 해결하는 디지털 사고를 통해 새로운 기회 더불어 가치를 만들어 내는 동기적 요소가 두드러진다. 아울러 미래는 디지털 기술(엔비디아의 에뮬레이션, 디지털 트윈 등)을 활용한 가설과 검증이라는 방법론에 의해 빠르게 실험하고, 실패하는 과정을 통해 성공에 더욱 빠르게 다가갈 수 있다. 여기서 기술적 발전에 대한 가설과 검증도 중요하지만, 시장의 요구에 대한 가설과 검증 역시 매우 중요하다.

마지막으로 성과의 측면에서 볼 때, 산업화 시대의 기업은 대부분 계획에 따라 실행하는 능력을 의미하는 전술적 성과(Tactical Performance)에만 중점을 두었다. 그러나 디지털 변혁의 시대가 가져온 불확실성의 상황에서는 계획을 벗어나 탄력적으로 운용하는 적응적 성과(Adaptive Performance) 역시 마찬가지로 중요하다(Neel Doshi,

Lindsay McGreger, 2015). 또한 산업화 시대의 전술적 성과와 달리 미래에는 기업가가 만들어 내는 사회적 가치, 소비자의 가치, 기업의 가치와 같은 차별화된 동기적 요소를 반영하여 성과를 평가하는 것이 필요하다.

기업가적 지향성에 있어서도 변화가 감지된다. 산업화 시대 기업가정신의 혁신성은 그 내용에 있어 과거 산업시대의 혁신성이 혁신의 방향을 중요시했다면, 디지털 변혁의 시대에서는 방향만큼, 그 속도로 중요하게 고려되고 있다. 이는 클레이튼 크리스텐슨이 파괴적 혁신과 함께 혁신기업의 딜레마에서 제시한, 디지털 기술의 기하급수적 변화 속도에서도 언급되고 있으며, 대부분의 기존 기업들은 이러한 변화의 속도에 적응하지 못한다고 한 것과 일치한다. 클레이튼 크리스텐슨은 등비급수와 기하급수의 예를 들어 변화의 속도를 설명하고 있다.

또한 기존의 산업시대에서 기업가적 진취성은 진취성의 '크기'가 중요했다면, 디지털 변혁의 시대에서는 진취성의 크기와 더불어 '실패를 두려워하지 않는 문화'와, '진취성의 반복적 지속능력'을 중요시하고 있다. 실제로 성공한 네이티브 기업들의 사례로 조사된 성공한 창업자들은 그 경험이 성공적이었든, 실패가 되든 복수의 창업경험을 가지고 있었으며, 그 조직은 실패를 두려워하지 않는 조직문화를 가지고 있었고, 기업의 비전과 동기는 버틸 수 있는 힘과 반복적 지속능력을 강화시킨다.

과거의 위험감수성이 기회의 창출을 위해 계산가능한 위험을 활용하여 기회를 창출했다고 본다면, 디지털 변혁의 시대에는 불확실성에서 출발한 위협에 어떻게 대응하고 관리할 것인가에 기업의 초점이 맞춰지게 된다. 이와 같이 디지털 변혁의 시대에는 위험의 방향성이나 영향력이 다르고, 관리가능한 위험보다는 불확실하고 예측 불가능한 위협에 대한 대응능력이 더욱 필요하다고 볼 수 있다.

AI 혁명과 디지털 변혁을 주도하는 두 가지 주요 동력은 AI와 디지털 기술 자체와 관련 서비스와 진화하는 소비자의 욕구에 반응하는 시장 요구이다. 이 두 가지 힘은 역사적으로 진보를 이끄는 강력한 힘이었지만, 사회를 이끌어가는 데는 본질적인 한계가 있었다(Gregory Unruh, David Kiron, 2017). 따라서 학계와 업계에서는 기존의 기업가정신에 기반하여, 기술에 대한 이해와 활용을 결합하여 AI와 디지털 변혁의 시대에 대응할 수 있는 '디지털 기업가정신'이 출현하였으며, 필자는 이를 발전시켜 AI 와 디지털 변혁과 같은 새로운 변화를 통해 기업의 지속적이고 반복적인 성장을 위한 제도적 구조와 시장의 신뢰, 회복력(Resilience)과 같은 시대의 상황과 목적에 맞는 새로운 가치를 추구하는 '미래기업가'를 제시하고 있다. 또한 미래기업가는 더이상 국가적 성장 아젠다나 동기유발에 머무르지 않고, 미래기업과 미래사회의 생존과 성장을 위한 실천적인 전략으로 발전하고 있다.

AI와 디지털 변혁으로 인하여, 또한 시장과 사회의 요구에 의해 미래사회의 많은 것들이 변하고 있고 기업가정신 역시 시대에 맞게 진화하고 있었다. 하지만 제도적 관점에서 본다면 사회적, 제도적 기반하에 있는 기업가가 사회와 조직의 제도와 구조를 발전, 변화시키고, 이를 통해 지속적인 기업의 성과를 만들어 낼 것이며, 이러한 기업가적 행위와 창조적 파괴는 결국 사회의 제도와 경제를 발전시키는 동력이 될 것이라는 것이다.

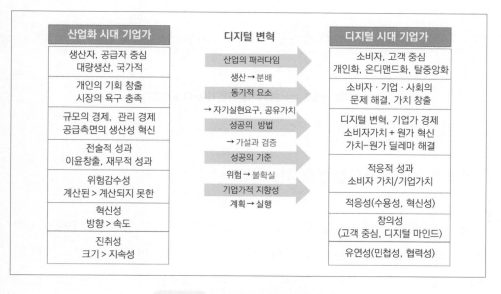

그림 3-1 **기업가와 기업가정신의 진화**

미래기업가는 동기적 요소와 성공의 방법, 기준 등이 산업화 시대의 기업가와 다르다. 디지털 변혁의 불확실성에 대응하고, 새로운 가치를 창출하는 미래기업가로 진화하고 있다.

CHAPTER 02

미래기업가는 누구인가?

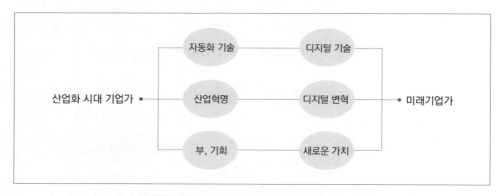

그림 3-2   **산업화 시대 기업가와 미래기업가**

미래의 새로운 가치를 창출하는 기업가

진취적으로 시장의 기회를 찾아 혁신적 기술을 활용하면서 위험을 감수하며 기회를 실현하여 부를 창출하는 것이 산업화 시대의 기업가라면 미래기업가는 불연속적 변화에 대응하며 미래가 요구하는 새로운 가치를 창출하는 기업가이다. 미래기업가는 이와 더불어 소비자의 문제를 찾고, 이를 디지털 기술을 통해 해결하는 디지털 사고를 통해, 새로운 기회와 더불어 새로운 가치를 만들어 내는 동기적 요소를 가진다. 아울러 디지털 기술을 활용한 가설과 검증이라는 방법론에 의해 빠르게 실험하고,

실패하는 과정을 통해 그들이 추구하는 성공에 더욱 빠르게 다가갈 수 있다. 기술적 발전에 대한 가설과 검증도 중요하지만, 시장의 요구에 대한 가설과 검증을 통해 미래의 새로운 가치를 만들어 내는 것이 미래기업가의 목표이다.

따라서 성과의 측면에서 미래기업가는 사회적 가치, 소비자의 가치, 기업의 가치와 같은 미래가 요구하는 차별화된 성과를 추구하고, 디지털 변혁의 시대가 가져온 불확실성의 상황에서 계획을 벗어나 탄력적으로 운용하는 적응성으로 미래 사회와 미래기업을 위한 새로운 가치를 창출하며, 이를 디지털 시대의 방법으로 제도화하여 장기적인 성공에 기여하게 된다.

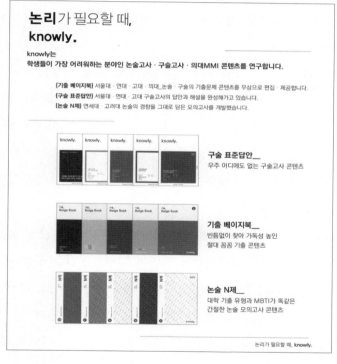

출처: knowly.kr

그림 3-3   논리가 필요할 때

논리는 입시구조의 불평등을 디지털 기술을 통해 해결한다는 동기를 가지고 있다. 크라우드 소싱 기반의 콘텐츠 크리에이터 조직과 보상제도를 운영하며, 목표고객층을 위한 세련된 로컬리티 문화를 가지고, 개성 넘치는 개인화 서비스를 제공한다.

AI 혁명과 디지털 변혁 시대의 불확실성을 극복하는 기업가

미래기업가는 AI 혁명과 디지털 변혁 시대의 기술과 사회, 경제적 변혁으로 인한 예측 불가능한 상황과 불확실성을 극복하고, 이를 기업의 생존과 성장을 위한 기회로 활용하는 기업가이다. 미래기업가는 새로운 용어이며, 특별히 정의된 바는 없다. 하지만 우리는 그 원형을 '디지털 기업가정신'에서 찾을 수 있으며, 디지털 기업가정신을 기반으로 미래의 시대정신을 포함하여 미래기업가를 정의할 수 있다.

디지털 기업가정신의 선구자인 남비산(2017)은 새로운 디지털 기술들의 등장이 기업 프로세스 및 결과에 내장된 불확실성의 본질과 그러한 불확실성을 다루는 방법을 변화시켰기 때문에 디지털 기업가에 대한 새로운 개념이 필요하다고 하였다. 또한 동일한 맥락에서 김용진 교수(2020)는 디지털 기업가정신을 기업가정신과 디지털 기술에 대한 이해의 결합으로 정의한바 있다. 우리는 현재 디지털 변혁 시대의 기업가정신을 "디지털 기업가정신"이라고 부르고, 기존의 기업가정신과 차이가 있다는 것을 알고 있다. 그러나 "디지털 기업가정신" 연구는 여전히 디지털 역량과의 단순 결합으로 이해되거나, 디지털 비지니스를 위한 기업가정신으로 이해하는 경우도 있으며, 피상적, 이론적으로, 디지털화를 추동하는 요인을 단편적으로 열거하여, 개념적 혼란을 초래하는 경우도 있다.

실제로 디지털 기업가정신에 대해서는 다양한 정의와 견해가 존재한다. 하지만 미래기업가에서는 디지털 기업가정신이 기존의 기업가정신을 포괄하면서, 디지털 변혁의 시대에 적합한 새로운 가치창출, 디지털 제품이나 서비스, 디지털 업무환경, 디지털 시장 등 디지털적 요소를 포함해야 한다는 디지털 기업가정신 연구자인 헐(2007)의 견해와 "디지털 변혁은 기업가들에게 새로운 형태의 기업가정신을 요구한다."라는 학자들의 견해를 수용하고, AI 혁명, 디지털 변혁과 관련한 기업가정신에 대한 다양한 견해를 종합하여 미래기업가를 '불확실한 AI와 디지털 변혁의 시대에 기업의 생존과 성장에 필요한 새로운 기업가정신의 유형'으로 우선 정의하고자 한다.

이어서, 최근 디지털 기업가정신의 정의로 가장 많이 인용되고 있는 "디지털 상품(제품과 서비스), 디지털 인프라, 디지털 플랫폼 또는 이들의 조합에 기반한 새로운 비즈니스 모델을 포함하여, 새로운 가치를 창출하는 디지털 기술관점의 기업가정신(Nambisan, 2017)", "정보의 효과적인 취득, 가공, 유통, 소비를 지원하기 위해 다양한 소시오 테크놀로지 디지털 사용자들을 통한 디지털 가치의 기업가적 창조과정(Sahut et al, 2019)", "디지털 기술에 대한 이해를 바탕으로, 새로운 사업기회를 발굴하고, 혁신을 통해 이를 실현하는 것(김아현, 김용진; 2021, 디지털 기업가정신과 기업성과)" 등의 정의와 "디지털 기업가정신은 디지털 변혁의 불확실성에 대응하는, 디지털 사고에 기반한 혁신 의지이며, 기업과 개인, 사회의 문제를 이해하고, 해결하는 소비자 중심의 비지니스 모델로의 혁신이다, 디지털 기술을 통해서 가치와 원가의 딜레마를 해결하는 것이며, 전통적인 기업가정신과 디지털 기술에 대한 이해의 혼합이다(김용진, 2020)." 등의 디지털 기업가정신에 대한 정의와 관련된 연구들을 종합하여, AI 혁명과 디지털 변혁으로 인해 생겨나는 새로운 기회를 포착하고, 혁신을 통해 새로운 시대가 요구하는 가치를 만들어내는 성향과 행위를 포함한 과정을 미래기업가정신으로 정의하고자 한다.

또한 미래기업가는 기존 디지털 기업가에 대한 정의를 활용하여 "전통적 기업가정신과 AI를 포함한 디지털 기술에 대한 이해의 결합으로 새로운 사업기회를 발굴하고, 혁신을 통해 이를 실현하여, 불확실한 AI 혁명과 디지털 변혁의 새로운 시대인 미래사회와 기업의 생존과 성장에 필요한 가치를 창출하는 새로운 기업가 유형"으로 정리될 수 있다.

표 3-3 디지털 기업가정신의 정의

출처	내용
Hull et al (2007)	기업가정신의 하위 카테고리, 기존의 기업가정신을 포괄하면서, 디지털 변혁의 시대에 적합한 새로운 가치 창출, 디지털 제품이나 서비스, 업무환경, 시장 등 디지털적 요소를 포함해야 함
Davison and Baast (2010)	디지털 미디어와 정보기술의 사용, 커뮤니케이션 기술 사용을 기반으로 기회를 추구하는 성향

Bogdanowicz (2015)	새로운 ICT 혹은 연관 제품, 프로세스, 시장에서 확인 가능한 경제활동을 확장/창조하고, 이것을 통해 가치창출을 추구하는 진취적인 활동
EU Commission (2015)	새로운 디지털 기술을 만들어 사용함으로써, 경제적 또는 사회적 가치를 창출하는 창업 및 이러한 변화를 수용하는 정신
Anckar (2016)	디지털화(디지털 지식, 디지털 비즈니스 환경, 재무적 접근, 디지털 기술과 e - 리더십, 기업가적 환경)과 기업가정신
Giones and Berm (2017)	디지털 Artfacts, 플랫폼, 정보 인프라를 기반으로 창출되고 추구되는 기업가적 기회
Nambisan (2017)	디지털 재화나 서비스, 디지털 유통, 디지털 직장, 디지털 시장 또는 이들의 일부조합에 기반한 새로운 비즈니스 모델을 포함하여 새로운 가치를 창출하는 정신
Le Dinh, Vu, and Ayayi (2018)	디지털 시대에 비즈니스를 창출하고 수행하는 새로운 방식과 전통적인 기업가정신을 조화시킨 것
Sahut et al (2019)	디지털 정보의 효과적인 취득, 가공, 유통, 소비를 지원하기 위해 다양한 소시오 테크놀러지 디지털 사용자들을 통한 디지털 가치의 기업가적 창조 과정
Jalan and Gupta (2020)	새로운 사업과 디지털 기술을 창조하고 활용함으로써 기존 사업과 다른 변화
Kim et al (2021)	전통적인 기업가정신과 디지털 기술에 대한 이해의 혼합. 기존의 기업가정신에 디지털 기술의 특성을 이해하고, 활용할 수 있는 역량
김아현 (2021)	디지털 기술에 대한 이해와 활용 역량을 기반으로 새로운 사업기회를 발굴하고 혁신을 통해 이를 실현하는 것
ChatGPT (2023)	기업이 디지털 기술과 혁신을 중심으로 비즈니스를 전개하고, 민첩하게 변화에 대응하며 고객 중심의 접근을 채택하는 경영 철학 및 전략. 기존의 비즈니스 모델과 프로세스를 디지털 기술과 혁신을 통해 개선하고, 새로운 비즈니스 기회를 창출하려는 의지와 방향성을 반영

CHAPTER 03

미래기업가의 지향성
(Entrepreneurial Orientation)

미래기업가가 AI 혁명과 디지털 변혁의 시대에 필요한 기업가정신으로, 기술의 활용 역량을 넘어서, 불확실한 AI와 디지털 변혁의 시대에 기업의 생존과 성장에 필요한 가치를 창출하는 새로운 기업가 유형이라면, 새로운 시대가 가진 특징을 중심으로, 미래기업가의 핵심요소인 지향성도 재정의되어야 한다. 기업가적 지향성 연구의 주요 초점이 전통적인 산업구조와 경제 상황에서 기업가 추구의 기반이 되는 불확실성의 본질과 출처, 그리고 이러한 불확실성 하에서 기업가의 행동이 전개되는 방식을 이해하는 데 있는 것과 같이(McKelvie, Haynie, and Gustavsson, 2011; Nambisan, 2017; Schumpeter, 1934), 미래기업가의 지향성의 연구에서도 AI 혁명과 디지털 변혁으로 인한 불확실성이 가속화되고 있는 상황에서 새로운 시대에서 다루어야 할 불확실성의 본질과 출처를 밝히고, 기업의 대응 및 전개 방식을 새로운 가치 창출의 관점에서 이해하는 것은 현 시점에서 중요한 연구과제가 된다.

디지털 기업가정신 이론에서 "디지털 기업가정신의 핵심요소는 수용성, 디지털 사고, 협력성과 기존의 위험감수, 혁신성, 진취성을 포함한다(김아현 2021).", "디지털 기업가정신의 6가지 차원을 3가지 적응성, 유연성, 창의성으로 정리할 수 있다(김용진, 2020)." 이와 같은 디지털 변혁 시대의 기업가적 성향의 핵심요소가 디지털 기업가적 지향성이 된다. 이는 조직이 디지털 변혁을 수용하고, 변화하는 디지털 환경에 적응하기 위해 채택하는 전략적 마인드와 접근 방식이며, 조직의 전략적 전체적 통합에 디지털 요소를 통합하는 것을 포함하여 문화, 구조 및 프로세스의 변화를 필요로 한다(김용진, 2020). 즉 미래기업가정신이 새로운 시대의 가치를 만들기 위해 디지털 기술을 통한 창업, 제품 또는 서비스를 만들고 개발하는 적극적인 과정을 의미한다면, 미래기업가의 지향성은 디지털 변혁을 수용하고 변화하는 미래 환경에 적응하기 위해 미래기업가가 취하는 전략적 전망과 행동을 의미한다(윤보성, 2022).

이 책에서는 지금까지의 학자들의 미래기업가에 대한 연구, 즉 AI 및 디지털 기업가적 지향성에 대한 다양한 제안과 최신 연구인 변충규, 박종복(2022)의 디지털 기업가정신의 구성요인에 관한 메타연구와, 이윤준 STEPI(2017)의 디지털 시대에 요구되는 디지털 기업가적 지향성에 관련된 선행연구 등을 분석하여 미래기업가의 지향성들의 '중요성'을 평가하고, 아울러 이 책에서 제시한 디지털 네이티브 기업의 사례들이 가진 기업가적 지향성을 정리하여, '시대성'을 보완함으로써, 불확실을 특징으로 하는 AI와 디지털 변혁의 시대에 성공하는 기업가들이 갖춰야 할 세 가지 미래기업가의 지향성을 정리하였다.

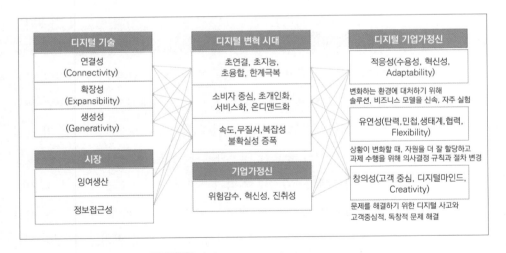

그림 3-4 미래기업가의 지향성 도출(시대성)

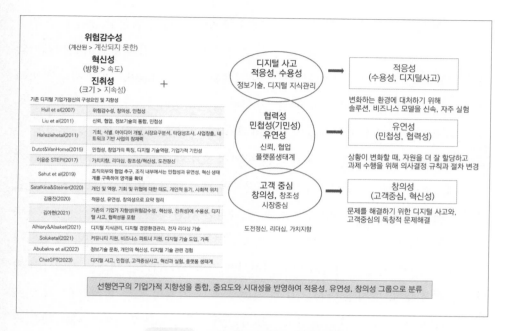

그림 3-5　미래기업가의 지향성 도출(중요성)

　기존 디지털 기업가정신에 대한 연구는 연구자의 시각에 따라 다양한 지향성을 제시하고 있으며, 지향성과 기술역량은 구분하고 있으나, 아직 표준적이고 규범적인 지향성에 대한 정의는 없는 상황이다. 오히려 디지털 변혁의 시대에는 시대와 상황의 맥락에 따라, 빠르고 민첩하게 지향성도 변화되어야 한다는 의견을 수용하고, 다양한 선행연구를 존중하고, 포용하여, 김용진(2020)이 제시한 세 가지 디지털 지향성의 범주를 기반으로 다양한 지향성을 포함하되, 선행연구자들의 의견을 반영하여 중요성을 평가하고 AI 기술 및 디지털 기술과 변혁의 시대성을 반영한 세 가지 지향성을 제시하였다. 첫째, AI 혁명과 디지털 변혁의 시대에 변화하는 환경에 대처하기 위해 솔루션, 비즈니스 모델을 빠르게 반복적으로 실험하고, 끊임없이 새로운 시도를 하는 '적응성 범주', 둘째, 상황이 변화할 때, 자원을 더 잘 할당하고 과제 수행을 위해 의사결정 규칙과 절차 변경할 수 있는 '유연성 범주', 셋째 문제를 해결하기 위한 디지털 사고와 고객 중심의 독창적 문제해결로 불확실성을 기회로 만들 수 있는 '창의성 범주'로 구분하였으며, 적응성 측면의 수용성, 디지털 마인드, AI 및 디지털 역

량, 유연성 측면의 민첩성, 협력성, 생태계, 창의성에 포함된 혁신성 등이 다수 검색
되었으나, 이를 포함하여 적응성, 유연성, 창의성의 세 가지 지향성 범주로 미래기업
가의 지향성을 정리하고, 이를 연구모델에 적용하여, AI와 디지털 변혁 시대의 미래
기업가와 성과의 인과관계를 확인하는 연구를 수행하였다.

도출된 미래기업가의 지향성은 연구자에 따라 다양한 각도와 용어로 분석될 수
있겠으나, 새로운 시대에는 과거와 다른 동기적 요소와 가설과 검증의 방법론을 가
진 미래기업가정신이, AI 혁명과 디지털 변혁의 과정을 거치면서, 새로운 시대에 요
구되는 새로운 기업가적 지향성을 통해, 지속적인 기업 성과에 영향을 미치고 새로
운 가치를 창출할 수 있다는 것을 확인하고 설명하기 위한 연구모델이며, 나아가 새
로운 시대에 지속가능한 기업이 되기 위해서는 기업가가 이러한 새로운 기업가적 지
향성을 활용하여, 디지털 변혁 시대에 맞는 사회과 기업의 조직 형태, 제도적 인프
라, 조직문화, 시스템 등을 고유하고 차별화된 제도적 구조로 만들어 간다는 것을 확
인할 수 있었다.

표 3-4 기존 디지털 기업가정신의 구성요인 및 지향성

Hull et al(2007)	위험감수성, 창의성, 민첩성
Liu et al(2011)	신뢰, 협업, 정보기술의 통합, 민첩성
Hafezieh et al(2011)	기회, 식별, 아이디어 개발, 시장요구분석, 타당성조사, 사업창출, 네트워크 기반 사업의 잠재력
Dutot&Van Home(2015)	민첩성, 창업가의 특징, 디지털 기술역량, 기업가적 기민성
이윤준 STEPI(2017)	가치지향, 리더십, 창조성/혁신성, 도전정신
Sahut et al(2019)	조직외부와 협업 추구, 조직 내부에서는 민첩성과 유연성, 혁신 생태계를 구축하여 영역을 확대
Satalkina&Steiner(2020)	개인 및 역량, 기회 및 위협에 대한 태도, 개인적 동기, 사회적 위치
김용진(2020)	적응성, 유연성, 창의성으로 요약 정리
김아현(2021)	기존의 기업가 지향성(위험감수성, 혁신성, 진취성)에 수용성, 디지털 사고, 협력성을 포함

Alhiary&Alsaket(2021)	디지털 지식관리, 디지털 경영환경관리, 전자 리더십 기술
Soluk et al(2021)	커뮤니티 지원, 비즈니스 파트너 지원, 디지털 기술 도입, 가족
Abubakre et al(2022)	정보기술 문화, 개인의 혁신성, 디지털 기술 관련 경험
ChatGPT(2023)	디지털 사고, 민첩성, 고객중심사고, 혁신과 실험, 플랫폼 생태계

미래기업가의 적응성 - Adaptability

첫 번째 미래기업가적 지향성으로 적응성은 변화하는 환경에 대처하기 위해 솔루션과 비즈니스 모델을 빠르고 반복적으로 실험하고 적용하는 것이다(김용진, 2020). 대표적인 사례는 독일기업인 지멘스의 스마트팩토리와 아디다스의 스피드 팩토리이다. '4차 산업혁명'이라는 디지털 변혁의 시대에 제조업이 가야 할 방향성을 선제적으로 제시했다. 또한 소비자 중심과 디지털 기술의 한계를 극복하는 초연결성의 관점에서 제조업에서 디지털 변혁이 가치-원가 딜레마를 해결하여 소비자와 기업의 가치를 창출하기 위해 무엇을 해결해야 할지에 대한 조직적 적응성의 사례이다.

기업가적 지향성 중 적응성의 부족으로 인한 많은 실패 사례는 디지털 변혁의 시대 적응하지 못하고 사라져간 많은 기업의 생존에 관한 것으로 디지털 변혁 시대의 기업에게 교훈을 준다. 디지털 카메라의 뛰어난 기술력을 가지고 있었지만, 기존의 성공으로 인해 시장의 기회를 포착하고도 활용하지 못한 코닥의 사례와 크리스마스를 호령했던 미국의 대형백화점 체인, 유통 공룡들인 JC Penny, Sears, Macy's가 아마존이 몰고온 온라인 커머스의 물결에 휩쓸려, 과거의 사고를 버리지 못하고 맥없이 파산하게 된 사례, 또한 한때 장난감 왕국으로 아마존에 저항했던 오프라인 매장 Toy's "R"Us도 파산의 과정을 거쳤으며, 모토롤라, 노키아와 같은 한때 최첨단 모바일기기 제조의 선두였던 기업들조차도 새로운 기술과 사회적 요구에 대한 적응의 실패 사례이다. 이들은 과거의 엄청난 성공으로 업계의 선두에 있었던 기업들로, 기술력이 부족하거나 역량이 부족한 기업들이 아니다. 다만 이들의 실패가 기업가적 지향성의 문제인지, 조직의 제도와 구조의 문제인지는 검토해 볼 필요가 있다.

　반대로 빠른 기업가적 적응능력으로 시장을 파괴적으로 혁신하는 성공을 이룬 수 많은 디지털 네이티브 기업들이 존재한다. 그리고 그들 사이에서 살아남은 대기업도 존재한다. 토요타에 이어 일본의 시가총액 2위의 괴물기업 키엔스의 창업가 다키자 키 다케미츠 회장은 "화석이 되지 말자."라고 직원들에게 끊임없이 강조한다. 1972 년 창업한 키엔스가 디지털 네이티브 기업들 사이에서 생존하고, 지속적 성장하는 비결은 창업자의 적응성도 중요하지만, 변화하고 끊임없이 진화하는 기업의 시스템 이다. 위에서 언급된 어떠한 기업도 스스로가 화석이 될 것이라고 생각한 기업은 없 었을 것이다. 키엔스와 같은 대규모 조직은 디지털 혁신(기술혁신)을 추구하기 위해 서 최고경영자가 유능한 인력과 정교한 경영시스템을 가지고, 시스템적으로 또한 조 직적으로 기업가정신을 양성함으로써 환경의 변화에 대응해 나간다. 그러나 스타트 업과 같은 소규모 기업의 경우는 최고경영자나 소수 경영자들의 성향, 경험 및 능력 에 의해 조직이 운영되는 경향이 있다. 그러므로 스타트업의 경영자는 조직의 구성 원들보다 뛰어난 능력이 요구되고, 특히 불확실한 상황에 대해 진취적이고 위험을 감수할 수 있는 기업가적 성향이 필요한데, 이것이 디지털 변혁의 시대에 유연성이 다. 다만 기업이 지속적인 성장과 성공으로 가기 위해서는 이러한 기업가적 지향성 이 제도화되어 기업 고유의 제도적 구조로 자리 잡는 것이 중요하다.

　적응성은 슘페터가 주장한 '창조적 파괴' 및 클레이튼 크리스텐슨의 '파괴적 혁 신'과 결을 같이한다. 철도가 나오면서 농업이 죽고, 도시화가 되면서 산업이 바뀌는 거시적인 관점으로, 이는 산업적 차원에서 영향을 주고 받는 것이지만, 지금의 디지 털 변혁 시대에도 적용된다. 우리가 알고 있는 '일반상품화(Commoditization)'는 기술 의 범용화와 대량생산으로 교환 가치가 떨어지는 것이다. 디지털 변혁에서도 기존 기술, 상품, 비지니스 모델이 범용화되면, 즉 누구나 만들게 되면 교환가치가 가치가 떨어진다. 예를 들면 미디어 시장에서의 지상파 방송은 독점의 상태에서 존재했지 만, 새로운 기술을 가지고 나타난 새로운 매체가 지상파 방송을 일반 상품화시킨 것 이다. 슘페터에 의하면 자본주의 경제는 '창조적 파괴'를 통해서 발전해 왔으며, 이러한 창조적 파괴는 디지털 변혁의 시대에 더욱 빠르고 파괴적으로 진행되므로 미래기업가에게 적응성은 생존을 위한 지향성이며, 새로운 형태의 성장을 위한 기회가 된다.

그림 3-6   **캘리포니아주 마운틴뷰에 있는 구글의 공룡 화석**

"화석이 되지 말자."

미래기업가의 유연성 - Flexibility

상황이 변화할 때, 가설이 오류가 있었다는 것이 확인되었을 때, 이를 빠르게 인지하고, 자원을 더 잘 할당하고 과제를 수행하기 위해, 의사결정의 규칙과 절차를 변경하는 것이 미래기업가의 유연성이다. 디지털 변혁의 시대에 불확실성의 극복을 위해 우리는 '혁신의 속도'에 주목할 필요가 있다. 클레이튼 그리스텐슨은 산업화 시대의 속도와 디지털 변혁 시대의 속도를 등비급수와 기하급수의 차이로 설명했는데, 디지털 기업가정신은 빠르게 방향을 바꾸는 능력, 민첩성을 요구한다. 즉, 과거의 기업가정신과 가장 큰 차이는 변화의 속도를 따라잡을 유연성이다. 이는 또한 실패한 스타트업 기업들이 맞이하는 예측할 수 없었던 위기를 극복하는 조직의 힘이기도 하다. 예측할 수 없는 위기는 디지털 변혁의 사회에서는 너무도 자연스러운 현상이다. 혁신적 기술력을 가지고 시장의 절대적 신뢰를 받고 있었지만, 스스로의 성취에 조직적 적응성을 확보하지 못하고, 시장의 기술적 추세를 외면했던, 코닥, 소니, 도시바, 닌텐도 등은 기술력이 부족했던 기업들이 아니었다. 외부적 위기를 극복하는 과정과 의사결정 및 자원활용, 프로세스상의 유연성은 디지털 변혁 시대의 기업가적 지향성으로 기업의 성공에 밀접한 관련을 보여주고 있다.

스타트업과 같은 소규모 기업의 경우는 최고경영자나 소수 경영자들의 성향, 경험 및 능력에 의해 조직이 운영되면서 빠르고 유연한 의사 결정이 가능한 경향이 있다. 또한 스타트업의 경영자는 조직의 구성원들보다 더욱더 빠르고 유연한 의사결정 능력이 요구되고, 특히 불확실한 상황에 대해 진취적이고 위험을 감수할 수 있는 기업가적 성향을 가지고 있다. 이것이 디지털 변혁의 시대에 유연성이다. 다만 기업이 스타트업을 넘어 스케일업으로 지속적인 성장과 성공으로 가기 위해서는 이러한 기업가적 지향성이 제도화되어 기업 고유의 제도적 구조로 자리잡는 것이 중요하다.

기존의 성공한 기업이 가진 규모와 관성은 유연성 측면에서 디지털 혁신을 방해한다. 클레이튼 크리스텐슨이 '혁신기업의 딜레마'에서 언급한 파괴적 혁신과 존속적 혁신과 관련된 문제이다. 존속적인 혁신을 벗어나서 파괴적인 혁신을 구하는 기존기업은 다양한 조직적 변화를 시도해야 한다. '헤비웨이트 팀'이라고 하는 기존 조직과 문화에서 독립된 별도의 혁신팀을 구성하기도 하고, 구글, 시스코처럼 사내 벤처 문화를 장려하는 '내부 기업가 제도', M&A, 분사, 등 다양한 방식으로 유연성을 확보하고 있다. 하지만 이러한 이미 성공한 기업에서 스스로를 파괴할 파괴적 혁신을 만들어 내는 것이 얼마나 어려운지는 과거 성공한 기업의 혁신을 시도해 본 경험을 가진 경영자들은 잘 이해할 것이다.

한편으로 디지털 변혁의 시대에 간과해서는 안 될 중요한 제도적 구조 중 하나는 산업생태계의 구조이다. 디지털 변혁의 시대에는 기업 내부뿐 아니라 산업생태계 역시 수평적이고 협력적이며, 자원, 플랫폼 등을 중심으로 혁신과 협력이 공존하는 구조로, 산업 생태계의 재구성, 구조화, 협력 등의 유연성을 포함하는 지향성을 의미한다. 이러한 유연성은 디지털 변혁의 시대에 불확실성을 극복하기 위해 절대적으로 필요한 기업가적 지향성이다. 그러나 이러한 미래기업가의 유연성이 고유의 제도적 구조로 자리잡을 때, 미래기업은 지속가능한 성장으로 이어질 수 있다.

미래기업가의 창의성 - Creativity

 고객의 문제를 해결하기 위한 독창적인 해결책을 제시하는 능력인 창의성은 모방, 무한경쟁과 같은 디지털 변혁의 불확실한 상황에서, 차별화된 기술, 비즈니스 모델과 역량을 확보하는 것으로, 기존의 기업가정신의 지향성 중 하나였던 혁신성을 포함하고 있으며, 미래기업가의 중요한 지향성이 된다. 스타트업이라 하더라도 기업가가 모든 상품과 서비스와 비즈니스 모델과 프로세스, 자원, 협력 등에 관한 일들에 대해 창의적인 아이디어를 제시하고 실행하는 것은 불가능하다. 중요한 것은 지속적, 반복적 성과를 창출하기 위한 구조를 만들기 위해서는 이러한 창의성이 지속적으로 발현될 수 있는 고객 중심적 사고나 실패를 두려워하지 않는 조직문화, 보상제도가 반드시 필요하다.

 미래기업가는 기술뿐 아니라, 기술이 가져온 사회적 변화, 초개인화, 조직적 집단적 소비자 주도 현상과 같은 사회적 변화를 이해해야 하고, 디지털 기술의 혁신이나, 단순한 디지털화에서 머무르는 것이 아닌, 디지털 기술의 특성이 가져온 사회적 변화에 창의적인 아이디어와 비즈니스 모델을 더해야만 새로운 시대의 지속가능한 성과를 만들 수 있다.

 슘페터의 창조적 파괴, 김위찬&르네의 블루오션과, 비파괴적인 혁신(Beyond Disruption) 등은 모두 창의성과 시장의 새로운 정의, 고객의 새로운 니즈에 대한 이해에서 출발한다. 1세대 디지털 기업인 페이팔의 공동 창업자 피터틸이 '제로투원'에서 제로투원과 원투엔을 구분했던 기준은 슘페터의 '창조적 파괴(Creative Destruction)' 와도 결을 같이 한다. 이러한 독창적인 사고와 비지니스만이 디지털 변혁의 시대에 서 산업의 파괴를 일으키고, 생존할 수 있는 능력임을 강조하고 있다.

AI의 시대에는 창발(創發)이란 용어가 더욱 적절할 수도 있다. 창발이란 각각의 구성요소로는 상상할 수 없는 새로운 특성이나 행동이 전체적으로 펼쳐지는 것을 의 미한다. 창발적 사고는 새로운 아이디어나 해결책이 자연스럽게 떠오르는 과정으로 창 의성과 혁신적 사고와 관련이 깊다. 무의식적으로 다양한 정보와 경험을 조합하여 새로운 통찰력을 얻게 되는 과정은 불연속적이고, 비선형적이며, 예상치 못한 결과 를 가져올 수 있고, 융합적 사고와 창조적 발견으로 이어지기도 한다. 예를 들어 폴 라로이드 카메라의 발명으로 인한 인스턴트 카메라의 발전, 곰팡이가 주변의 박테리 아를 죽이는 것을 보고 발견한 항생제인 페니실린, 3M의 실패한 접착제 실험에서 나 온 포스트잇 등이 대표적인 창발적 사고와 발견에 해당된다.

이상의 세 가지 미래기업가적 지향성은 디지털 변혁이 가져온 불확실성을 극복하 기 위한 것이며, 새로운 시대의 기업가정신은 이러한 변화와 불확실성을 받아들이 고, 상황에 적응하여 창의적이며 적극적으로 변화해야 하는 것에 초점을 두어야 한 다. 미래기업가는 이러한 불확실성과 변화에 익숙하고 능숙하게 대처하는 기업가이 다. 이러한 미래기업가적 지향성을 기업가의 역량이 아닌 조직의 역량, 문화, 제도적 구조로 확보한 기업만이 장기적이고 지속적으로 성장하고 발전할 수 있다.

│ 기업가적 지향성과 기업 성과의 연관성

기업가적 지향성은 조직 수준의 기업가정신을 파악하기 위해 1980년대 제시되 어, 개념적으로 독자적 영역을 구축하고 있는 연구 분야로, 특히 기업가정신의 연구 경향에 있어서 기업가정신과 관련된 많은 연구에서 연구자들이 관심을 가지는 부분 인 기업가적 지향성과 기업 성과와의 관계를 설명하는 데 많이 활용된다. 그런데 "성공한 기업가들의 특성을 종합한 기업가적 지향성이 기업 성과에 긍정적인 영향을 미친다."라는 너무도 당연해보이는 명제에 대한 연구들 중에서, 기업가적 지향성과 기업성과 간에 선형적 양의 성과 효과를 종합적으로 파악하여 인과관계를 설명한 연구는 찾기 힘들었다. 즉 기업가적 지향성이 파괴적 혁신에 영향을 준다거나, 중간성과물에 영향을 준다는 것에 대한 연구 결과가 대부분이다. 즉 기업가적 지향성인 혁신성, 진취성, 위험감수성이 기업 성과에 영향을 미치지만 직접적인 인과관계를 종합적으로 설명하고 있지는 못한다는 것이다.

디지털 기업가정신도 성과에 양의 성과 효과를 보인다고 알려져 있지만 그 내용을 보면 선형적 관계를 동적역량이나, 디지털 변혁 등과 같은 상황적 변수를 적용하여 설명하고 있다. 또 한 가지 의문은 이 책에서 사례로 채택된 많은 기업 중에는 실패한 기업도 상당한 디지털 기업가적 지향성 보유했던 경우가 대부분이었으며, 오히려 높은 디지털 기업가적 지향성을 가진 기업이 특정기준 이상의 성장을 하게 되었을 경우 어려움을 겪는 경우가 있었는데, 잘 알고 있는 일론 머스크의 지나친(?) 미래 기업가적 성향으로 인한 테슬라의 미래에 대한 불신, 중국 최고의 디지털 기업가로 불리는 마윈의 높은 기업가정신과 앤트그룹의 상장실패 등이 대표적인 사례이다.

다양한 학자들이 실증적인 연구를 통해서 기업가적 지향성과 성과효과의 선형성을 주장했다. 대표적으로 Wiklund(1999)는 132개의 스웨덴 벤처기업을 표본으로 하여, 기업가적 지향성의 성과 효과의 존재여부와 효과의 지속성을 중심으로 분석하였으며, 이 분석결과는 기업가적 지향성과 경영성과는 선형적인 관계를 보였고, 성과효과는 연구자들이 관찰 기간인 2년에 걸쳐 나타났다. Lee, Lee, Pennings(2001)의 연구에서는 137개의 우리나라 벤처기업을 대상으로, 자원기반 관점의 논리에 근거하여 기업가적 지향성과 경영성과의 양의 성과효과를 보고하였다. 디지털 기업가정신과 성과 효과에 대해서도 김아현(2020)은 우리나라 115명의 창업자를 대상으로 한 연구에서 양의 성과 효과가 있다고 제시한 바 있다. 이어서 기업가적 지향성에 대한 최근 연구들은 기업가적 지향성의 양의 성과 효과가 디지털 변혁이나 전략과 같은 상황 조건에 따라 달라질 수 있다는 논의를 제공한다.

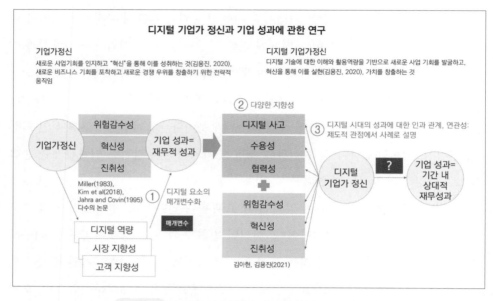

그림 3-7 기업가적 지향성과 성과 효과의 비선형적 관계

기업가적 지향성과 성과의 비선형적 관계

기업가적 지향성의 성과 효과가 단순한 선형 관계가 아니라 비선형적인 관계가 나타날 수 있다는 주장도 존재한다(윤현중, 2014; Tang et al., 2008). 기업가적 지향성과 경영성과 간의 비선형적인 관계를 보고한 대표적인 연구인 Tang의 2008년 연구는 중국과 같은 성장국가의 기업들의 경우에 자본주의에 대한 경험이 많지 않고, 정부의 규제나, 관계 문화 등 제도적 제약으로 인하여 기업가적 성향이 성과로 실현되지 않기 때문에, 기업가적 지향성은 항상 양의 성과효과를 미치는 것이 아니라, 일정한 수준 이상에서는 음의 성과효과를 가져올 수 있다고 주장했다. 두 번째, Tang, Tang(2010)의 연구는 일정 규모 이상의 기업에서 경영성과에 부정적인 영향을 미친다는 결과와 함께, 경영전략이 기업가적 지향성과 경영성과 간의 관계를 강화시키는 역할을 한다는 분석결과를 제시했다.

비선형적 관계의 대표적인 사례가 중국의 앤트그룹, 알리클라우드와 디디추싱 등 중국 기업의 실패 사례이며, 이는 기업가정신이 발현수준이 매우 높은 경우, 경영성과에 비선형적 관계를 보이는 경우이다. 예를 들어 마윈은 중국인에게는 스티브 잡스와 같은 존재이다. 세계 최대 전자상거래 기업 알리바바는 중국 전역에 QR 코드 결제를 퍼트렸으며, 아마존과 같은 온라인 유통혁신도 마윈의 작품으로 알리바바를 미국에 상장시키면서 성공한 기업인으로, 중국 혁신의 아이콘으로 기업가정신의 대표적 인물이 되었다. 그러나 그의 혁신성과 진취성의 발현수준은 특정시점 이후 중국정부를 불편하게 했다. "좋은 혁신가들은 감독을 두려워하지 않지만, 뒤떨어진 감독을 두려워한다. 미래의 시합은 혁신의 시합이어야지 감독 당국의 기능 경연 시합이어서는 안 된다. 중국 은행들의 저당을 잡는 전당포식 사고방식은 향후 30년 세계 발전에 필요한 금융을 뒷받침할 수 없다." 이러한 발언 이후 마윈은 앤트그룹의 상장을 연기하고 잠적하였으며, 경영권을 상실하였다. 중국이니까 예외라고 하기에 중국이 전 세계 경제에서 차지하는 비중이 지나치게 성장하였다. 중국 기업의 경우에는 기업가적 지향성과 중국 정부의 지원으로 중국시장을 기반으로 급격한 성장을 이루어냈으나, 오히려 기업가적 지향성과 정부의 규제와의 마찰로 인하여 성장이 중단될 수 있다. 또한 이러한 불확실성은 시장의 신뢰를 빼앗고, 동요로 이어질 수 있다.

　중국 이외에서도 이러한 사례는 어렵지 않게 발견할 수 있다. 마윈의 알리바바에 투자하여 큰 수익을 만든 소프트뱅크와 비전펀드의 손정의 역시 기업가정신의 전형적인 인물이다. 전체적으로 그가 이러한 투자로 인해 부를 창출한 것은 사실이지만, 투자의 확률로만 본다면, 그는 절대로 높은 성공확률을 가지고 있지 않다. 최근의 투자실패로 우리가 알고 있는 위워크, 줌피자 등은 그의 대표적인 실패 사례들이다. 멀리 볼 것 없이 여러분이 일하는 기업의 창업자들을 객관적으로 평가해보라. 대부분의 성공한 창업주들은 과거 자신의 성공의 신화와 방식에 도취되어 디지털 변혁의 시대에 객관적인 의사결정이 어렵다.

　미래기업에 있어서도 초기의 성공을 위해 기업가적 지향성과 기업가의 역할은 절대적이다. 하지만 지속적인 성장과 발전이라는 관점에서 본다면 기업가의 지향성으로 인한 직접적 성과보다는 기업가가 창조한 제조적 구조에 의한 조직의 실행역량의 중요성이 더욱 커진다. 또한 기업가정신과 지향성은 기업의 성공을 위한 필요조건이지만 필요충분조건이 될 수는 없다. 또한 지나친 기업가적 지향성이 변화에 대한 적응능력을 약화시킬 수도 있다.

요약하면, 기존 연구들은 기업가적 지향성의 성과 효과는 대체로 선형적이지만, 최근 일부 연구에서 기업가적 지향성의 비선형적인 성과 효과가 제기되고 있고, 본 연구에서도 실패한 디지털 네이티브 기업 사례로 선정된 15개 표본 기업은 상당수준의 디지털 기업가적 지향성을 확보하고, 초기에는 우수한 성과를 보였으나, 다양한 이유로 인하여 성장에 한계를 보이고 있어, 이는 기업가적 지향성이 성과와 양의 연관성을 가지고 있으나, 지속가능한 성공에 이르기 위해서는 기업가적 지향성을 보완할 제도적 장치가 필요하다는 생각을 가지게 된다. 따라서 이 책에서는 선행연구와 사례를 종합하여 기업가정신과 성공과의 직접적인 연관성보다는, 제도적 관점에서 미래기업가와 기업의 '제도적 구조'를 통한 지속적인 성과의 관계를 제시하고자 한다.

미래기업의 성과에 대한 새로운 정의

미래기업가의 지향성과 성과와의 관계를 논하고자 한다면, 미래기업이 가진 목표와 성과의 기준을 재정의할 필요가 있다. 국가의 기준으로 GNP(국민총생산)와 같은 기준을 적용한다면, 일반적으로 기업의 경우 영향을 미친 변수의 특정기간 동안의 매출, 이익과 같은 기본적 성과를 비롯, 특정산업에서의 상대적 성과를 평가해볼 수 있다. 그러나 최근에는 이러한 전술적 성과 이외에도 전술적 성과에 대한 중요성이 커지고 있으며, 미래기업의 특징과 동기적 요소를 감안하여 단순히 기간 내 재무적 성과로 비교하기보다는 기간 내 기업이 창출한 새로운 가치로 성과를 비교하는 것이 타당하다.

디지털 네이티브 기업들은 창업의 시점에서, 또는 성장하면서 개인과 사회의 문제를 해결하기 위한 새로운 창업의 동기에 집착하는 추세를 보이고 있다. 물론 모든 디지털 네이티브 기업이 이러한 동기적 요소에서 시작되었다는 것은 아니지만, 디지털 네이티브 기업의 동기적 요소는 기존의 기업들과 가장 크게 차별화될 수 있는 부분이다.

즉 산업화 시대의 기업들이 개인의 기회창출, 성공을 위해서 창업을 했다고 하면, 이들은 개인과 사회의 문제를 찾아내고 이를 해결하기 위해서 창업을 하거나, 성장과정에서 그들만의 가치와 문화를 찾기 위해 고민하고, 실현하기 위한 노력을 지속한다.

따라서 이러한 창업의 동기적 요소의 변화로 인하여 디지털 네이티브 기업의 성과 또는 성공의 기준도 과거의 재무적인 매출이나 수익의 성장과 같은 '전술적 성과'도 중요하겠지만, 목표한 문제를 해결하였는가, 어떠한 가치를 창조하였는가를 탄력적인 기준으로 평가할 수 있는 '적응적 성과'도 중요하게 판단하여 균형을 이루려 노력한다. 아울러 디지털 네이티브 기업에게도 이해관계자들이 존재하고, 다양한 성공의 기준이 제시되지만, 기존의 기업들이 성공의 기준으로 제시하는 재무적 관점의 현재 매출과 성장지표보다는 '적응적 성과'로서 소비자의 가치와 사회적 가치를 포함한 기업의 미래의 가치를 중시하여, 이를 포괄적으로 표현할 수 있는 기업의 시장가치(Market Value)를 기준으로 이들의 성공의 크기를 평가하는 것이 가장 현실적일 것이다.

그림 3-8 미래기업가

04

미래기업가는 어떻게 성과를 창출하는가?

CHAPTER 01 | 미래의 제도와 제도의 구조 창조

CHAPTER 02 | 제도적 구조가 성과에 영향을 미치는 방법

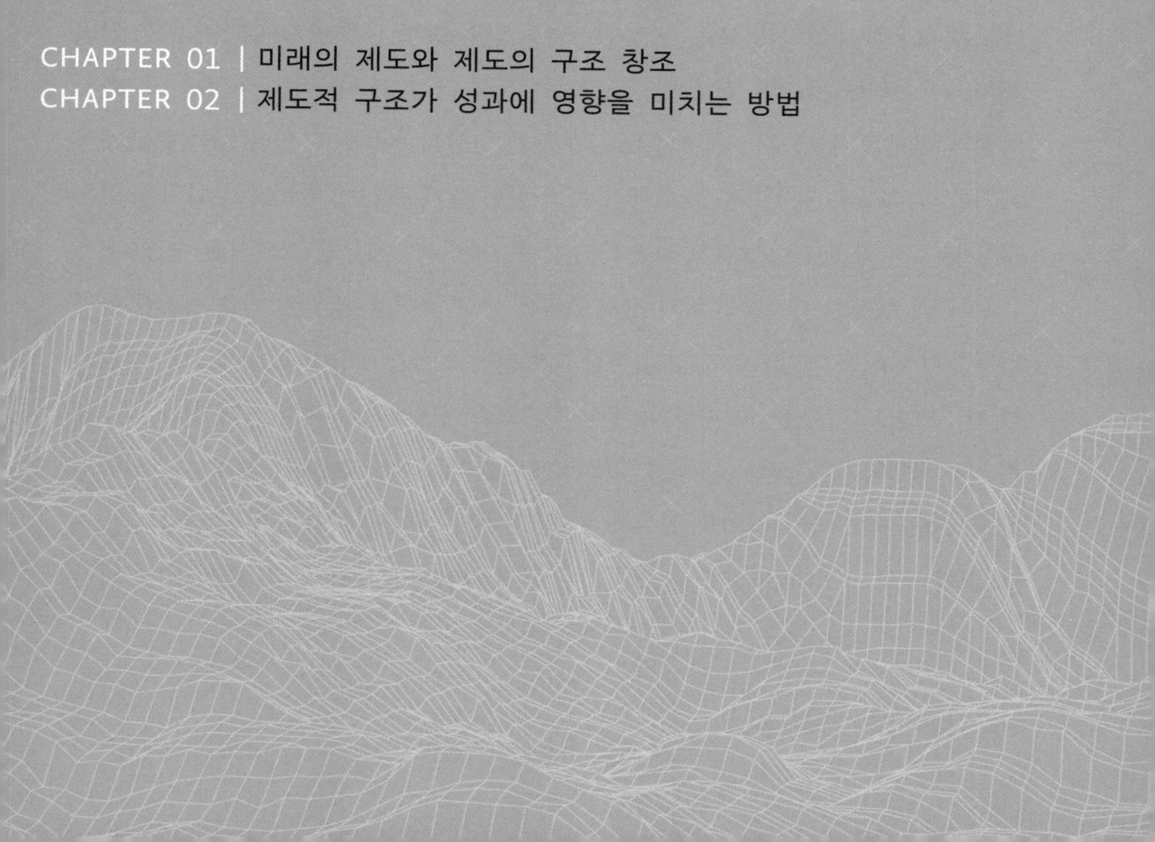

오랜 역사를 거슬러 기업가의 역할과 가치를 확인하면서 국가와 기업의 성공과 발전에 있어 인간이 만든 제도와 그 제도의 구조가 매우 중요한 역할을 하고 있다는 사실을 발견하게 된다. 제러미 다이아몬드의『총 균 쇠』와 아세모글루의『국가는 왜 실패하는가』에서 "부자 나라와 가난한 나라의 차이점은 무엇인가?"라는 동일한 질문에 두 사람은 환경 결정론과 제도적 접근법으로 상이한 접근을 통해 국가와 민족의 흥망의 원인을 다루고 있지만 결론적으로는 모두 인간이 만든 제도의 중요성을 강조한다.『총 균 쇠』에서 제러미 다이아몬드는 환경결정론적 관점에서 지리나 문화적 환경으로 인한 제도의 차이가 국가의 발전의 차이를 가져왔다고 주장한다. 민족이나 지역의 발전의 근원적 우위는 존재하지 않고, 그들을 자극하는 적당한 수준의 빈곤과 발전의지가 국가의 발전에 매우 중요한 역할을 한다는 주장이다. 반면 아세모글루는 국가 발전을 위한 결정적인 역할을 개인이 사회에 존재하는 규칙을 준수하도록 강제하는 일련의 공식 및 비공식 규칙 및 메커니즘인 제도에 의해 수행된다고 주장하며 경제 및 정치 제도의 중요성을 강조한다.

　아세모글루가 주장한 국가와 민족의 성장을 위해 반드시 필요한 포용적 경제 제도는 엘리트뿐만 아니라 사회의 광범위한 부분의 재산권을 보호하고 재산의 부당한 양도를 허용하지 않으며 모든 시민이 이익을 얻기 위해 경제 관계에 참여할 수 있도록 한다. 이러한 기관의 조건에서 근로자는 노동 생산성을 높이는 데 관심이 있다. 반면 착취적 경제 제도는 인구의 많은 부분을 자신의 활동으로 인한 소득 분배에서 제외한다. 그들은 엘리트를 제외한 모든 사람이 경제 관계에 참여하여 이익을 얻는 것을 방지하고 반대로 엘리트에 속하지 않은 사람들의 재산을 소외시킬 수 있다.

　이들의 주장이 거시적인 국가 경제 발전에 관한 것이었다면, 이 책은 이러한 사회 경제학적 이론을 기반으로 기업의 성장과 발전에 초점을 두는 미시경제 또는 경영학적 관점이다. 기업 역시 어떠한 목적과 배경으로 어디에서 어떠한 시대적 환경 속에서 생성되었는가? 그리고 누구에 의해서 어떠한 상황에서, 어떠한 제도가 형성하고 구성되었는가에 따라 기업의 성공과 실패, 성과의 차이가 있을 수밖에 없다.

　또한 새로운 시대, 다양한 디지털 기술과 AI 기술의 발전은 경제 성장뿐만 아니라 제도적 변화와 함께 경쟁적 격동과 창조적 파괴를 촉발시켰다(Ernkvist, 2015; Gurses and Ozcan, 2015).

여기서 제도는 "인간 상호작용을 구조화하는 인간이 고안한 제약(North, 1991: 3)"으로, 조직의 실제적 구조와 운영방식을 의미한다. 또한 제도화는 제도가 사회적으로 정당성을 획득하여, 확립되는 과정이다. 예를 들어 기업은 하나의 중요한 제도로, 조직을 구성하고 수익을 창출하게 되는데, 이러한 생각이 정당성을 확보하게 되면서 사회에서 기업은 제도화되었다. 즉 제도 관점에서 기업은 경제적 이윤을 추구하는 조직이며, 사회가 요구하는 규정을 따름으로써 기업이라는 제도가 사회적 정당성을 획득하고, 유지되며 확립되는 과정이다. 또한 제도 관점에서 기업은 '거래비용'을 최소화하기 위해서 찾아낸 하나의 제도이며, 조직의 생존을 위해서는 효율적인 생산 이상으로 이해관계자들로부터 정당성을 획득하는 것이 중요하다(Meyer, Rowan, 1977).

기업가는 기업의 성공과 실패에 결정적인 역할을 하는 구성요소이다. 그러나 AI와 디지털 변혁의 시대가 될 미래에 지속가능한 성공을 목표로 한다면, 기업가의 가장 중요한 역할은 기업과 기업을 둘러싼 산업의 제도적 구조를 형성하는 또는 혁신하는 '메타구조화'이다. 이렇게 형성되고 발전된 제도적 구조는 기업의 성과에 직접적인 영향을 미치게 된다. 따라서 성과를 결정하는 직접적 요소는 기업의 제도적 구조이며, 제도적 구조의 요소인 기업의 형태, 제도적 인프라, 기업문화가 기업의 성과에 직접적 영향을 미치게 된다는 것은 많은 사례를 통해서 검증되어 왔다.

AI와 디지털 변혁으로 인하여 미래기업을 둘러싼 환경과 시각에 많은 변화들이 있다. 하지만 우리가 눈여겨 보아야 할 사실은 미래기업가가 혁신을 주도하고, 기업의 제도적 구조를 메타구조화하는 역할을 수행하며, 미래기업가에 의해 형성된 제도적 구조는 미래기업의 지속적, 반복적 성과에 직접적 영향을 미치게 된다는 것이다.

CHAPTER 01

미래의 제도와 제도의 구조 창조

　누가, 무엇이 국가와 사회의 혁신을 일으키고 변혁을 주도하는가? 또한 기업의 차원이라면 누가 어떤 방식으로 혁신을 주도하는가? 여기서 우리는 기업가의 역할과 중요성에 대해 생각하지 않을 수 없다. 모든 혁신이 기업가에 의한 것은 아니지만 기업에 있어 혁신을 주도하는 것은 기업가의 역할이다. 이들은 기업가적 행위를 통해 두 가지 형태의 중요한 역할을 수행한다. 기업의 생존과 성장을 위한 성과에 직접적인 영향을 미치는 혁신과 장기적으로 디지털 변혁과 제도적 혁신을 통한 사회와 기업의 제도적 구조를 창조하고 혁신하는 메타구조화이다.

　제도적 관점에서 디지털 변혁의 세 가지 형태의 제도적 구조를 설명한 Bob Hinings, Thomas Gegenhuber, Royston Greenwood(2018)의 구분을 참고하여, 미래기업가의 지향성이 만드는 새로운 제도적 구조를 조직, 제도 인프라, 조직문화로 구분하였다. 제도적 관점은 새로운 제도가 중요한 이해관계자의 관점에서 사회적 정당성을 얻는 방법과 기존 제도와의 상호작용을 설명한다. 아울러 이 책의 성공사례인 43개의 디지털 네이티브 기업을 제도적 관점에서 1차 분석하였는데, 제도적 관점에서의 디지털 기업가정신은 조직과 산업에서 기존의 게임 규칙을 변화, 위협, 대체 또는 보완하는 새로운 행위자(및 행위자 구성)의 디지털 구조, 디지털 제도, 디지털 조직문화를 가져오는 새롭고 고유한 제도적 구조 형성에 기여하고, 특히 새로운 제도적 구조를 통해 장기적 관점의 성공으로 이어질 수 있다는 것을 확인하였다.

미래기업가가 만드는 새로운 제도적 구조는 '조직의 형태와 구조', '제도 인프라', '조직 문화'로 구분할 수 있다. 제도적 구조의 구성을 구분하여 설명하고 이들의 역할과 상호관계를 살펴보도록 한다.

표 4-1 미래기업의 새로운 제도적 구조

	정의	사례	출처
조직	• 디지털 조직 형태, 비즈니스 모델, 정체성, 가치, 미션 • 주어진 제도적 맥락에 적합한 조직의 핵심을 구성하는 관행, 구조, 가치의 디지털 기반 배열, 사회적 정당성	크라우드 기반 공유경제	Bauer, Gegenhuber(2015)
		플랫폼(AirBnB, Uber)	Franzont, Sauermann(2013)
		클라우드 서비스(AWS)	Lee(2022)
제도 인프라	• 디지털 제도적 인프라, 생태계, 협력을 위한 표준의 구축과 수용 • 생태계/기업에서 수많은 행위자의 행동과 상호작용을 가능하게 하고, 제약하며, 조정하는 제도	제품 플랫폼(Apple)	Botzem, Dobusch(2012)
		블록체인	Tapscott(2017)
		생태계 협력, 표준, 보상체계	Lee(2022)
조직 문화	• 조직의 구성원들이 공유하고 있는 가치관, 신념, 이념, 관습 등 • 조직과 구성원의 행동에 영향을 주는 기본적인 요인	Agile(Sportify), Customer(Amazon)	Bain&Company
		프로세스, 기업 문화, 일하는 방식, 시스템	Uipath

새로운 조직 형태와 구조

미래기업가에 의해 창조될 제도적 구조의 첫 번째 요소는 '새롭고 고유한 조직의 형태와 구조'이다. 이는 사회의 제도적 맥락에 적합한 조직의 핵심을 구성하는 관행, 구조, 가치의 총합이며, 디지털 기반의 재배치이다. 우리는 디지털 변혁으로 인한 산업과 기업조직의 형태 변화를 어렵지 않게 발견할 수 있다.

이러한 새로운 조직의 형태와 구조로는 미래기업가의 지향성인 적응성, 유연성,

창의성을 기반으로 우버나 에어비엔비가 제도화한 새로운 조직형태인 크라우드 기반의 공유경제 플랫폼 비지니스를 예로 들 수 있다. 우버는 이동서비스가 필요한 사람과 유휴차량을 가진 사람들을 연결했고, 에어비엔비는 방이 필요한 여행자와 유휴공간을 가진 사람들의 연결을 통해 공유경제를 활성화시키는 대표적 크라우드 기반 공유경제 플랫폼 비즈니스로, 여기서 고려되어야 할 것은 사회적 정당성과 조직내부의 동의을 확보하는 것이 제도화되기 위해서는 매우 중요하다는 사실이다. 두 플랫폼은 모두 이미 정당성을 확보하고 있는 특정 계층이나 조직 및 산업 범주에 부합하는 언어를 사용하여 개발되고 홍보되었기 때문에 인지적 정당성을 확보할 수 있었다(Bitektine, 2011; Suchman, 1995). 국가별로 기존 산업을 보호하고자 하는 규제에 따라 제약이 있을 수 있지만, 대부분의 국가에서 이러한 크라우드 기반 공유경제 서비스 합법적인 서비스로 자리잡았으며, 이들의 시장가치는 대형 운송 사업자나 호텔체인을 능가하는 등 긍정적인 평가를 받고 있다(Mair & Reischauer, 2017; Tsang, 2017). 디지털 기업가정신을 통해 디지털 변혁에 적응하는 유연하고 창의적인 새로운 조직의 형태가 탄생한 것이다. 제도이론에 따르면 이러한 새로운 조직(또는 형태)이 정착되기 위해서는 일반적으로 기업이 해결하고자 하는 문제와 이슈에 대한 논거를 제시하는 이론화 과정(Strang & Meyer, 1993)을 통해 정당성을 획득해야 하는데, 제도이론은 디지털 변혁의 시대에 새로운 조직(형태)이 어떻게 발전하고, 어떻게 확산되는지, 그리고 발전과 확산의 중요한 부분으로서 어떻게 정당성을 획득하는지를 설명하게 된다. 즉, 역사에서 국가 및 사회의 조직과 구조의 형성과 같이, 디지털 변혁 시대의 특징에 맞는 새로운 기업의 조직과 구조를 설계하는 것이 중요하며, 또한 이에 대한 사회적 정당성을 확보해야 제도로서 자리 잡을 수 있다.

우버, 에어비엔비의 공유경제 모델, 크라우드 소싱, 개방형 혁신모델, 블록체인의 탈중앙화 모델은 대표적인 새로운 디지털 조직과 구조이다. 그러나 이러한 진화의 과정에서 앱스토어와 같은 플랫폼이나 네트워크 역시 독점과 분배불균형을 발생시켜 거대한 자본과 독점적 기술로 무장한 빅테크의 독점구조를 강화할 수 있다. 이에 대한 반성으로 미래기업의 조직구조에는 플랫폼을 넘어, 탈중앙화와 정보분산,

비용 최소화, 분배정의를 위한 새로운 구조인 구성원 간의 프로토콜에 의해 움직이는 프로토콜 조직과 생태계의 모습이 제시되고 있다.

프로토콜 경제는 모든 사용자가 시스템 운영에 참여하고 규칙에 따른 보상을 받는 등 독립적인 상호작용이 가능한 경제 생태계를 의미한다. 블록체인은 프로토콜 경제를 뒷받침하는 대표적인 기술이다. 정보와 데이터를 독점하는 플랫폼이 운영하는 게 아니라 운영 주체가 커뮤니티화된 개방형 조직이다. 여기서 투명한 의사결정이 이루어지고 기여한 만큼의 인센티브를 획득할 수 있다. 기업내부도 마찬가지이다. 과거처럼 많은 직원을 뽑아 이들을 마이크로 매니징하면, 독점적 권한을 가진 기업은 분배를 고려하지 않는다. 반면 프로토콜 산업과 경제에서는 투명하게 개방된 거버넌스 위에서 의사결정을 하고, 이를 개발자들이 반영해 누구나 인센티브를 받을 수 있다. 블록체인 기술 기반의 '유니스왑' 같은 탈중앙화거래소는 유동성을 관리하는 현실세계의 중앙화된 은행들과 달리 전체 커뮤니티가 유동성을 관리하는 시스템을 만들었다. 유니스왑은 이에 기여하는 사람들에게 보상을 부여하며 성장했다.

이와 같은 기업을 정의하는 조직의 외부적 형태 이외에도, 좀 더 구체적으로, 내부에서 기업의 조직구성에 관한 기업가들과의 인터뷰에서 많은 기업가들이 공통적으로 원했던 것들 중 하나는 디지털 변혁의 불확실의 상황에서, 조직의 각 부서마다 자신과 동일한 이유로, 동일한 의사결정을 할 수 있는 사람을 배치하는 것이었다. 이 또한 기업의 제도적 구조를 만드는 것이다. 제도적 구조를 통해 조직의 구성원 모두가 기업가를 대신해서 기업의 비전과 전략에 따라, 현실성과 미래를 판단하여 의사결정을 할 수 있도록 제시하는 것이다.

스티브 잡스는 인터뷰 중에 그의 비즈니스 모델이 '비틀즈'라고 언급한 적이 있다. 비틀즈는 4명의 재능있는 구성원으로 이루어져 있는데, 서로가 서로의 부정적인 부분을 저지해주면서, 조화를 이루었다. 그리고 그들은 팀으로 일할 때 더 나은 성과를 보였는데, 그것이 바로 스티브 잡스가 사업을 바라보는 관점이었다는 설명이다. 스티브잡스조차 절대로 혼자서는 기업을 위대하게 만들 수는 없다고 했다. 위대한 기업은 팀원들과 함께 이룬 성과이다. 그리고 그들과 함께 어떠한 문화를 만들어 갈 것인가가 중요하다. 또다른 인터뷰에서 스티브잡스는 그에 대한 방법론으로 재능있는 사람들을 발굴해내고, 합류시키는 것이 중요하고, 이러한 사람들을 통해서 스스로 굴러가는 조직을 만들어 내는 것이 중요하다고 했다.

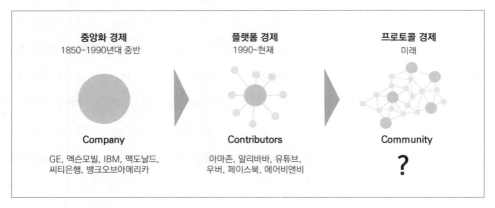

출처: 해시드

그림 4-1 경제 구조의 진화

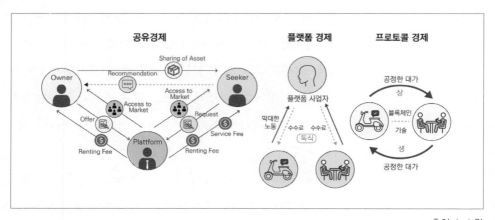

출처: 뉴스원

그림 4-2 공유경제, 플랫폼 경제, 프로토콜 경제

네트워크 효과로 인한 독점과 분배불균형 발생에 대한 반성으로 탈중앙화와 정보분산, 비용 최소화, 분배정의를 위한 프로토콜 경제라는 새로운 제도적 구조가 발생한다.

새로운 제도와 제도 인프라

미래기업가에 의해 변화되는 제도적 구조의 두 번째 요소는 '새롭고 고유한 제도 인프라'이다. 디지털 변혁 시대의 중요한 특징은 기업 내 부서 간의 협력뿐 아니라 생태계와의 협력이며, 이들이 협력할 수 있는 제도로서 규범이나 표준화 기구가 정한 표준은 아닐지라도 시장에서 실질적 대중성을 확보하여 시장원리에 의한 지배기능을 갖는 '실질적 표준(De facto Standard)'의 구축과 수용은 무엇보다 중요하다. 이는 기업 내, 또는 생태계와 같은 외부에서 수많은 행위자의 행동과 상호작용을 가능하게 하고, 제약하며, 조정하는 표준과 약속으로 정의된다. 새로운 디지털 인프라를 만드는 사람들은 자신의 규범, 가치 또는 논리를 인프라에 주입하여, 시장에서의 독점적 지위를 획득하고자 한다. 이는 높은 수익과 안정적인 활동 영역을 보장받을 수 있기 때문이다. 여기에는 유형과 무형의 제도가 포함될 수 있으며, 거버넌스, 계획, 통제, 보상체계, 프로세스, 관행 등이 포함된다.

이러한 형태의 새로운 제도와 제도 인프라의 대표적인 예는 애플의 제품 생태계이다. 제품 생태계에서는 생태계의 여러 주체들이 새로운 혁신을 창출하고 제품과 서비스를 생산 또는 제공하는 과정에서 서로 다른 역할을 수행한다. 애플은 독자적인 운영체제를 기반으로 아이폰이나 맥북과 같은 제품과 아이튠즈와 같은 서비스 및 외부 개발자와 같은 상호 보완적인 행위자들과의 관계로 구성된 생태계를 주도하는 제품플랫폼 리더인데, 애플은 일부 영역에서는 보완적 행위자의 참여 방식을 제도로 강력하게 정의하지만(예: 앱스토어 시장 접근, 앱과 보완재의 규칙과 표준 설정, 운영체제), 특정 영역에서는 매우 유연하고 협력적이기도 하다(예: 보완재, 앱 개발, 악세서리). 애플은 강력한 제품 생태계 리더로서, 해당 생태계에서 사실상 정부의 역할을 한다. 여러 사업자 중에서도 애플은 생태계의 '제도'인 플랫폼 아키텍처를 정의하는 등 바람직한 제도 인프라를 유지하기 위해 배타적이고 강제적 수단을 사용하는 조직이기도 하다.

빠뜨리지 말아야 할 형태의 제도 인프라는 미래기업의 성장을 위해 필요한 막대한 자원을 지원할 수 있는 실리콘 밸리와 같은 '창업생태계'와 '벤처캐피털'이라는 제도인프라이다. 이미 디지털 네이티브 기업들 사이에서는 '블리츠 스케일링'이라는 불확실성을 담보로 효율보다 속도를 우선시하는 성장 방법론이 번져나가고 있다. Open Ai, 링크트인, 구글, 메타과 같은 초대형 디지털 네이티브 스타트업들이 초기의 빠른 스케일업을 위해 전략적으로 선택한 것이 블리츠 스케일링인데, 실제로 실리콘 밸리를 비롯한 글로벌 스타트업 시스템에서는 방향성만큼 성장의 속도가 디지털 변혁의 시대에 성공을 위한 중요한 요소이자 전략으로 여겨지고 있다.

아울러 기업 내부의 협력을 위한 거버넌스, 계획, 통제, 보상체계, 프로세스, 관행 등의 제도 역시 새로운 제도 인프라의 범주에 포함된다. 이러한 사례들은 디지털 변혁을 위해서는 새로운 기업가정신을 활용한 특정 혁신과 조직을 넘어서는 인프라 구축이 필요하다는 것을 의미하며, 디지털 제도 인프라는 다양한 주체들을 연결하고, 거버넌스와 규제를 제공하며, 합법적인 논리와 행동 방침을 수립하는 중요한 역할을 한다.

탈중앙화, 탈국가화된 블록체인 인프라와 스마트 컨트랙트, 디파이(Decentralized Finance), 디앱(Decentralized Application) 등은 미래기업의 새로운 제도적 인프라가 될 것으로 기대된다. 또한 애플의 앱스토어와 같은 제품 플랫폼과 글로벌가치사슬이라고 불리는 생태계, 글로벌 가치네트워크, 공급망, 플랫폼을 기반으로 어떻게 협력하고, 어떤 방식으로 변화할 것인가? 개방형 혁신플랫폼은 어떻게 동기를 부여하고, 어떤 제도로 협력할 것인가? 미래기업에서 펼쳐질 제도와 제도 인프라 모습이 기대된다.

그림 4-3 **새로운 제도 인프라 - 구글플레이와 앱스토어**

새로운 조직 문화, 일하는 방식, 시스템

　미래기업가로 인해 변화되는 제도적 구조의 마지막 요소는 이미 많은 기업들의 디지털 변혁 사례로 알려지고 있는 디지털 조직 문화이다. 조직과 구성원의 행동에 영향을 주는 기본적인 요인으로, 조직의 구성원들이 공유하고 있는 조직의 가치관, 신념, 관행, 문화, 일하는 방식, IT 시스템 등이 포함된다.

　조직 문화가 성과의 원동력이라는 것은 디지털 변혁의 시대 이전부터 오랜 연구로 증명되어온 결과물이다. 역사적으로도 톰피터슨과 로버트 워터만의 우량기업의 조건(In search of Excellence)이나, 존코터와 제임스 헤스켓의 "훌륭한 조직 문화와 뛰어난 리더십을 가진 기업과 보통수준의 기업간의 주식시장 실적 비교 결과', 또한 닐 도쉬, 린지 맥그리거의 "무엇이 성과를 이끄는가?" 등에서 조직 문화와 성과의 인과성을 강조하며, 다네엘 핑크의 "드라이브"에서는 디지털 변혁의 시대에 세계 최고기업들의 장기적 성과의 비결은 자기주도적이고, 중요한 것을 잘하려고 전념하며, 탁월함의 추구를 더 큰 목적으로 삼고 있기 때문이며, 이러한 자율성과 숙련, 목적이 담긴 고유한 조직문화가 높은 성과를 가져온다는 것을 설명하고 있다. 또한 디지털 변혁시대의 직원들의 기업가적 도전을 뒷받침할 수 있는, 실패해도 다시 일어날 수 있다는 사회적 안전망, 심리적 안정성 역시 성과에 영향을 미치는 요소가 된다.

　젠슨 황이 만든 엔비디아 문화의 키워드인 지적 정직성(Intellectual Honesty)은 수평적 조직문화를 강조하는 문화로 자기비판을 할 수 있는 능력이자 실수를 인정할 수 있는 능력이다. 조직에서 지위를 막론하고 자신의 의견을 밝히고 실수를 인정할 수 있는 문화가 엔비디아 구성원이 자신의 일상업무가 회사의 목표를 달성하는데 기여하고 있다는 감각을 잃지 않고 몰입할 수 있도록 이끄는 엔비디아 혁신의 동력이라 할 수 있다.

　한편으로 대부분의 디지털 네이티브 기업들은 조직의 일상, 규칙, 규정 및 절차와 같은 경직된 제도적 구조보다는 원칙을 제공하되 문화, 유연성을 강조한 새로운 제도적 구조화를 시도했다. 이것은 IBM이나 GE처럼 전통적 기업에서 볼 수 있는 조직, 프로세스, 성과보상 및 의사결정의 모든 면에서 해야할 일과 하지말아야 할 일을 명확하게 구분하고 제시하는 업무메뉴얼이나, 규정, 규칙과 같은 딱딱한 형태의 제도가 아니라, 적응적 성과를 요구하는 디지털 기업가의 유연성처럼, 유연하고, 드러나 보이지 않는 방식으로 존재한다. 디지털 네이티브 기업인 넷플릭스의 리드헤이스팅스는 "노룰"에서 현재의 넷프릭스가 만들어낸 비즈니스 모델이나 창의적 기술보다, 창의성과 민첩성을 결합한 문화적 혁신으로 지속적인 창의성을 만들어 낼 수 있는 문화가 중요하다고 하였다. 이러한 디지털 네이티브 기업들의 새로운 느슨하고 유연하게 연결된(Loosely coupled) 제도적 구조를 디지털 변혁이 필요한 전통 기업들이 어떤 방식으로 수용할 수 있을지에 대해서는 더욱더 치열한 고민이 필요하다.

디지털 혁신의 대표적인 사례들은 대부분 기업의 IT 시스템인데, 이는 시스템과 프로세스의 통합의 형태로, 단순하게 디지털화를 의미하기보다는, 디지털 조직 문화의 가치가 담긴 설계로 조직문화를 반영하면서도, 혁신적 패턴을 조직에 명확하게 이식할 수 있기 때문에 혁신의 가능성을 높이게 된다. 다만 시스템이라는 것은 작동 원리의 복잡성을 줄이고, 자의성을 줄여, 인간의 창의성을 배제하는 제도이므로, 복잡성의 증대와 예측 불가능한 영역과 같은 최소한의 영역에 합의를 토대로 시스템화를 적용하여 오남용을 줄일 필요가 있다. 시스템화로 인해 인간의 생활세계가 식민화되어서는 안 된다. 따라서 각 시스템에 대한 개별적인 정당성 뿐만 아니라 새로운 제도적 합의에 대한 집단적 정당성도 필요하다.

성공하는 미래기업의 제도적 구조로서 조직문화와 시스템은 기업 고유의 문화와 기업가정신을 반영해야 하고, 구성원의 공감을 강조하며, 유연해야 한다. 아마존의 리더십 원칙, 릭스의 컬쳐덱, 테슬라의 안티핸드북 핸드북, 구글의 워크룰스 이외에도 보이지 않는 각 기업의 일하는 방식 등이 미래기업 고유의 조직문화를 구성하는 제도적 구조이며, 이외에도 여러분들의 기업에서 사용되는 ERP, CRM, SCM, KM, RPA 등도 IT 시스템의 영역에 속하는 제도적 구조이다.

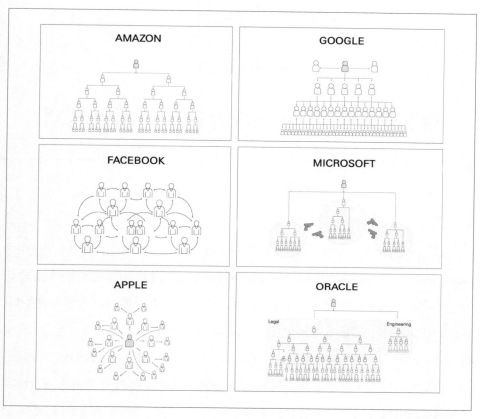

출처: 비즈니스 인사이더 2011

그림 4-4 빅테크의 조직 문화

CHAPTER 02

제도적 구조가 성과에 영향을 미치는 방법

제도 이론은 기업가정신 연구에 있어 활용도가 높아지고 있는 이론적 기반이다 (Amarolinda Zanela Klein, Gabriel Machado Braido, 2023). 제도 이론에 따르면 조직 내 개인의 행동은 조직의 지배적인 규범, 가치, 문화, 역사에 의해 크게 영향을 받는다. 조직의 일상, 규칙, 규정 및 절차와 같은 다양한 제도적 구조는 조직의 규범, 가치 및 역사의 축소판이며 개인의 행동을 유도하는 강력한 역할을 한다. Scott(1995, Orliko-wski, 1992 참조)는 제도적 구조가 개인 행동에 영향을 미치는 세 가지 방법을 제시했다.

첫째, '의미의 구조'는 지배적인 제도적 구조가 의미와 이해를 창출한다. 조직 구성원은 이러한 구조를 인지적 기준으로 삼아 새로운 업무 프로세스 상황에서 어떻게 행동해야 하는지 이해하기 위한 기준으로 활용한다.

둘째, '정당화 구조'는 지배적인 제도적 구조가 특정 행동이 조직에 적합하고 조직의 목표와 가치에 부합하는지를 검증한다. 개인은 이러한 구조를 기준으로 자신의 행동에 대한 조직적 정당성을 부여한다.

셋째, '지배의 구조'는 제도적 구조가 개인의 행동과 행동을 규제하는 구조로 개인은 자신의 행동이 제도적 규칙을 위반하지 않도록 하고 조직의 제재 대상이 되지 않도록 하기 위해 이러한 구조를 활용한다.

이러한 제도 이론은 조직을 새로운 관점에서 분석할 수 있는 방법을 제시하는데, "조직을 경제적 효율의 관점에서만 보기보다는, 정당성 획득이라는 다른 관점으로 볼 필요가 있다(Meyer, Rowan 1977)." 제도적 관점은 조직의 단기적인 경영성과 달성보다는 조직의 생존과 정당성을 확보하려고 하는 장기적 경영활동을 고려할 수 있으므로, 장기적, 전략적 시각에서 조직을 관찰할 수 있다. 또한 경제적 기술적 측면을 강조하는 기존 조직연구와는 달리 비합리적이고 비이성적인 분야인 사회 심리적 현상을 조직연구에 포함하는 광범위한 시각을 제공한다. 따라서 제도 이론을 기반으로 할 때, 미래의 기업과 기업가가 장기적이고 지속적인 성과를 창출하기 위해서는 창업자나 경영자의 기업가적 지향성이 조직에 고유한 형태의 제도적 구조로 남아야 할 필요가 있다.

이러한 아이디어를 기반으로, Orlikowski 등(1995)은 조직에서 개인의 의사결정의 역학을 특징짓는 두 가지 행동, 즉 '개인의 구조화 행동'과 '메타구조화 행동'을 제시했는데, 이러한 행동들을 기업가적 지향성의 활용 측면에서 본다면, 개인의 구조화 행동은 불확실한 상황에서 일반적인 제도적 규범을 기준으로 활용하고, 이후 적합성의 여부와 방법을 탐색하는 구조화 작업이며(Russel L.Purvis, V Sambamunrthy, Robert W Zmud, 2001) 제도의 활용수준을 결정한다.

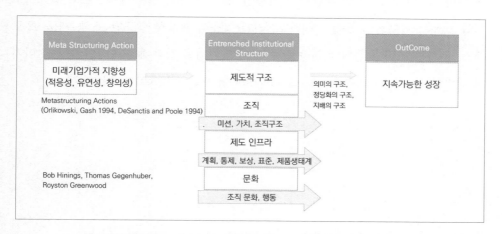

그림 4-5 **제도적 관점의 이론적 프레임워크(김용진, 2022 참조)**

제도적 관점에서 메타구조화 활동(미래기업가적 지향성)은 제도적 구조를 형성하며 장기적이고지속가능한 기업 성과에 영향을 미치게 된다.

메타구조화는 창업자, 최고경영진, 전문가와 같은 기업의 제도적 권한을 보유한 챔피언이 수행하며, 조직의 제도적 구조를 형성하는 직접적인 행동과 개인의 구조화 행동에 영향을 주는 간접적인 행동이 모두 포함된다. 따라서 기업가적 지향성은 메타구조화를 통해 조직의 고유한 제도적 구조 형성에 영향을 미치고, 내재화되어 성과에 영향을 미치는 중요한 요소로 작용한다. 메타구조화 행위의 예로는 제도와 조직 구조의 변경, 보상 및 제재의 사용, 가시적이고 적극적인 지지 등이 될 것이다. 즉 이 책에서 사례로 다루고 있는 창업자나 최고경영자가 가진 미래기업가의 지향성은 메타구조화 행동으로 이어지며, 그 자체로서 성과에 영향을 미칠 수도 있겠지만, 그보다는 기업의 제도적 구조를 형성하고 내재화되며, 이를 통해서 조직 구성원들의 행동에 영향을 주게되어 실질적인 성과에 영향력을 미치게 된다.

조직 구성원은 조직의 제도적 환경의 영향을 받기 때문에 이러한 이론은 이 책에서 미래 기업가정신과 기업의 장기적 성과의 연관성을 설명하는 중요한 아이디어가 되었다. 미래기업가적 지향성이 메타구조화 행동으로 특정기업 고유의 제도적 구조를 형성하는 역할을 하고, 이렇게 형성된 제도는 조직 구성원의 행동에 영향을 미치게 된다. 즉 미래기업가의 지향성인 적응성, 유연성, 창의성은 메타구조화 활동으로 기업 고유의 제도적 구조를 형성하고, 기업 고유의 제도적 구조인 조직, 제도, 프로세스, 문화는 조직 구성원에 영향을 주게 되며 기업의 성과에 지속적인 영향을 미치게 된다(Russel L.Purvis, V Sambamunrthy, Robert W Zmud, 2001 이론을 활용).

05

미래기업의 성공과 실패

미래기업의 다양한 형태를 하나의 모델로 설명할 수는 없다. 이 책에서는 기업의 라이프 사이클을 기반으로 비교적 새롭게 생겨난 디지털 네이티브 기업과 과거의 성공의 경험을 가지고 혁신을 통해 생존하고 번영하는 디지털 혁신 기업의 두 가지 경우로 나누어, 이들이 어떻게 혁신하고 생존하며 성장하게 되는지를 제도 관점에서 분석해보았다.

디지털 혁신 기업(1996년 이전)
← 디지털 네이티브 기업(1996년 이후 생성)   →
IPO

미래기업의 형태	디지털 네이티브 기업		디지털 혁신 기업(전통기업)
목표	Start up	Scale Up	지속가능한 성장
핵심 성과요인	미래기업가의 지향성	제도적 구조 형성 (메타구조화)	제도적 구조 혁신(메타구조화)
기업가정신의 역할	직접적 성과효과	직접적+간접적	간접적 성과효과, 규모와 관성, 기존제도와의 상호작용 고려

그림 5-1 미래기업의 성장 단계별 핵심 성과 요인

CHAPTER 01

디지털 네이티브 기업의 성공

끊임없이 새로운 기술을 찾고, 기회를 포착하고, 실험하며, 수용하는 것, 이것이 첫 번째 미래기업가의 지향성인 적응성이다. 적응성은 디지털 변혁 시대에 기업의 제도적 구조를 생성하거나 변경시키는 원동력이 되며, 이렇게 새로운 조직과 제도와 문화는 디지털 기술을 활용하여 디지털 기술의 경계를 뛰어넘는 자원의 활용과 유연한 프로세스, 그리고 창발적 결과를 얻을 수 있는 기업의 비즈니스 모델, 생태계의 자원활용, 창발적 결과 등을 통하여 소비자의 가치와 기업의 가치를 극대화하는 성과를 얻게 된다.

성공한 디지털 네이티브 기업은 기대했던 것과 같이 제시된 미래기업가의 지향성을 모두 보유하고 있었다. 미래기업가의 지향성이 태생적으로 균형있게, 또는 특정 기업가적 지향성이 탁월하게, 성장과정에서 활용되었으며, 제도적 구조화 과정도 이러한 미래기업가의 지향성이 자연스럽게 발휘되어, 생태계의 경계없는 자원을 활용하는 유연한 조직과 제도와 협력적 프로세스를 형성하고, 실패를 두려워하지 않는 창발적인 조직 문화와 결과를 만들어 낸다는 것이었다. 또한 이 과정에서 미래기업가정신은 조직, 제도, 문화에 내재화되어 지속적인 영향력을 가지게 될 것이다.

하지만 성공한 기업보다 훨씬 더 많은 디지털 네이티브 기업이 실패하였다. 대부분의 초기 스타트업은 실패했고 성공하더라도 지속되지 못했다. 그런데 실패한 디지털 네이티브 기업들도 높은 수준의 디지털 기술활용과 미래기업가적 지향성을 가지고 있는 경우가 많다. 따라서 기업가적 지향성은 초기 기업의 성공에 큰 영향을 미치게 되지만, 스케일업으로 성장하여 지속적인 성과를 내기 위한 필요충분조건으로 볼수는 없다.

표본으로 조사된 성공한 디지털 네이티브 기업의 사례에서는 기업가적 지향성과 제도적 구조의 각 요소가 모두 높은 평가를 받았다. 이들은 창업의 동기적인 요소를 중요하게 생각하며, 문제를 찾아내고 해결함으로써, 기업의 원가 측면에서 또는 소비자의 가치 측면에서 가치-원가 딜레마를 해결하여 성공에 이르게 되는 기업이었고, 소비자들 역시 이러한 동기적인 요소와 해당 기업만의 성공 스토리와 서사를 찾아내어 더욱 열광하게 된다. 이는 소비자나 기업이나, 사회의 어떠한 문제를 해결하기위해, 어떠한 방법을 제시하였는가에 관련된 것이다. 이는 더이상 제품이나 서비스의 개념이 아닌 소비자의 문제를 해결하는 솔루션의 개념으로 소비자에게 인지되며, 기업은 문제를 해결하기 위해, 디지털 기술을 적극적으로 활용하고, 새로운 고객가치를 제공한다.

표 5-1 디지털 네이티브 기업의 성공사례(기업가적 지향성과 제도적 구조)

| | Success Company | Native Founder | 디지털 기업가적 지향성 | | | 제도적 구조 | | | IPO |
			적응성	유연성	창의성	조직	제도	문화	제도적 구조 특징
1	Amazon	Jeff Bezos	High	High	High	High	High	High	Leadership principle, Customer centeric
2	Nvidia	Jensen Huang	High	High	High	High	High	High	IntellectualHonesty, Holizontal culture
3	Netflix	Reed Hastings	High	High	High	High	High	High	No rule, Culture Deck
4	BYD auto	Wang Chuanfu	High	High	High	High	High	High	Vertical Integration
5	Tencent (Wechat)	Ma Huateng	High	High	High	High	High	High	Complex Business type
6	Sales Force	Marc Benioff	High	High	High	High	High	High	Ohana, V2MOM
7	Google	Larry Page, Sergeyvrin	High	High	High	High	High	High	WorkRules, CultureDeck, SmartCreative, OKR
8	Tesla	Elon Musk	High	High	High	High	High	High	AntiHandbookhandbook
9	Meta	Mark Zuckerberg	High	High	High	High	High	High	the power to build community
10	Alibaba	Jack Ma	High	High	High	High	High	High	Believe in your dreams
11	Block	Jack Dorsey	High	High	High	High	High	High	NoHQ
12	Sportify	Daniel Ek	High	High	High	High	High	High	Scaling Agile@Spotify
13	SEA Limited	Forest Li	High	High	High	High	High	High	Garena, shopee, sea money and tencent
14	PDD	Colin Huang	High	High	High	High	High	High	AI powered, C2M(Customer To Manufacture), NGM(Next Gen Manufacturing)
15	Zoom	Eric Yuan	High	High	High	High	High	High	Care culture
16	Uber	Travis Kalanick	High	High	High	High	High	High	Uber's Cultural Norms
17	Virgin Galactic	Richard Branson	High	High	High	High	High	High	Customer experience
18	Nikola	Trevor Milton	High	High	High	Medium	High	High	Hydrogen Infrastructure
20	Unity	David Helgason	High	High	High	High	High	High	Company reset
21	Airbnb	Brian Chesky	High	High	High	High	High	High	Shared Economy
22	bumble	Whitney Wolfe Herd	High	High	High	High	High	High	Underserved empowerment

23	UiPath	Daniel Dines	High	High	High	High	High	High	Humble
24	Coupang	Bom Kim	High	High	High	High	High	High	leadership principle, Blitz scaling
25	Roblocks	David Baszucki	High	High	High	High	High	High	powering imazination
26	Snow Flake	Benoît Dageville	High	High	High	High	High	High	data platform across multiple clouds.
27	Robin Hood	Vladimir Tenev, Baiju Bhatt	High	High	High	High	High	High	Democratize Finance For All
28	Rivian	RJ Scaringe	High	High	High	High	High	High	sustainable transportation

	Success Company	Native Founder	디지털 기업가적 지향성			제도적 구조화			M&A
			적응성	유연성	창의성	조직	제도	문화	
1	YouTube	Steve Chen	High	High	High	High	High	High	Google, Generativity
2	Zappos	Nick Swinmurn	High	High	High	High	High	High	Amazon, customer centric culture
3	What's App	jan koum	High	High	High	High	High	High	Meta
4	Linkedin	Reid Hoffman	High	High	High	High	High	High	MS
5	RedHat	Bob Young, Marc Ewing	High	High	High	High	High	High	OpenSource, Open Culture, Diversity, IBM
6	Woowa broders	Kim Bong-jin	High	High	High	High	High	High	DH, 송파구에서 일 잘하는 방법
7	Slack	Stewart Butterfield	High	High	High	High	High	High	SFDC, Emergence, Work hard and go home
8	VMware	Mendel Rosenblum	High	High	High	High	High	High	IPO → EMC → Dell → Broadcom, EPIC2
9	Mobile eye	Amnon Shashua	High	High	High	High	High	High	Intel → IPO
10	Twtter	Jack Dorsey	High	High	High	High	High	High	Reverse IPO → X

※ 각 요소의 평가 및 측정은 해당 기업의 기업분석과 기업가 인터뷰를 기반으로 전문가 패널토론에 의해 결정되었으며, 평가 대상과 시점에 따라 결과가 달라질 수 있다. 상세한 평가기준은 논문을 참고하기 바란다.

제도적 정당성이 필요한 새로운 조직 형태와 구조

미래기업을 구성하는 제도적 구조에서 새로운 조직은 AI와 디지털 변혁의 시대에 고객의 문제를 해결해 줄 새로운 디지털 비즈니스 모델과 조직 형태를 의미하며, 사회와 산업에서, 또한 기업 내부적으로도 해당 기업의 비즈니스 모델과 조직 형태가 제로도서의 정당성을 확보했다는 의미이기도 하다.

디지털 네이티브 기업은 그들이 해결하고자 하는 문제와 그들이 만들고자 하는 가치를 명확하고 투명하게 제시한다. 기업이 가진 미션(Mission), 가치(Value), 비즈니스 모델 등에서 이러한 새로운 디지털 조직을 확인할 수 있다. 당연하게도 디지털 네이티브 기업들은 대부분 기존에 존재하지 않았던 구조, 새로운 비즈니스모델로 조직의 형태와 구조를 제시한다.

제시된 성공 사례에서는 대부분의 조직이 그 혁신성과 사회적 시각으로 인해 초기에는 제도화에 어려움을 겪었지만, 그들의 문제해결방식과 그 사회적 경제적 가치로 인하여, 새로운 비즈니스 모델에 대한 사회적인 정당성을 인정받았다. 이러한 새로운 조직을 만들고 제도화하는 데 있어 가장 큰 기여를 한 것은 당연히 기업가이다. 기업가는 기업의 비전을 제시하며 제도적 구조를 창조하는데, 이 중 첫번째가 미래 기업의 조직 형태를 만드는 것이다. 공유경제로 불리우는 새로운 비즈니스를 위한 조직과 구조가 대표적이다. 그리고 이러한 새로운 디지털 구조는 그 혁신성으로 인해 사회적 정당성, 또는 조직 내의 정당성을 획득하는데 시간이 걸리기도 한다. 우버의 모빌리티 공유 플랫폼 비즈니스 모델처럼 아직도 특정국가에서는 라이센스를 가진 택시기사와의 경쟁 문제에서 정당성을 확보하지 못한 비즈니스 모델도 있고, 한때 전자담배의 애플이라고 불리우던 줄(Juul)처럼 가향기술이 전자담배의 유해성에 대한 사회적 정당성을 확보하지 못하였기 때문에 미국식품의약국(FDA), 미국 주정부와의 소송 끝에 제도로서의 자리 잡지 못하고 실패한 사례도 있다.

애플이나 스포티파이의 음원의 저작권, 사용권 문제, 토스의 금융권 규제 등은 초기에는 기존 제도와의 갈등으로 정당성에 대한 문제가 있었던 새로운 비즈니스 모델이며, 조직구조이다. 문제를 제기하고 이를 디지털 변혁을 통해 해결하면서, 사회적 정당성을 확보한 조직의 형태와 구조가 된 것이다. 특히 토스는 전통금융의 제도와 규제에 도전하는 새로운 디지털 조직의 형태이다.

한편 넷플릭스는 영화와 같은 콘텐츠를 디지털화하고, 전달하는 과정을 OTT, 스트리밍 기술을 통해 디지털 기술로 혁신하여, 새로운 형태의 비즈니스 모델을 제시하여, 새로운 고객의 가치를 창출하고, 지속적인 혁신으로 새로운 산업을 만들어 낸 사례이다. 이러한 연속적 혁신의 과정에서 기업가적 지향성은 새로운 디지털 제도적 구조인 조직과 제도와 문화를 형성하였고, 실행의 주체인 제도적 구조는 지속적인 혁신으로 새로운 엔터테인먼트 사업 조직으로 지속가능한 성장을 이끌어가고 있다.

아마존의 클라우드 사업부인 아마존 웹서비스는 과도한 초기비용을 필요로 하는 기업의 IT 인프라 투자에 클라우드 인프라를 초기투자 없이 사용량에 따라 과금하도록 혁신하여, 새로운 고객의 가치를 창출하고, 인프라 측면의 공유개념으로 원가혁신과 더불어 새로운 창의적인 클라우드 비지니스 모델을 제시한 사례이다. 물론 초기에는 기존에 존재하지 않았던 형태의 비즈니스 모델과 사회적으로 데이터 소유에 대한 문제, 보안과 제도의 문제로 인하여 국가별로 적용의 한계가 있었지만, 기술의 발전과 함께 더욱 안전한 인프라로 정당성을 인정받은 구조가 되었다.

한편 중국의 전기차 기업인 BYD는 디지털 변혁의 시대에 어울리지 않는 수직적 구조로 조직의 형태를 구축했는데, 일반적인 디지털 네이티브 기업들과 다르게 배터리 셀, 배터리 팩, 배터리관리시스템(BMS), 인터버모듈, 전력반도체(IGBT) 등 핵심 부품의 수직적 통합을 추구한다. 그런데 이러한 BYD의 조직구조와 제도가 미완의 성장 산업에서는 성공할 가능성이 큰 접근 방식이며, 이에 맞는 고유한 조직 문화를 가져왔다는 견해도 있다. BYD의 경우, 핵심부품 제조 능력은 글로벌 수준은 아니다. 하지만 일반적으로 핸드폰과 배터리 회사로 알고 있는 BYD가 전기차의 중요한 부품을 설계, 개발, 제조한다는 것은 놀라운 일이며, 이와 같은 '수직 계열화'라는 시대에 뒤떨어졌다고 느낄 수 있는 특이한 조직 구조 덕분에 오히려 BYD는 전기차 전체의 에너지 효율과 성능을 극대화하는 노하우를 쌓아가고 있다.

디지털 네이티브 기업의 새로운 생태계와 제도 인프라

미래기업의 제도적 구조를 구성하는 새로운 제도 인프라는 기업 내부와 생태계를 아우르는 디지털 제도 인프라이며, 디지털 네이티브 기업이 경계없는 자원과 시장을 활용할 수 있는 근간이 되는 제도적 구조를 의미한다. 디지털 변혁 시대에 성공한 대부분의 기업들은 이러한 생태계, 제품플랫폼을 직접 디자인하고, 표준을 제시, 수용함으로써 제품 플랫폼으로서 생태계와의 협력을 강화한다. 이는 경계없는 자원과 시장을 활용할 수 있게 하고, 유연한 협력적 프로세스, 특히 고마진의 높은 효율과 창발적 결과물을 제공함으로써 기업의 지속적반복적 성과에 크게 기여하게 된다.

테슬라의 일론 머스크는 이미 많은 경험을 통해 빠른 시간 내에 모든 자원을 가장 효율적으로 활용하는 방법을 알고 있는 미래기업가의 상징과 같은 인물이다. 포드나 GM과 같은 대기업들은 일론 머스크와 전기차 기업들의 비전과 속도를 따라올 수 없다. 또한 단순히 전기차를 만드는 제조, 양산 능력과 효율성에 대한 혁신이 아니라, 이들은 새로운 파트너와 협력하고 새로운 생태계와 더불어 새로운 산업을 만들어 나가는 혁신을 진행하고 있다. 마찬가지로 니콜라는 수소 트럭을 생산하는 단순한 혁신이 아니라, 수소에너지 생태계를 만들어 나가는 거대한 혁신이다. 기회의 창출을 위해 불확실성, 위험에 도전하고 규모의 경제를 통한 원가 측면의 가치원가 딜레마 해결하는 전통적 기업가정신과 달리, 니콜라는 확장된 생태계를 통해 경계없는 자원을 활용하며 소비자의 가치 창조를 통해 가치와 원가, 양 측면에서 가치-원가 딜레마를 해결하는 새로운 제도와 프로세스상의 유연성을 통해 지속가능성을 확보하는 미래기업의 제도적 구조의 특징을 가진다. 하지만 니콜라(Nikola)는 여러모로 아쉬움이 남는 기업이다. 니콜라의 기업공개는 창업자인 트레버 밀튼이 제시한 광범위한 수소생태계의 비전에 의해 열광적으로 진행되었으나, 현재는 실현가능성과 완성도가 미흡한 상태에서 창업자가 이탈한 상태로, 제도 인프라가 완성되었다고 보기는 어려웠다. 창업자를 상실한 상황에서도 니콜라의 조직은 여전히 수소생태계 인프라를 완성하기 위해 노력하고 있다. 이는 창업자의 비전에 대한 조직의 신뢰와 제도적 구조가 여전히 굳건하고, 시장의 신뢰 역시 무너지지 않은 탓이다. 다만 제도 인프라가 완성되지 않은 상태에서 창업자의 이탈로 인하여, 고객과 파트너가 이탈하고 운영자금의 부족으로 그들의 거대한 비전이 완성되기에는 앞으로도 수많은 어려움이 예상된다.

이미 언급된 블리츠 스케일링의 성장 방식은 디지털 네이티브에 있어 공식처럼 여겨지는 방법론이다. 이는 대규모 자본을 활용하여 새로운 생태계를 구성하고 활용할 수 있는 제도를 구축하여 시장을 선점하는 방식이다. 아마도 실리콘 밸리의 대부분의 디지털 네이티브 기업들이 사용했거나, 고민했을 성장의 방식이며 대표적인 사레는 Open AI, 링크트인, 메타, 에어비엔비, 쿠팡 등이다. 더 큰 문제를 해결하기위해서는 더 큰 자원을 필요로 하는 것은 당연하다. 또한 디지털 변혁시대의 플랫폼 경제와 같이 승자독식의 시장에서의 초기선점을 위한 속도를 통해서 독점적 지위를 확보할 수 있는 시장이라면, 블리츠 스케일링의 자원 활용은 새로운 디지털 제도를 통해 성공에 이르는 새로운 성장의 방식이다.

디지털 네이티브 기업의 새로운 문화와 일하는 방식

미래기업이 가진 새로운 제도적 구조의 구성요소인 디지털 조직 문화는 조직과 구성원에게 동기를 부여하고 행동에 영향을 주는 직접적 요인으로, 조직의 구성원들이 공유하고 있는 가치관이나 신념, 조직 문화, 관습, 일하는 방식 등이 포함된다. 또한 IT 시스템 측면에서도 전통적 기업들이 ERP, CRM, SCM 등 전사적, 전략적 IT 시스템을 새로 구축하거나 맞춤화하는데 시간과 비용을 투자하는 것과 달리, 미래기업은 필요한 시스템을 그때그때 적절히 구독하거나 만들어 활용한다.

디지털 네이티브 기업들은 그들의 태생적 지향성인 적응성과 유연성, 창의성을 활용하여 유연한 조직문화를 만들고 활용하는 특징을 보유하고 있다. 성공한 디지털 네이티브 기업의 조직 문화는 기업 고유의 문화를 스스로 창조하고, 구성원의 공감을 강조했으며, 매우 유연하다. 아마존의 리더십 원칙, 넷플릭스의 컬처덱, 테슬라의 안티핸드북 핸드북, 구글의 워크룰스 등은 원칙을 강조하고 자율을 부여하는 각 기업의 조직 문화를 대표하는 고유의 문화적 제도들이다.

디지털 네이티브의 프로세스상의 유연성을 가장 잘 표현할 수 있는 용어는 애자일 개발방법론 등이 있는데 실제 경영에 도입한 '애자일 경영'으로 표현되는 민첩성은 실패를 허용하는 조직의 문화가 있기에 가능할 것이다. 경쟁사로부터 지속적으로 고객을 빼앗아 오려면 경쟁사들보다 고객의 욕구를 충족시키는 데 민첩해져야 한다. 새로운 제품과 서비스의 개발해서 시장을 선점하든지 경쟁사보다 짧은 납기로 주문에 대응할 수 있어야 한다. 한마디로 고객을 센싱해서 액션을 취하는 사이클 타임을 경쟁사보다 짧게 단축시켜야 한다. 모든 산업에서 소프트웨어 비중이 커지고 있고, 표준 패키지로는 충족될 수 없으며, 각 산업의 버티컬 앱은 개발해야 하기 때문에, 고객 중심으로 가장 민첩하게 소프트웨어 개발을 할 수 있는 애자일 방법론이 디지털 네이티브 기업에게는 당연한 방법이다. 하지만 애자일은 방법론이기 이전에 일하는 방법에 대한 가치관의 변화이고, 지켜야 할 원칙이며 그들의 제도이다.

스포티파이는 세계 1위의 음원 스트리밍 서비스회사로, 그들이 가진 애자일 개발 방법론으로 널리 알려져 있다. 하지만 스포티파이의 성과를 내는 실체는 프로세스상 유연성에 해당되는 애자일 조직 모델과 민첩한 조직 문화, 즉 그들의 일하는 방식으로 볼 수 있다. 이미 성공한 많은 디지털 네이티브 기업은 이를 실행하여 유연한 조직 문화를 구축하고 있으며 그들만의 일하는 방식으로 무장되어 있다. 기존 기업들은 벤치마킹을 통해 이를 따라하려고 노력하지만, 애자일 모델이나 AI나 로봇(RPA) 등을 이용한 고유의 일하는 방식은 배우기도 어렵거니와, 조직의 수준에 맞게 적용하여 실행하기는 어렵다. 스포티파이와 같은 유연한 프로세스를 활용하는 기업에서 배워야 할 것은 애자일 개발 모델보다는 끊임없이 실험하는 정신과 거기에서 얻은 교훈을 학습하려는 태도이며, 이는 조직의 고유한 조직 문화이며, 그들만의 일하는 방식이다. 이는 AI와 디지털 기술을 활용한 고유의 제도적 구조의 구성요소에 해당된다.

성공한 디지털 네이티브 기업들의 의도적 창의성과 창발적 창의성은 차이가 있을 수도 있으나, 테슬라, 아마존, 넷플릭스 등은 당시의 일반적인 사람들이 생각하기 힘든 아이디어, 실현 불가능하다고 생각할 수 있는 아이디어들을 가설과 검증을 통해 실험하는 제도와 문화, 고객의 가치사슬을 분석하여 고객의 문제로부터 해결책을 찾아내는 방법을 찾아내는 조직 문화를 구조적으로 제도화한 기업이다.

무엇보다 실행의 주체인 직원의 입장에서 고성과를 위한 자율성은 빠질 수 없는 특징인데, 일의 즐거움과 일하는 의미, 일을 통한 성장을 불러일으키는 조직문화는 가장 높은 수준의 성과와 지속가능성을 만들어 낸다(Neel Doshi, LindsayMcGreger, 2015, Primed to Perform). 그리고 성과를 내는 기업에는 일하고 싶은 조직문화가 있었다. 이는 디지털 네이티브 기업과 혁신 기업을 가리지 않고 적용되는 조직문화의 중요성을 확인시켜준다.

TESLA

The Anti-Handbook Handbook

We're Tesla. We're changing the world. We're willing to rethink everything.
We're a high tech company unlike any other high tech company. We're a car company unlike any other car company.

We're different and we like it that way. Being different allows us to do what no one else is doing; to do what others tell us is impossible.

If you're looking for a traditional employee handbook filled with policies and rules, you won't find one. Policies and rules tell you where the bottom is—they tell you how poorly you can perform before you get the shown the door. That's not us.

We prefer to have incredibly high standards and to hire exceptional people who enjoy pushing themselves to perform at the highest levels every day. We want to surround ourselves with people driven to do the right things and act with integrity even when no one is looking.

Is this you? If so, We're glad you're here and we look forward to doing amazing things together. If this isn't you. you'll be more successful somewhere else. We don't mean to sound harsh; it's just the truth.

그림 5-2 **테슬라의 Anti-Handbook Handbook**

디지털 네이티브 기업의 실패 사례

디지털 네이티브 기업들에게 적응성, 유연성, 창의성의 각각의 미래기업가적 지향성은 디지털 시대에서 성공하기 위해서 필요한 것이다. 특히 디지털 네이티브 기업의 사업이 일정 궤도에 진입하는 기간까지는 많은 역할과 책임이 창업자에게 있고, 기업가의 동기와 자신감, 그리고 기업가정신이 힘든 시간을 버티게 하는 버팀목이 된다(CB insight, 2021). 그러나 기업가와 기업가정신은 디지털 네이티브 기업의 성공을 위한 필요충분조건은 아니다. 이들이 지속적 반복적 성장, 성공의 궤도에 진입하기 위해서는 기업가가 만들어갈 조직의 구조와 사회적 정당성, 제도와 제도적 인프라, 그리고 기업문화와 시스템이 기업을 성장하게 만들어 갈 수 있는 제도적 구조이며 성공의 실행기반이 된다.

표 5-2 디지털 네이티브 기업의 실패 사례

	Failure Company	Native Founder	디지털 기업가적 지향성			제도적 구조화			실패의 원인
			적응성	유연성	창의성	조직	제도	문화	
1	Quirky	Ben Kaufman	High	High	High	High	Medium	Medium	QAS, Value Cost Dilemma
2	Home Joy	Adora Cheung	High	High	High	High	Medium	Medium	QAS
3	OFO	Dai Wei	High	High	High	High	Medium	Medium	Competition, Profit model, QA
4	Juul labs	Adam Bowen	High	High	High	Medium	High	High	electronic cigarette institutionalization FDA
5	Yellow Mobile	이상혁	High	High	Medium	Medium	Medium	Medium	Internal Control, Culture, M&A
6	Qoo10	구영배	High	High	Medium	Medium	Medium	Medium	Internal Control, M&A
7	Faraday Future	Jia Yueting	High	High	Medium	Medium	Medium	Medium	Internal Control, Culture
8	Zume Pizza	Zullia Collins, Alex Garden	High	High	High	High	Medium	High	QAS, Robot, Truck
9	WeWork	Adam Neumann	High	High	Medium	High	Medium	Medium	Profit Model, Internal Control
10	Theranos	Elisabath Homes	High	High	High	High	Medium	Medium	Ethic
*	Kakao 2023	Brian Kim	High	High	Medium	High	High	Medium	Ethic, Culture Mgmt level
*	Amazon Go	Amazon	High	High	High	High	High	High	Value Cost Dilemma

※ 각 요소의 평가 및 측정은 해당 기업의 기업분석과 기업가 인터뷰를 기반으로 전문가 패널토론에 의해 결정되었으며, 평가 대상과 시점에 따라 결과가 달라질 수 있다. 상세한 평가기준은 논문을 참고하기 바란다.

실패한 기업들은 너무도 많다. 다만 실패한 디지털 네이티브 기업들도 한때는 투자유치를 받았고, 유망기업으로 상당수준의 디지털 기업가적 지향성을 보유하고 있었던 기업으로 기업가적 측면, 제품과 서비스 측면, 또한 비즈니스 모델의 측면에서 각각의 장점을 가지고 있는 너무도 아쉬운 기업들이다. 이들 역시 문제의 정의와 가설 및 검증의 해결 방식에 익숙하고, 새로운 동기적 요소를 가진 디지털 네이티브 기업이다. 이들 기업가들의 미래기업가적 지향성이 부족하다고 말할 수 없다.

한때 전자담배의 애플이라고 불리던 줄(Juul)은 새로운 가향기술을 가진 전자담배의 비즈니스 모델이 사회적 유해성에 대해 제도적 정당성을 확보하지 못하였기 때문에 FDA, 미국정부와의 소송 끝에 실패한 사례이다. 콘텐츠 기업이 아닌 테크기업 혹은 콘텐츠 유통 기업을 표방했던 왓챠는 경쟁사가 없었던 OTT 태동기에는 창의적인 개인 영화 추천기술로 성공했으나, 경쟁이 심화한 지금, OTT 산업의 본질인 콘텐츠에서 밀리게 된다. 즉 이제 OTT 산업은 테크기업으로서의 기술력이나 콘텐츠 유통 역량이 아닌, 디지털 기술을 기반으로 한 오리지날 콘텐츠와 지식재산권(IP)의 경쟁력에서 결정된다. 영화화되기도 한 위워크의 실패 사례 역시 많은 디지털 네이티브 스타트업에게 교훈을 준다. 사실 위워크의 비즈니스 모델은 단기 임대업이다. 많은 사람들이 비즈니스 모델의 불완전함을 알고 있었지만, 위워크는 멤버쉽, 공유, 테크기업, 디지털 네이티브 문화 OS로 스스로를 포장하여 업의 본질을 왜곡했다. 특별히 위워크의 사례는 가장 필요한 스타트업에 우선적인 자원을 투입한다는 벤처캐피털의 '트리아지(Triage)' 전략이 실패한 대표적인 사례로 손정의 역시 자신의 투자가 잘못된 것임을 시인할 정도로 업계에 심각한 위기의식을 주기도 했다.

디지털 변혁의 시대에는 새로운 기업을 만드는 것이 어느 때보다 쉽다. 특히 기업가정신과 비전, 열정, 그리고 차별화된 비즈니스 모델을 보유하고 있다면, 경계없는 자원을 제공할 수 있는 벤처캐피털 시스템과 협력적 생태계가 있다. 그러나 이들이 제공하는 막대한 자원을 활용한다고 하더라도, 고객이 원하는 산업의 핵심적 문제와 기업의 가치-원가 딜레마를 AI와 디지털 기술을 통해 창의적으로 해결하지 못한다고 판단된다면, 디지털 변혁의 시대에서는 시장이나 투자자들의 냉정하고 가차없는 비판 속에서 실패하게 된다. 한때 혁신적인 아이디어로 인정받고 막대한 투자를 끌어들였으나, 부동산 산업의 핵심적인 문제를 해결하지 못했던 미국의 위워크나, 예정된 기간 내에 정해진 기술적 발전을 증명하지 못한 영국의 우주여행 기술기업인

버진 오빗의 상장폐지, 가치-원가 딜레마를 해결하지 못한 아디다스의 스피드 팩토리 철수, 아마존 고의 매장철수 결정 등이 대표적인 사례이다. 이는 비전펀드와 같은 대형 외부 투자가나, 끝없이 현금을 창출하는 모기업의 자원을 활용한다고 해도 소비자의 문제를 해결함으로써, 새로운 소비자의 가치를 창출하는 업의 본질을 이해하지 못한다면 이는 마찬가지 결과를 가져올 뿐이다.

둘째, 쿼키, 홈조이, 오포, 줌피자, 위워크, 패러데이 퓨처스, 테라노스 등은 제도 인프라의 문제로 인해 지속적이고 반복적 성과를 만들지 못했던 사례들이다. 대표적인 것이 쿼키나 홈조이, 줌피자의 품질 관리 제도를 들 수 있으며, 이들은 기업가적 지향성의 부족보다는 서비스가 빠르게 확장되는 상황에서 가장 기본이 되는 제품과 서비스의 품질관리와 같은 제도와 프로세스의 유연성 부족을 원인으로 삼아야 할 것이다. 또한 위워크, 테라노스, 패러데이퓨처스, 옐로우 모바일 등은 내부통제와 같은 제도적 인프라가 미비할 수밖에 없는 성장기 스타트업의 현실을 반영하는 사례인데, 이들의 공통점은 기업가적 독창성으로 성공한 기업이었지만, 이들을 어려움에 처하게 만드는 것 역시 해당 기업가를 통제할 수 있는 제도인프라를 구축하지 못했다는 점이다. 이는 내부통제와 같은 제도의 미비와 불확실한 상황을 버틸 수 있는 제도적 유연성과 위기의 상황에 급격히 무너진 부실한 조직 문화에서 원인을 찾을 수 있다.

의료 기술 스타트업인 테라노스(Theranos)는 혈액 검사 산업에 혁명을 일으킬 것 같이 보였다. 한때 100억 달러의 가치 평가로 인해 회사는 10억 달러 가치의 신생 기업에 적용되는 데카콘이 되었다. 그러나 엘리자베스 홈즈와 테라노스가 내세운 기술적 혁신은 전혀 입증되지 않았고, 그들의 주장은 노골적인 기만에 가까웠다. 결국 투자자와 환자에게 고의적 대규모 사기였음이 드러나게 되었다.

또한 옐로우 모바일, 카카오, 큐텐과 같은 우리나라의 1세대 디지털 네이티브 기업가들의 위기는 창업가의 기업가정신이나 창의성의 고갈보다는 도덕성이나 창의성의 지속능력을 가질 수 있는 제도와 조직문화에서 문제점을 찾아야 한다. 물론 일부이지만 단기성과에 매달려 매번 글로벌 비지니스 모델과 생태계의 소규모 사업 아이디어를 빠르게 복제하던, 조직의 문화와 관행을 생태계의 협력으로 포장했던 조직의 제도와 문화에 관한 문제인데, 이는 성장 폐지, 주가 하락뿐 아니라 경영진, 직원들의 도적적 해이까지 겹쳐 기업가정신의 문제로 비화되고 있다. 이들에게는 투명하고 회복력 있는 제도적 구조가 필요하다.

트레버밀튼의 니콜라는 아직 성공과 실패를 논하기에는 이른 사례이다. 아담뉴먼의 위워크, 자웨팅의 패러테이 퓨쳐스, 엘리자베스 홈스의 테라노스의 모델이나 내부통재 제도로 인한 실패와는 그 성격이 다르다. 그는 뛰어난 비전과 실행력을 가진 기업가이다. 그러나 그의 니콜라는 트레버밀튼의 기업가적 지향성과 거대한 비전을 제도화하지 못한 상태에서 불의의 사건을 맞이하게 된다. 그의 수소생태계를 향한 거대한 비전은 거대한 자본을 필요로 했고, 제도적 구조를 완성하지 못한 상태에서 상장을 하게 된다. 하지만 여전히 니콜라는 차별화된 비전과 제도적 구조를 가진 훌륭한 기업이며, 창업자 없이도 수소생태계의 비전을 완성하기 위한 노력을 멈추지 않는 우수한 조직과 제도와 문화를 가지고 있다.

이외에도 충분한 기업가 지향성을 가지고 있었지만 정부의 갑작스런 규제와 같은 거시적 제도의 외부적 충격으로 동력을 잃은 중국 기업들이나, 가설의 오류로 기술적 발전에 한계를 보인 기업들도 있다. 이러한 사례들은 미래기업가를 설명하기 위한 디지털 네이티브 기업의 성공과 실패에 있어 기업가정신이 중요한 요소이며, 높은 연관성을 가지고 있지만, 디지털 기업가정신의 보유 자체가 성공을 의미하지 않는다는 것을 의미한다. 디지털 기업가정신은 직접적인 성과요인이라기보다 제도적 구조인 새로운 조직, 새로운 제도 인프라, 새로운 조직 문화를 형성하는 메타구조화의 역량이며, 미래기업가가 창조한 제도적 구조가 지속적 반복적 성과에 직접적 영향을 준다는 것을 확인할 수 있었다.

디지털 변혁 시대의 다양한 실패 사례는 창업자의 기업가적 역량이 절대적인 영향력을 가지고 있다. 하지만 특히 성공적인 투자 유치 이후 지속적 반복적 성공은 그 기업가가 만들어 놓은 실행역량인 제도적 구조에 있다.

아마존의 끝나지 않는 실험

산업을 파괴하는 제프 베조스의 성공의 핵심에는 시장의 격차를 파악하고 이를 해결하기 위한 혁신적인 솔루션을 만드는 기업가적 지향성이 있으며, 이는 디지털 네이티브 기업들 모두가 따르는 기본 모델이 되었다. 알리바바, 쿠팡 등은 아예 아마존을 벤치마킹한 로컬 쇼핑몰 모델에서 시작했고, 아마존의 모든 것을 벤치마킹하여 만들어진 기업이다. 제프베조스는 인터넷의 급속한 성장을 관찰하고 사람들의 쇼핑 방식을 변화시킬 수 있는 잠재력을 깨달았다. 그는 전용 온라인 서점이 없다는 것을 알았고 이러한 공백을 채울 수 있는 기회를 인식했다. 이는 지금 생각해보면 단순한 인터넷 쇼핑이지만, 이것을 사회적으로 제도화하고 기술적으로 실현한 것은 아마존이다.

아마존은 디지털 네이티브 기업의 1세대로 새로운 조직의 형태와 구조 측면에서, 인터넷 쇼핑, 플랫폼 경제의 선두주자이며, 많은 디지털 네이티브 기업들과 미래기업의 기반이 되는 새로운 클라우드 컴퓨팅 서비스 산업을 탄생시켰다. 아울러 아마존은 새로운 제도적 인프라와 새로운 조직 문화의 구성 면에서도 제도적 구조와 제도적 구조 혁신의 모델이 된다. 제도적 구조인 조직 문화는 이미 많은 학자들이 강조한 바와 같이 성과를 만들어 내는 매우 중요한 요소이다.

아마존의 기업가적 지향성은 제프 베조스가 만든 리더십 원칙에 기술되어 기업 내 제도로서 잡았는데, 이는 조직의 규범, 가치 및 역사의 축소판이며, 조직의 절대적인 지지를 받고, 개인의 행동을 유도하는 강력한 행동 템플릿 역할을 한다. 아마존 내부의 모든 직원들의 의사결정에 의미와 정당성을 확보하게 하는 지배적 규범으로 존재한다. 하지만 이는 전통기업인 IBM이나 GE의 드레스 코드방식의 매뉴얼과는 다르게 조직 구성원에게 충분한 의사결정 권한을 제공하고, 다양한 의견을 수용하면서도, 조직이 나가야 할 방향과 원칙을 투명하게 제시한다는 점에서 디지털 변혁 시대의 새로운 디지털 조직 문화의 사례로 적합하다. 그들의 조직 문화는 개발방법론뿐 아니라, 대부분의 시스템 설계에도 반영되어 아마존의 시스템은 오픈소스 기반의 빌딩블록 형태로, 스스로의 프로세스에 맞도록 유연하면서도, 고유하게 설계되었고, 이를 기반으로 클라우드 서비스가 제공된다.

아마존을 차별화하는 주요 요소 중 하나는 고객과 업의 본질에 대한 끊임없는 집중이다. 제프베조스는 처음부터 고객에게 원활하고 편리한 쇼핑 경험을 제공하는 것을 최우선으로 생각했다. 이러한 고객 중심 접근 방식이 조직의 원칙으로 자리 잡고 있으며, 이러한 조직 문화와 제도는 빠른 배송, 손쉬운 반품 및 맞춤형 추천에 대한 아마존의 행동에서 분명하게 드러난다. 고객 경험을 지속적으로 개선함으로써 아마존은 충성도 높은 고객 기반을 구축하고 반복적인 비즈니스를 추진할 수 있다.

아마존은 인터넷을 활용한 상거래를 기반으로 초거대 기업이 된 이후에도 수많은 실험과 혁신을 지속하고 있는 대표적인 사례이다. 사실 1994년 설립된 회사로 디지털 네이티브로는 가장 오래된 기업이라고 할 수 있다. 제프 베조스가 채택한 핵심 전략은 다각화와 확장이다. 아마존은 세계 최대의 이커머스 기업으로 다양한 O2O 비지니스 모델을 실험했고, 적용했다. 예측배송모델인 아마존 프레쉬, 무인 유통점인 아마존 고, 집안까지 배송하는 아마존 키 등 다양한 비지니스 모델과 알렉사, 드론배송과 같은 새로운 기술들을 고객의 문제를 해결하기 위해 과감하게 실험하여, 디지털 변혁에 적응하고자 했다. 또한 아마존 프라임 구독 기반 서비스는 고객에게 무료배송을 제공했을 뿐만 아니라, 스트리밍 서비스, 독점 거래 및 기타 혜택에 대한 액세스도 제공한다. 고객이 더 자주 구매하도록 장려하고 플랫폼에 대한 충성도를 강화함으로써 사람들의 쇼핑 방식을 변화시켰다. 이러한 혁신은 산업을 변화시키고, 많은 오프라인 기업이 이에 적응하거나 사라지는 파괴적 위기에 처하게 만들었다.

아직 독립적인 기업이 되지는 않았지만, 아마존 내에서 새로운 디지털 조직을 구성한 클라우드 서비스 사업부인 아마존 웹서비스는 이제 클라우드 컴퓨팅 분야에서 압도적인 기술력으로 시장점유율 1위의 기업이다. 2022년 기준으로 아마존 웹서비스의 매출은 아마존 전체 매출의 16% 수준이나, 본 사업인 이커머스는 사실상 적자이고, 대부분의 영업이익은 B2B 사업인 아마존 웹서비스에서 나오고 있다. 즉 아마존 웹서비스는 아마존의 디지털 기업가적 지향성인 적응성이 새롭게 만들어 낸 고유의 디지털 조직으로 새로운 비지니스 모델이며, 현재 아마존의 캐시카우로, 아마존을 B2C 커머스 기업에서 빅테크 기업으로 한 단계 성장시켰고, 이후 여러가지 신규 사업에 진출할 수 있는 가능성을 열어준 핵심 사업부이며, 지금의 아마존을 빅테크 기업이라고 부를 수 있는 이유도 이러한 아마존 웹서비스의 기술력 때문이다.

대규모 IT 인프라 자원을 공유할 수 있는 플랫폼을 설계하고, 이를 웹 기반으로 서비스하며, 사용한 만큼의 과금을 구독형태로 제시한 아마존의 클라우드 서비스는, 초기의 보안과 성능에 관련한 사회와 업계의 우려를 극복하고, 안전하고, 편리하며, 확장가능한 IT 인프라를 제공하는 새로운 형태의 조직으로 사회적 정당성을 확보하는 사례이다.

새로운 제도와 제도 인프라로서, 초기 오픈소스 기반의 가상인프라 기술과 클라우드 및 개발자 생태계를 적극 수용한 아마존 웹서비스는 더불어 새로운 디지털 제도 인프라를 구성하게 되는데, 이러한 생태계의 수용을 통해 스스로가 웹서비스의 표준, 클라우드 사업의 표준 플랫폼으로 자리잡게 된다. 이러한 제품 서비스 플랫폼에서 생태계의 고객과 솔루션, 파트너들이 새로운 혁신을 창출하고 제품과 서비스를 생산하고 제공하는 과정에서 서로의 역할을 수행하는 제도를 구성하게 된다. 아마존 웹서비스는 클라우드 시장의 30% 이상을 장악한 가장 강력한 클라우드 플랫폼 리더로서, 자신들이 만들어 낸 클라우드 생태계의 표준을 주도하는 인프라로서 역할을 하고 있다. 아마존 웹서비스의 제도적 인프라는 고객과 솔루션 제공자, 파트너 등 다양한 주체들을 연결하고 가버넌스와 규제를 제공하며, 합법적인 논리와 행동방침을 수립하는 중요한 역할을 한다.

또한 아마존이 하는 모든 실험과 가설검증의 문화는 전 세계 디지털 네이티브 기업의 표준이 되었는데, 알리, 테무, 쿠팡 등이 아마존의 모델로 특정시장을 장악하고 아마존을 위협할 새로운 플레이어이며, MS Azure, 구글 클라우드 플랫폼 등은 아마존 웹 서비스의 클라우드 서비스 모델을 따라가고 있다. 이들은 단순히 비즈니스 모델만을 수용한 것이 아니라 제도와 기업문화에 이르기까지 아마존의 모든 것을 복제하고 있다.

반면 2000년대 최고의 혁신 기업이자 IT 솔루션 기업이었던 IBM은 아마존 웹서비스 이전부터 유틸리티 컴퓨팅을 연구했고, 충분한 기술적 기반을 가지고 있었다. 그러나 2000년 초반의 IBM은 기존의 하드웨어, 소프트웨어, 아웃소싱 서비스의 호황 속에서 메인프레임을 비롯한 독점적 제품을 기반으로 솔루션 제공자로의 전환을 완료하고 있을 때였고, 이러한 새로운 컴퓨팅서비스 모델에 적극적으로 투자할 필요가 없었으며, 아마존 웹서비스가 2007년 클라우드라는 새로운 형태의 비지니스 모델로 시장을 장악한 이후, 뒤늦게 막대한 자금력으로 비지니스 모델 전환을 시도했으나, 그들의 전통적인 문화와 저항은 내부에서 조직의 정당성을 인정받고, 제도 인프라를 전환하는 데 오랜 시간이 걸렸으며, 결국 그 명성을 되찾는 데 실패하였다. 이는 그들의 오래된 전통과 제도가 디지털시대에 필요한 적응성과 유연성을 갖추지 못했고, 특히 큰 성공의 경험을 가진 대형기업의 딜레마를 드러낸 것으로 볼 수 있다.

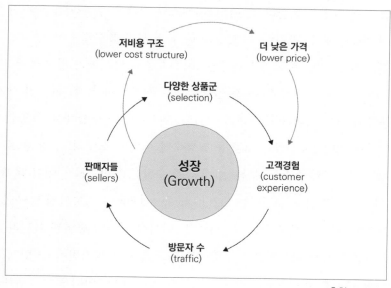

출처: aws.amazon.com

그림 5-3 **아마존의 폐쇄형 자립 플라이휠**

슈퍼앱, 소비자를 위한 새로운 제도적 구조

슈퍼앱은 디지털 시대의 새로운 제도적 구조인데, 일반적으로 비즈니스 측면에서의 하나의 앱을 통해 다양한 서비스를 제공하여 사용자의 편의성을 극대화하는 앱 서비스로, 중국의 위챗, 동남아의 그랩이나 미국의 X, 우리나라의 토스 등 수평적 형태의 수퍼앱은 이미 특히 유통과 서비스 영역을 넘어, 금융권에도 활용되고 있다.

기술적으로 또는 수직적으로는 하나의 앱에서 여러 가지 기능을 이용할 수 있는 혼합 구동 방식의 앱 플랫폼이다. 블랙베리(BlackBerry) 창업자인 마이크 라자리디스(Mike Lazaridis)가 2010년에 주창했으며, 그는 슈퍼앱을 "사람들이 매일 이용하고 있는 다양한 앱의 폐쇄된 생태계로써, 상황에 맞는 효율적이고 통합된 경험을 제공하는 플랫폼"이라고 표현했다. 티맥스는 좀 더 기술적인 측면의 슈퍼앱과 슈퍼앱 플랫폼을 지향하는데, 티맥스 '가이아'는 데이터베이스, 미들웨어의 강점에, UX 측면에서 모바일과 웹 환경을 통합하고, AI, 메타버스와 같은 풍부한 기능을 가진 앱을 쉽고, 빠르게 제작, 배포, 관리할 수 있도록 한 슈퍼앱 플랫폼 환경이다.

슈퍼앱의 원조 격인 중국의 '위챗'은 2011년 출시 당시에는 단순히 우리나라의 카카오톡(KakaoTalk)과 같은 메시징 플랫폼으로 시작됐지만, 현재는 전 세계 10억 명이 사용하고 있는 거대한 플랫폼이 되었다. 위챗은 일상생활에서 가장 많이 사용되는 메신저를 기반으로 기차, 항공 등 교통수단 예매와 모빌리티, 영화, 로컬 비즈니스, 호텔, 공동구매, 중고품, 부동산, 게임 등 수많은 서비스들을 이미 제공하고 있다. 온라인과 오프라인을 연결하는 O2O(Online to Offline) 기능까지 담아냈기에 현재 중국인들의 '디지털 생활 공간'이 되었다. 이처럼 위챗이 중국뿐 아니라 전 세계적으로 슈퍼앱을 가장 이상적으로 구현한 서비스 앱으로 평가받을 수 있게 된 이유는 2017년에 출시한 미니앱 즉 '미니 프로그램' 때문이다. 미니 프로그램은 다양한 앱들이 모바일 화면에 전부 나타나는 것이 아니라, 필요할 때 위챗을 켜는 것만으로도 앱을 다운로드하고 설치하는 과정 없이 언제 어디서나 찾아보고 사용할 수 있게 해준다. 위챗의 미니 프로그램은 범람하는 앱 시장에서 사용자들의 피로도를 낮추고 접근성을 높여 충성스러운 사용자를 확보했다. 또한 위챗의 통합된 UX는 카드, 서명, 현금이나 거스름돈처럼 많은 채널을 거쳐야 하는 과정을 전부 생략하고, 2013년에 간편한 QR 코드 하나로 결제가 가능한 서비스 '위챗 페이'를 출시했다. 위챗의 QR 코드 결제 활용은 중국의 결제 시스템을 모두 바꿀 정도로 큰 영향력을 끼쳤고, 이제는 중국에서 공식 통용되는 하나의 결제 수단이 되었다. 이와 더불어, 카카오톡 기능 중의 하나인 '플러스 친구'와 같은 공식 계정 서비스를 통해 사용자가 별도로 해당 기업 사이트를 일일이 찾아가지 않고도 가입 또는 구독한 기업의 다양한 정보를 받아볼 수 있는 편의성을 제공한다.

물류와 배송, 배달 등 운송 관련 서비스들이 폭발적으로 성장하기 시작하면서 2009년 미국 캘리포니아주 샌프란시스코에서부터 시작된 우버(Uber)의 등장은, 기업화된 대중운송 분야에 일반인이 참여하여 수익을 낼 수 있다는 점과 앱 하나로 배차에서 결제까지 이루어지는 디지털 통합 서비스를 가능하게 했다. 이를 기반으로 전 세계적으로 우버와 같은 방식을 활용한 서비스들이 많이 생겨났는데, 그중 현재 동남아 최고의 슈퍼앱으로 자리 잡은 업체가 바로 그랩(Grab)이다. 2018년 그랩과 우버가 합병하면서 우버는 동남아시아 시장에서 철수했고, 이로써 싱가포르, 말레이시아, 인도네시아, 태국 등 동남아시아 8개국에서 사용하는 동남아의 우버로 불리게 됐다. 단순히 운송이나 이동의 모빌리티 영역을 넘어서 음식 및 식료품 배달을 하는 '그랩 푸드', 동남아의 주류 운송장비인 오토바이를 이용한 택시 서비스 '그랩 바이크', 소포 배달 퀵서비스인 '그랩 익스프레스', 카풀 서비스인 '그랩 셰어'에 이어 금융 서비스 부분까지 확장세를 보이고 있으며 현재는 대출, 보험 판매 등의 핀테크 분야로도 진출하기 위해 '그랩 페이'를 출시하기도 했다. 더욱이 시장의 타깃을 교통, 금융 등의 인프라가 낙후된 동남아 지역을 목표로 삼다 보니 그 결과는 매우 성공적이었고, 전망도 매우 밝은 편이다. 중국과 마찬가지로 계좌 보급률과 신용카드 발급 및 사용 비율이 낮은 지역이기에 이를 감안, 현금을 충전해 사용하는 선불 충전 방식을 도입한 것도 성공 요인 중 하나로 볼 수 있다.

이제 슈퍼앱은 업계의 상식이 되어가고 있다. 국내 대표 기업들인 야놀자, 토스,

배달의 민족, 당근마켓, 쿠팡 등과 앞서 언급한 우버와 그랩을 포함해 인도네시아 고젝(Go Jek), 스웨덴 클라르나(Klarna), 케냐 엠페사(M-Pesa) 등 해외 기업들도 크게 성장 중이다. 슈퍼앱은 고객의 요구를 선제적으로 파악한 생활밀착형 서비스를 제공한다는 것이 가장 큰 장점이자 경쟁력이다. 우리나라 최고의 슈퍼앱이라 불리는 카카오를 보면 초창기 메시징 플랫폼으로 시작해 어느새 국민 메신저라 불릴 만큼 사용자 확장에 힘을 썼고, 이를 기반으로 오프라인 중심으로 이루어졌던 서비스들을 하나씩 출시하면서 택시, 미용, 금융 및 결제, 게임, 패션, 콘텐츠(웹툰, 브런치)까지 제공하며 이른바 카카오 유니버스를 구축할 수 있게 되었다. 또한 일론 머스크는 트위터를 인수하여 X로 사명을 변경하고 유료 이용자를 대상으로 영상, 음성, 통화 서비스를 개시하고. 송금, 금융 관리 등의 기능을 추가하였다.

이와 같이 금융업에도 슈퍼앱은 은행, 증권, 보험, 투자 산업을 통합하고, 심지어 비금융 산업의 영역마저도 통합하는 등, 거세게 산업의 지형을 바꾸고 있으며, 산업 간의 융합을 통해 업을 재정의하고 있다. 미국의 핀테크 원조기업인 Block(Squre)이나 우리나라의 핀테크 원조기업 토스(Viva Republica)의 창업의 동기적 요소는 단순한 송금시스템으로 금융서비스에 취약한 계층을 지원하여, 일반시민들에게 금융접근성을 확장하는 '금융의 자유, 민주화'를 제공하는 것이었다. 그들이 풀어야 할 핀테크의 문제점은 사실 금융당국의 규제였고, 새로운 비즈니스 모델, 새로운 디지털 조직 형태로서의 정당성을 확보하는 것이 첫 번째 과제이며, 이를 성공적으로 완수하였다. 기존 금융기업과의 협력과 소비자의 금융경험을 혁신한 자체적인 고객지향적 시스템과 문화의 구축으로 이러한 문제를 성공적으로 해결하고 있다. 또한 토스는 이러한 문제해결방식을 더욱 많은 금융서비스에 적용하여 소비자들로 하여금 극도의 편의성을 추구하는 '금융 슈퍼앱'을 추구하는 기업으로 발전하고 있다. 이는 새로운 디지털 조직을 만들어 가는 과정이며, 토스나 블록만의 고객관리 프로세스, 시스템, 문화 등의 제도적 구조를 만들어가고 있다. 아울러 토스로 인하여 한국의 금융기관들은 자극을 받고, 협력과 경쟁을 하면서 발전하게 된 계기가 되었다.

표 5-3   글로벌 슈퍼앱 현황

국가	앱(App)	주요 서비스
중국	WeChat	메시징, 소셜네트워킹, 디지털결제, 티켓예매, 차량호출, 음식배달, 게임
	Alipay	디지털결제, 금융서비스, 차량호출, 티켓예매, 음식배달, 기부
인도	Paytm	디지털결제, 금융서비스, 차량호출, 음악
일본	LINE	메시징, 디지털결제, 뉴스, 만화 연재
한국	KAKAOTALK	메시징, 소셜네트워킹, 게임, 디지털결제, 쇼핑
동남아시아	Grab	차량공유, 음식배달, 디지털결제
	gojek	차량공유, 음식배달, 디지털결제, 생활 밀접 서비스

그림 5-4   티맥스의 기술적 슈퍼앱 플랫폼

빅테크, 기업제국의 탄생

빅테크(Big Tech)는 미국 정보 기술 산업에서 가장 크고 지배적인 기업, 즉 아마존, 애플, 구글(알파벳), 메타, 마이크로소프트, 테슬라, 엔비디아 등의 기술기업을 일컫는 용어이다. 최근 미국발 글로벌 반도체 공급망 재편으로 인하여 변화는 있겠지만, 이들은 AI, Metaverse를 비롯한 최첨단의 기술력으로 새로운 시대에 대한 기술적 준비가 되어 있고, 그들이 가지고 있는 전 세계적 투자, 매출과 시장점유율로 인해 국가경제의 중요한 구성요소가 된다. 또한 독점이나 안보과 같은 국가적 문제에 있어 갈등의 요인으로 작용할 정도의 기업제국으로서 막대한 영향력을 가지고 있다.

기업가의 혁신 방법론으로 연속 창업(Serial Entrepreneurship)이 제기되기도 했다. 이것은 특히 빅테크 기업들의 추세로, 디지털 기술을 활용하여, 기업가가 여러 사업을 연속적으로 시작하고 관리하는 특징이다. 하나의 성공적인 사업을 구축하는 데 중점을 두는 전통적인 기업가와 달리, 디지털 네이티브 기업가는 지속적으로 새로운 기회를 찾고, 여러 벤처를 동시에 또는 차례로 시작할 수 있다. 이 특징은 새로운 변화에 적응하고, 유연하게 대응하며, 위험을 수용하고, 혁신적으로 사고하는 능력에서 비롯된다. 디지털 네이티브 기업가는 실패를 두려워하지 않으며, 실패는 성공을 향한 디딤돌일 뿐이라고 생각하는 경우가 많다. Tesla, SpaceX, PayPal의 창업자인 일론 머스크는 연속 창업의 완벽한 사례이다. 좌절과 실패에 직면했음에도 불구하고, 머스크는 계속해서 기술의 경계를 무너뜨리고, 새로운 아이디어로 여러 산업에 혁명과 같은 사건들을 일으켰다.

디지털 네이티브 기업은 단일 산업이나 틈새 시장에 제한을 두지 않는다. 새로운 문제를 찾고 해결하려는 호기심과 욕구를 가지고 있으며, 새로운 기회를 끊임없이 찾아 낸다. 버진그룹의 창업자인 리처드 브랜슨의 사업은 항공, 음악, 통신, 의료, 우주 관광 등 다양한 산업 분야에 걸쳐 있다. 다양한 분야에서 적응하고 성장하는 브랜슨의 미래기업가적 재능은 그의 독특한 행동만큼 특별하게 보인다.

빅테크의 장점은 다양한 벤처에 걸쳐 자신의 경험과 네트워크를 활용할 수 있는 제국과 같은 능력이다. 이들은 기존 관계, 업계 지식, 리소스를 활용하여 완전히 새로운 비즈니스르 시도하기도 있다. 예를 들어 아마존의 제프 베조스가 전자 상거래에서 출발하여 Blue Origin(우주 탐사) 및 The Washington Post(미디어)와 같은 여러 성공적인 사업을 하는 경우이다. 구글은 지속적으로 관심 분야를 다각화하고, Alphabet 내부에서 다양한 벤처에 투자함으로써 구성원들의 기업가적 특성을 지원한다.

한편 빅테크와 기업제국을 바라보는 시각이 곱지만은 않다. 유럽은 디지털 시장법을 통해 시장의 지배적 사업자인 빅테크를 견제하고 있다. 미국 중심의 글로벌 시스템에 대한 견제이다. 또한 중국은 한때 중국의 빅테크를 공동번영이라는 이념으로 전방위적으로 규제했다. 중국은 빅테크를 무질서한 자본확장이라고 비난하며, 2020년 알리바바의 앤트그룹 미국 상장을 막았고, 반독점 심사로 알리바바를 6개 회사로 분할했다. 이외에도 디디추싱의 앱을 삭제하고, 해외기업의 홍콩 상장을 제한했다. 중국은 2024년 하반기 다시 규제를 완화했지만, 그동안 규제를 통해 중국이 얻은 것은 중국 빅테크의 비중이 줄고, 정부의 지배력이 증가했다는 것뿐이다.

슘페터는 '사적(私的)제국을 건설하려는 의지, 성공하고자 하는 의욕, 창조의 기쁨이 혁신을 만들고 자본주의 경제를 발전시킨다'고 하였는데, 손정의 회장은 2020년 인터뷰에서 기업제국에 대한 꿈과 '일본을 다시 위대하게'라는 비전을 이야기하기도 한다. 그는 마크 저커버그와 빌 게이츠는 한 가지 사업만 하는 사람이며 자신은 100개 사업에 관여하고 전체 생태계를 통제하는 것으로 차별화했다. 그는 자신이 단순한 CEO(최고경영자)가 아니라고 강조한다. 물론 정답은 없다.

미래기업가는 끊임없이 진화하고 시장 동향에 적응하며 전략을 개선해야만 한다. 회복력과 성장 마인드를 갖고 있어야 하며, 항상 자신의 제국을 확장하기 위한 새로운 도전과 기회를 추구해야 한다. 새로운 산업에 뛰어들고, 위험을 수용하고, 자신의 경험을 활용하여, 연속적인 성공으로 빅테크를 뛰어넘는 제국을 건설하는 모습이 미래기업가의 모습이다.

미래에서 온 기업가

몇 년 전 '재벌집 막내아들'이라는 드라마가 우리나라를 열광시켰다. 미래에서 온 주인공은 남들이 생각조차 하지 못했던 것들을 예측하며 탁월한 성과를 보이고 성공하게 된다. 엔비디아의 젠슨 황, 테슬라의 일론 머스크와 같은 성공한 기업가들에게 우리는 '미래에서 온 기업가'라는 칭호를 부여한다. 엔비디아의 GPU가 게임용 그래픽카드에서 시작되어, 비트코인을 채굴하고, AI의 시대를 만나게 될 것이라는 것을 누가 상상했을까? 실패한 전기자동차 산업을 다시 부흥시키고, 자율주행차를 운행하고, 휴머노이드를 공장에 배치하고, 인간의 뇌에 칩을 부착하여 연결하고, 화성으로 날아가 식민지를 만들겠다는 생각은 아직도 믿기지 않는다. 더군다나 이들은 미국에서 태어난 것도 아니다.

일론 머스크의 여정은 1990년대 후반 초기 벤처에서 시작된다. 그의 첫 번째 성공은 신문에 비즈니스 디렉토리와 지도를 제공하는 소프트웨어 회사인 Zip2였다. Zip2를 매각하고, 1999년에 향후 페이팔(PayPal)로 발전한 온라인 결제 회사인 X.com을 공동 창업한다. 일론 머스크의 리더십과 함께 페이팔은 사람들이 온라인 거래를 수행하는 방식을 혁신하여 개인과 기업이 디지털 방식으로 돈을 보내고 받는 것을 더욱 쉽고 안전하게 만들었다.

이후 일론 머스크는 소위 페이팔 마피아의 일원이 된다. 2002년 일론 머스크는 우주 여행 비용을 줄이고 궁극적으로 화성 식민지화를 가능하게 한다는 야심찬 목표를 가지고 SpaceX를 설립했다. 이 어이없는 목표는 업계 전문가들의 회의적인 반응을 불러일으켰지만 우주 탐험의 잠재력에 대한 일론 머스크의 끊임없는 의지와 비전은 조직에 공유되고 그들의 일하는 방식은 제도가 되어 SpaceX를 현재 최대 규모의 비상장기업으로 만들었다. SpaceX는 재사용 가능한 로켓 개발과 같은 항공우주 산업의 선두주자이며, Falcon 9와 슈퍼헤비의 수직 착륙과 재사용으로 우주 탐사, 배송 및 위성 재배치를 위한 새로운 기회와 가능성을 열었다.

일론 머스크는 2004년 테슬라의 이사회에 의장으로 합류하면서 전기자동차 산업에 진출했다. 일론 머스크의 리더십으로 테슬라는 전기차의 대명사가 되었으며, 세계가 모빌리티를 서비스로 인식하고, 채택하는 방식에도 혁명을 일으켰다. 이 회사의 Model S, Model 3 및 Model X는 성능, 주행 거리 및 안전에 대한 새로운 표준을 설정하여 전기자동차를 기존 내연기관 차량의 실행가능한 제도적 대안으로 만들었을 뿐 아니라 자율주행 기술의 독보적 선두주자이다.

이외에도 2016년 고속 운송을 위한 지하 터널 네트워크를 구축해 도시 교통에 혁명을 일으키겠다는 목표로 보링 컴퍼니(The Boring Company)를 설립했고, 2016년 인간의 능력을 향상시키기 위한 뇌-기계 인터페이스(BMI) 개발에 주력하는 신경기술 회사인 뉴럴링크(Neuralink)를 공동 설립한다. 휴머노이드, 트위터의 인수와 슈퍼앱 등 미래에서 온 기업가로 불리우는 일론 머스크의 성공을 향한 길은 새로운 트렌드를 창조하고, 기존 통념에 도전하며, 과감한 비전을 끊임없이 추구하는 능력으로 특징지어진다. 온라인 결제 및 소프트웨어 산업 분야의 초기 벤처부터 우주 탐사, 전기자동차, 도시 교통 및 신경 기술 분야의 획기적인 성과에 이르기까지 일론 머스크의 기업가적 여정은 미래기업가들에게 커다란 영감을 준다.

"실패가 없다면 충분히 혁신하지 않는 것"이라고 말하는 일론 머스크의 사업개발 마인드셋 중에서 미래기업가에게 필요한 몇 가지 항목을 소개하고자 한다.

첫째, 중요한 일이 있다면, 성공 확률이 낮더라도 반드시 해야 한다. 일론 머스크와 그의 팀은 스페이스X, 테슬라 프로젝트에서 많은 어려움을 겪었지만, 그들의 명확하고 목표와 광대한 비전은 그들을 포기하지 않게 한다. 비전은 어려움을 극복할 수 있는 미래기업가의 동기적 요소이다.

둘째, 실패는 선택사항이며, 실패가 없다면 충분히 혁신하지 않고 있다는 것이다. 일론 머스크는 실패를 두려워하지 않으며, 실패를 통해 배울 수 있다고 믿는다. 그는 여러 번 실패를 경험했지만, 그 과정에서 중요한 교훈을 얻어 더 나은 해결책을 찾는다. 실패는 혁신의 필수적인 부분이라고 생각한다.

셋째, 평범한 사람도 비범해질 수 있다는 믿음이다. 일론 머스크는 자신도 평범한 사람이었지만, 큰 꿈을 꾸고 이를 이루기 위해 노력했다고 이야기한다. 그의 이야기는 누구든지 결심하고 노력하면 비범한 성과를 이룰 수 있다는 것을 보여준다.

넷째, 끈기는 매우 중요하며, 강제로 포기하게 되는 상황이 아니라면 절대 포기해서는 안 된다. 일론 머스크는 여러 번의 실패와 좌절을 겪었지만, 항상 끈기 있게 도전한다.

다섯째, 기업을 만드는 것은 케이크를 만드는 것과 같아서, 모든 재료가 적절한 비율로 있어야 한다. 일론 머스크는 테슬라와 스페이스X를 성공적으로 설립하면서, 각 요소가 얼마나 중요한지 강조했다. 적절한 팀, 자금, 아이디어 등이 균형 있게 조화를 이루어야 성공할 수 있다.

누구에게나 세상의 변화를 지켜보거나 그 변화의 일부가 될 수 있는 선택을 할 기회가 있다. 일론 머스크는 항상 변화의 일부가 되기를 원했다. 그는 전기차 혁명, 우주 탐사, 인공지능 등의 분야에서 변화를 주도함으로써 세상에 큰 영향을 미치게 된다. 또한 목표를 이루려면 매우 의욕적이어야 하며, 그렇지 않으면 스스로를 비참하게 만들 수 있다. 일론 머스크는 항상 강한 동기와 열정을 가지고 일해왔다. 그의 목표를 향한 열정이 그를 성공으로 이끌었다. 성공의 첫 번째 단계는 가능성을 만드는 것이며, 그 다음은 확률이다. 일론 머스크는 불가능해 보이는 목표도 먼저 가능성을 만들고 도전했다. 이를 통해 스페이스 X와 같은 불가능해 보였던 프로젝트도 성공시켰다. 가능성을 믿고 도전하면 성공의 확률이 높아진다.

변화를 싫어하는 사람도 있지만, 대안이 재앙이라면 변화를 받아들여야 한다. 일론 머스크는 항상 변화를 수용하고, 변화에 빠르게 적응해 왔다. 변화를 두려워하지 않고 받아들이는 적응성이 그의 성공 비결 중 하나이다. 변화는 피할 수 없는 요소이며, 피할 수 없다면 이를 활용해야 한다.

여러분은 젠슨 황이나 일론 머스크의 거대한 미래기업가정 여정을 따라 갈 용기와 능력과 행운이 있는가? 그의 말처럼 아마도 매우 희박한 확율로 가능할 것이다. 그러나 미래기업가라면 이러한 일론 머스크의 화려한 앞모습을 볼 것이 아니라, 조직과 제도를 설계하고, 구현하며, 실행하는 능력과 방식과 같은 숨겨진 부분에 관심을 가질 필요가 있다. 일론 머스크의 기업가적 성향과 지향성의 크기와 방향을 따라가기는 매우 힘들다. 하지만, 미래기업의 성공에 있어서는 개인의 기업가적 성향이 직접적인 영향보다는, 기업가의 지향성이 만들어 내는 제도적 구조가 더욱더 직접적 영향을 미친다. 그렇다면 우리는 미래기업가가 만들어 내는 실행역량인 기업의 제도적 구조에 집중하여, 일론 머스크와 같은 미래기업가의 성공의 길을 찾아낼 수 있고, 따라갈 수 있을 것이다.

CHAPTER 02

디지털 혁신

디지털 혁신 기업은 디지털 변혁 이전 (1995년을 기준으로) 설립되어 과거의 성공 경험을 가진 기업으로, 디지털 변혁의 시대에 적응하여 생존에 성공한 기업을 의미한다. 성공한 디지털 혁신기업들은 성공의 경험을 가진 기업들로, 창업자가 아니더라도 새로운 기업가적 지향성을 확보하는 데는 어려움이 없었던 것으로 파악되었다. 하지만 이들은 기존의 성공 경험으로 다져진 기존의 탄탄한 제도적 구조를 가지고 있었던 기업으로, 디지털 네이티브 기업과는 다른 변화의 과정을 필요로 한다.

이들에 대한 평가 시점은 기업의 의도적 디지털 혁신이 발생한 기간이며, 혁신가의 딜레마와 같은, 매우 해결하기 어려운 기존 제도와의 상호작용, 즉 관성과 내부 저항과 같은 문제를 해결하고 디지털 기술을 활용하여 새로운 제도적 구조로 전환하는 데 성공한 기업이다.

표 5-4 디지털 혁신 기업의 성공 사례

	Success	Transformed	디지털 기업가적 지향성			제도적 구조화			성공
	Company	평가대상	적응성	유연성	창의성	조직	제도	문화	제도화 사례
1	Apple 3	2nd Steve Jobs	High	High	High	혁신	혁신	혁신	hierarchical, closed organization culture
2	Microsoft	Satya Nadella	High	High	High	혁신	혁신	혁신	transform to horizontal organizationalal culture
3	Lego	DT1.0, 2.0	High	High	High	혁신	혁신	혁신	crowd sourced design, licensing model, building block

4	DHL	Strategy2025	High	High	High	혁신	혁신	혁신	AI powered logistics optimization, Advanced Quality Control Center (AQCC), Robot, automation
5	Soundtransit	DT	High	High	High	혁신	혁신	혁신	Smart city
6	Disney	DT	High	High	High	혁신	혁신	혁신	reinventing experience, omnichannel experience
7	Gamestop	Cohen	High	High	High	혁신	혁신	혁신	trading games, on-line Blockchain and NFT
8	Adobe	DT	High	High	High	혁신	혁신	혁신	subscription SaaS
9	Caterpillar	DT	High	High	High	혁신	혁신	혁신	Proactive ma, automation, ai digital twin, (Culture, Simple, relationship)
10	IKEA	DT	High	High	High	혁신	혁신	혁신	customercentric, ai
11	Avery Dennison Corp	DT	High	High	High	혁신	혁신	혁신	Transform to the IOT based ID soltuion
12	DMG MORI SEIKI	DT	High	High	High	혁신	혁신	혁신	DX(Process Integration, automation), MX (Proactive ma, digital twin, TULIP), GX
13	CNH industrial	DT	High	High	High	혁신	혁신	혁신	Digital Factory, Proactive ma, automation, ai digital twin
14	DN solutions	2022	High	High	High	혁신	혁신	혁신	external shock, visioning, optimized solution
15	Siemens	Vision 2020	High	High	High	혁신	혁신	혁신	Smart Factory, global RPA center of excellence, open echosystem
16	SMFG	2016 AI RPA	High	High	High	혁신	혁신	혁신	work way, AI+RPA
17	Domino	2020~Covid19	High	High	High	혁신	혁신	혁신	QSR(quick service restaurant) at Covid19, Customer experience, data
18	Bans&Noble	2019 new ceo	High	High	High	혁신	혁신	혁신	Focus on Customer core value & Business
19	Rogers	2018 RPA	High	High	High	혁신	혁신	혁신	Proactivema, Processautomation
20	NIKE	Digital Sports Team	High	High	High	혁신	혁신	혁신	market leadership, Nike Run Club
21	Zara	SPA 2013	High	High	High	혁신	혁신	혁신	Optimal distribution system, new pop-up store, fused with an online ordering service.
22	Walmart	DougMcMillon	High	High	High	혁신	혁신	혁신	Digital First, portfolio change, One walmart omn channel, Keep Sam Walton tradition
23	Keyence	2022	High	High	High	혁신	혁신	혁신	Customer Centric, Let's not become fossils
24	Hyundat Motor Company	2025 strategy	High	High	High	혁신	혁신	혁신	Transform to Mobility Service/SW company
25	DBS	2020	High	High	High	혁신	혁신	혁신	Customer Centric, Open Api
26	ARM Holdings Plc	Michael P. Muller	High	High	High	혁신	혁신	혁신	Open Innvation

※ 각 요소의 평가 및 측정은 해당 기업의 기업분석과 기업가 인터뷰를 기반으로 전문가 패널토론에 의해 결정되었으며, 평가 대상과 시점에 따라 결과가 달라질 수 있다. 상세한 평가기준은 논문을 참고하기 바란다.

새로운 디지털 조직으로의 혁신을 위한 외부적 충격

　안타깝게도 과거의 화려한 시절을 보내고 안정적인 사업을 영위하고 있는 전통기업에게 새로운 시대에 시장의 판도를 바꾸어 놓을 만한 혁신적인 제품과 서비스를 기대하기는 어렵다. 급진적인 혁신을 통해 새로운 제품과 서비스를 만들어 내기 위해서는 비즈니스 모델의 과감한 혁신이 필요하기 때문이다. 이는 기업의 모든 자원과 사고방식이 기존의 성공방식에 배치되어 있기도 하고, 내부의 역량으로 기존 비즈니스 모델, 새로운 비즈니스 모델 개발의 전제, 자연스러운 상호의존 관계, 강점과 한계 등을 이해하는 것도 쉽지 않다. 결국 성공을 위해 새로운 비즈니스 모델과 같은 제도적인 구조가 필요할 때가 언제인지 알기 어렵고, 혁신의 실행은 더욱 어렵다. 이들에게는 관성과 저항을 극복할 절대적 리더십과 기업가정신이 필요하게 된다.

　특히 과거의 성공경험을 가진 전통기업에게 진정한 의미의 디지털 혁신이 일어나기 위해서는 외부충격과 같은 급격한 변화요인이 필요하다. 디지털 변혁으로 인한 사회적 변화 속에서 애플의 스티브 잡스가 다시 복귀하거나, 인수합병과 같은 위기의식 속에서 재창업 수준의 혁신과정이 일어나지 않는다면 진정한 혁신은 기대하기 어렵다.

　조직면에서는 전통기업에서는 과거 성공의 강도가 클수록, 기관처럼 법령에 의해 운영되는 조직일수록 제도적 구조 혁신이 일어나기 힘든 경우가 많다. 이는 전통적 정체성을 포기하고, 새로운 기업형태, 비지니스 모델로, 스스로를 재정의하고, 사회적 정당성을 인정받는 과정이다. 이러한 제도적 구조를 변화시키는 힘은 기업가정신과 같은 메타 구조화 행동이며, 성공의 경험을 가진 전통기업이라면 더욱 어려운 과정이다. 따라서 제도와 구조의 혁신이 일어나기 위해서는 최고경영진의 변화, 인수합병과 같은 재창업 수준의 외부적 충격이 필요하며, 이러한 외부적 충격을 결정하고 수용할 수 있는 제도 역시 필요하다.

　예를 들면, 스티브 잡스가 두 번째 CEO로 돌아왔을 때 애플은 제품과 조직, 제도와 기업문화마저 완전히 무너진 상황이었다. 이후 스마트 폰과 아이튠즈 생태계를 통해 애플은 완전히 새로운 형태의 조직이 되었고, 제도적 인프라인 모바일 생태계와 글로벌 공급망은 재설계되었으며, 고객경험과 디자인에 집착하는 고유의 조직 문화는 자연스럽게 생성되었다. 또한 위기의 순간에 새로운 리더십을 수용한 마이크로소프트의 경우는 사티아 나델리의 리더십을 중심으로 클라우드 퍼스트 전략을 성공적으로 수행하며, AI와 같은 새로운 기술적 변화를 적극적으로 수용하였고, 조직과 제도와 과거의 수평적 조직문화로 전환한 성공적 사례이다. 또한 반즈앤노블은 아마존과 이커머스에 의해 무너진 최고의 서점을 재창업하는 외부적 충격을 겪었다. 그들의 전략은 업의 본질을 재정의하고, 아날로그적 감성을 자극하는 전략을 가지고 있지만, 디지털 변혁 시대의 기술과 제도를 적극적으로 수용하고 있다.

DN솔루션즈는 대우중공업 공작기계사업부문, 두산공작기계를 거쳐 재창업의 과정을 거쳐 기계솔루션 기업으로 재탄생한 특이한 기업이다. 2020년 DN오토모티브에 인수된 이후 새로운 리더에 의해 새로운 조직과 제도와 문화를 구성한 DN솔루션즈는 인수 이전 대비 매출과 영업이익에서 큰 성장을 보이면서, 2025년 IPO를 통해 인수가 대비 2배 이상의 기업가치를 증명할 준비를 하고 있다. 성장의 비밀은 외부적 충격으로 인한 디지털 혁신이다. 조직과 제도와 문화에 대한 파괴적 디지털 혁신이 새로운 리더십과 함께 발생했다. DN솔루션즈는 재창업의 시기인 지난 2년 동안 회사의 새로운 중장기 비전을 수립해 발전 모델을 구체화하여, 2022년 'DN 솔루션즈'로 사명을 변경하고, 2032년 기술에 바탕을 둔 세계 최고의 제조 솔루션 리더가 되겠다는 투명한 비전과 전략으로 회사의 매출, 수익, 사업구조를 디지털 회사로 혁신한다. 글로벌 비즈니스 관점에서 해외 포트폴리오의 전략적 배분, 해외 현지화 전략으로 해외 포트폴리오를 80%로 전략 배분해 안정적 매출 구조를 강화하고 리스크 요인을 감소시켰으며, 글로벌 영업력 및 현지 시장에서 고객과의 파트너십 증진을 위해 KA(Key Account) 전담조직을 신설하는 등 해외 현지화 전략을 실현한다. 2023년 11월 독일 테크니컬 센터를 비롯 해외 주요 지역 R&D 연구소 및 테크니컬 센터를 열어 글로벌 경영을 강화하였으며, 새로운 성장 동력 발굴과 신흥시장인 동남아 시장 공략을 위해 2024년 2월 베트남 법인을 설립하는 등 적극적인 해외 공략에 나서고 있다. 또한 미래 성장분야 경쟁력 확보를 위해서 하이엔드(HE)와 로봇 자동화, AI 자율제조 기술과 디지털 트랜스포메이션에 대한 R&D를 강화하고, 2024년에는 IPO(기업 공개)를 준비하고 있다.

과거의 성공경험을 가진 기업이 고유의 제도적 구조를 혁신한다는 것은 지속적인 성장을 확보하기 위해 매우 중요하며, 이러한 혁신은 최고경영진의 변경이나 인수합병, 스핀오프 등 재창업 수준의 외부충격에서 비롯되는 경우가 많다. 미래기업이 되기 위해서는 이런 거대한 혁신 조차도 반복적으로 지속할 수 있는 제도적 구조를 만들어야 한다.

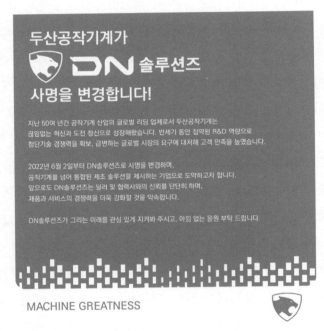

출처 : DN솔루션즈

그림 5-5 **DN솔루션즈 사명 변경**

새로운 생태계, 공급망, 제도 인프라로의 혁신

토요타, 폭스바겐, 현대자동차 등 기존 자동차 기업들은 디지털 변혁의 시대에 생존하기 위해, 이제 스스로를 모빌리티 서비스 기업으로 정의하고 그에 맞는 제도적 구조인 새로운 디지털 조직과 제도와 문화를 확보하기 위해 노력하고 있다.

이외에도 전통 제조 기업들, 애플, 디엠지 모리, 지멘스나 한때 GE와 같은 성공한 혁신 기업들은 디지털 변혁의 과정에서, 비지니스 모델에서 가장 중요한 고객과 고객을 위한 가치-원가 딜레마를 해결하기 위해, 가치와 원가의 핵심요소를 분해하고, 어떠한 디지털 기술을 통해 어떠한 방식으로 해결할 것인가에 대한 문제를 정의하고 이를 해결하는 혁신방법으로 생존과 성장에 성공하였다. 실제로 이들은 극도의 효율성을 추구하는 기업으로, 기업 내부의 제도뿐 아니라 글로벌 공급망과 같은 산업의 제도 인프라를 주도하고 변경하는 기업들이다.

디지털 시대의 제도적 구조는 글로벌가치사슬(GVC)이라고 불리는 생태계를 구성하고 제도적 인프라를 만드는 것이 가장 특징적이다. 이는 생태계의 자원을 경계없이 활용한다는 의미이며, 디지털 네이티브와 달리 기존의 공급망을 확보하고 있는 기업에게는 기회처럼 보이지만 위기의 상황이다. 문제는 새로운 제품과 서비스가 기존 생태계를 활용할 수 없고, 새로운 생태계의 구성원들로 채워져야 한다는 것인데, 예를 들어 GM, 포드, 토요타와 같은 기업은 전기차 생산 플랫폼에 있어 많은 부분을 기존의 생태계를 활용할 수 있겠지만, 결국 배터리와 같은 핵심 부품은 새로운 전기차 생태계에서 찾아야 하며, 기존 생태계와 새로운 생태계의 통합에 있어 표준화와 모듈화를 위해서는 디지털 기술 측면의 표준과 제도 인프라의 혁신이 반드시 필요하다. 이미 언급한 미국 정부의 AI 기술과 반도체의 글로벌 가치 사슬의 개편은 이러한 새로운 제도적 인프라를 재편하는 일에 기업뿐 아니라 국가조차도 노골적이고 전면적으로 개입하고 있는 현실을 보여준다.

이외에도 시스템과 프로세스의 통합을 확보하기 위해 전통기업은 기업의 전방위 프로세스를 디지털 기술을 통해서 통합함으로써, 혁신을 시작하는 사례가 많다. 이를 위해 기존의 ERP, SCM, CRM은 물론이고, 기업 내부와 공급망, 고객과의 초연결을 유지할 유연할 커뮤니케이션 툴 등의 IT 시스템을 동원하여 제도, 프로세스, 기업문화를 혁신하는 디지털 혁신에 동참하게 된다.

조직 문화 혁신은 사람을 변화시키는 것만큼 힘들다

전통기업들의 경우는 두 가지 조직 문화 혁신이 있었다. 첫째는 훌륭한 초기의 조직문화를 유지하거나, 비대해지고 나태해진 조직문화를 청산하고 창업기의 문화로 복귀하고자 하는 것이다. 이 또한 혁신이며 결코 과거와 동일하지 않다. 애플이나 마이크로 소프트, 월마트는 창업기의 창업가의 위대한 철학이나 문화를 유지 또는 복귀하고자 하는 대표적인 사례이다. 스티브잡스는 여전히 애플의 정체성이다. 그리고 팀쿡은 스티브잡스의 경영철학과 정체성을 승계한 경우인데, 경영성과에서는 스티브잡스 이상으로 탁월하다. 마이크로소프트의 샤티야 나텔라는 수직적으로 관료적인 조직문화를 청산하고 초기의 수평적인 조직문화로 복귀하여 성공했다. 월마트는 여전히 창업자인 샘월튼의 유산이 남아있다. 이러한 유산과 전통, 업의 본질을 유지하면서, 미래를 향한 디지털혁신을 가속화해야만 한다.

둘째는 디지털 변혁의 시대에 맞게 전통기업도 전통을 버리고 적응해야한다는 전략적 혁신이다. 사실 앞에서 언급되었던 전통의 유지 또한 자세히 살펴보면 커다란 변화이다. 실행의 측면에서 더욱 어려운 변화일 수도 있다. 변해야 할 것과 변하지 말아야 할 것을 구분해야 하기 때문이다. 또한 변화에 있어 '사람은 바뀌지 않는다'고 믿는 사람들이 있다. 필자도 쓰라린 경험을 통해 그러한 편견이 어디서 비롯되는지 잘 이해하고 있다. '미래에는 사람이 바뀔 수 있다'고 설득할 생각은 없다. 사람이 바뀌기 힘들다면, 사람의 생각과 행위와 의사결정의 준거가 되는 기업의 제도와 기업문화와 일하는 방식, 시스템을 바꾸어 그들이 움직이게 하자. 아마도 과거의 문화를 바꾸는 것은 사람을 변화시키는 것 만큼 힘들 것이다.

전통 기업의 조직문화 혁신은 성과 측면에서도 효과가 크고, 즉각적이다. 또한 이러한 조직문화가 반복적으로 혁신되고 지속되는 것이 제도적 구조의 중요성이다. 루거스너 회장이 혁신을 주도한 1997년경의 IBM은 당시에 성공한 혁신 기업이었다. 하드웨어에서 소프트웨어, 서비스로 이동하여 솔루션 기업으로 조직을 변경하고, 이에 맞는 생태계와 플랫폼의 제도와 표준을 매우 이른 시기에 도입한 기업이다. 또한 신규시장을 공략하는 신규시장사업부(EBO:Emerging Business Opportunities) 조직은 총 25개의 신규사업 중에서 22개의 사업으로 부터 150억 달러 규모의 신규매출을 올렸으며, 씽크 플레이스(ThinkPlace), 이노베이션 잼(Innovation Jam) 등의 새로운 혁신 문화를 통해 아이디어를 모으고, 구성원들 간의 글로벌 네트워킹을 활발하게 지원했다. 그러나 안타깝게도 이러한 훌륭한 최고경영자의 기업가적 지향성과 기업문화의 혁신활동이 고유의 문화로, 제도적 구조로 연결되지는 못하면서 지속되지 못했고 IBM은 다시 어려움을 겪게 된다.

창의성을 확보하기 위해서 전통기업인 시스코나 3M, 구글 등은 개인의 창의성 발휘한 기회를 제공하고, 발명을 장려하고, 심지어 창업을 지원하는 '내부기업가 제도'는 대표적인 제도이며 문화의 사례이다. 이는 기업의 역사나 제품, 조직의 구조 등으로 인해 제도화되었고 구성원들에게도 정당성을 확보하여 스스로 움직이게 만드는 성공한 기업의 제도적 구조의 사례이다.

한편 아마존의 파괴적 혁신의 재물이 되어 무너진 오프라인 서점인 반즈앤노블의 재기는, 제도적 구조의 혁신을 통해 디지털 시대에도 아날로그의 가치로 충분히 성공할 수 있다는 것을 증명하고 있는 사례이다. 이들은 파산했고, 인수되었으나, 업의 본질을 찾아 스스로의 정체성을 더욱더 강화하는 전략을 택했고, 출판사와의 광고수수료 등의 잘못된 관행을 파기하고, 철저히 고객지향적인 제도를 새롭게 구성했으며, 디지털 기술을 활용하여 디지털 채널강화, 디지털 커뮤니티 활성화, 공급망 관리 등을 통해 소비자의 문제 해결 중심의 로컬서점으로, 현장으로의 권한 이양을 통해 디지털 시대의 소비자의 가치를 창조하는 현장 주도적 조직문화를 형성하는데 성공하였다.

일반적으로 전통기업들은 전사적, 전략적 IT 시스템을 구축하기 위해 많은 시간과 예산을 투자하며, 컨설팅, PI, 구축과 교육의 기나긴 과정을 거친 대단한 디지털 혁신으로 포장한다. 하다못해 IT 인프라를 변경하는 것에도 상당한 노력과 시간을 투자한다. 이러한 관행들은 이제 유연하고, 확장성있는 기존 제품을 활용함으로써 얼마든지 시간과 노력을 절감할 수 있다. 또한 IT 기술을 활용하여 일하는 방식을 혁신하는 과정에서 디지털 네이티브 기업과 달리 전통기업은 조직 내에서 치열한 과정을 통해 제도적 정당성을 확보하는 것이 더욱 중요한 요소이다. 예를 들어 조직이 클라우드 전환이나 프로세스 자동화를 인력감축과 구조조정을 위한 수단으로 생각한다면, 아무리 훌륭하게 설계된 시스템이라 할 지라도 제도적 정당성을 확보하기 어렵고 지속적인 활용이 불가능하다.

흔히들 사람은 변하지 않는다고 이야기한다. 조직문화를 혁신하는 것은 사람을 변화시키는 것 만큼 힘든 일이다.

전통기업의 디지털 혁신 실패

사례를 보면 전통기업의 성공과 실패 차이는 기업가적 지향성의 적응성과 유연성 면에서 두드러지게 나타났다. 실패한 기업들은 파괴적 기술과 파괴적 혁신의 선량한 희생자인 것처럼 보이지만, 사실은 한때 이들도 창조적 파괴로 시장을 장악한 기업들이었으며, 여전히 충분한 강도의 기업가적 지향성을 보유한 기업들도 있었다. 따라서 실패의 원인에 기업가적 지향성에 있을 수도 있지만, 성공과 실패를 구분할 수 있는 중요한 요소는 기업의 수명주기에 따른 위험추구와 같은 기업가적 행태의 변화보다는 기업의 제도적 구조의 혁신 여부에서 찾는 것이 합리적이다. 특히 전통기업은 과거 성공의 강도가 클수록, 강한 제도적 구조가 형성되고 고착되어 조직, 제도 인프라, 조직 문화 등이 혁신이 일어나기에 매우 어려운 구조였다. 디지털 변혁의 시대의 빠른 변화를 파악하지 못하여, 적응하지 못하고, 이를 뛰어넘을 수 있는 창의성을 부족했다는 것보다는, 빠르게 적응하고, 유연하게 대처하고, 창의성을 충분히 발휘할 동적 실행역량을 가진 제도적 구조를 가지지 못했다는 것이 이들의 실패의 원인으로 파악되었다.

표 5-5) 전통기업의 혁신 실패

	Failure	Transformed	디지털 기업가적 지향성			제도적 구조화			실패원인
	Company	평가대상	적응성	유연성	창의성	조직	제도	문화	원인
1	Ford	2020 Tesla	Medium	Medium	Medium	Slow	Slow	Slow	Bureaucratic management
2	GE	2008 금융위기	High	High	High	혁신	Slow	Slow	DT Strategy, bureaucratic, Predix → plit
3	Nokia	스마트폰 대응	Medium	Medium	High	Slow	Slow	Slow	Bureaucratic management
4	Motolola	스마트폰 대응	Medium	Medium	High	Slow	Slow	Slow	Bureaucratic management
5	Nintendo	Online/Mobile Game	Medium	Medium	High	Slow	Slow	Slow	Bureaucratic management
6	Blockbuster	Netflix 대응	Medium	High	Medium	Slow	Slow	Slow	Bureaucratic management, failed new service
7	Sony	Apple 대응	Medium	Medium	High	Slow	Slow	Slow	Bureaucratic management
8	Macy's	Amazon 대응	Medium	Medium	Medium	Slow	Slow	Slow	Bureaucratic management, speed
9	Sears	Amazon 대응	Medium	Medium	Medium	Slow	Slow	Slow	Bureaucratic management, speed
10	JC penny	Amazon 대응	Medium	Medium	Medium	Slow	Slow	Slow	Bureaucratic management, speed
11	IBM	클라우드 대응	High	Medium	High	Slow	Slow	Slow	Bureaucratic, Speed, politics
12	Toys 'R' Us	Amazon 대응	Medium	Medium	Medium	Slow	Slow	Slow	Bureaucratic management
13	Cyworld	모바일 대응	Medium	Medium	High	외부충격	Slow	외부충격	Loss of cultural heritage, Merged
*	Apple	AppleCar	High	High	High	Slow	High	High	Value-Cost dilemma

※ 각 요소의 평가 및 측정은 해당 기업의 기업분석과 기업가 인터뷰를 기반으로 전문가 패널토론에 의해 결정되었으며, 평가 대상과 시점에 따라 결과가 달라질 수 있다. 상세한 평가기준은 논문을 참고하기 바란다.

디지털 시대가 도래함을 목격하면서도, 빠르게 변하지 못한 그리고 사라진 수많은 사례들이 있었다. 넷플릭스의 우편판매나 VOD 모델에 어설픈 대응을 하다 사라진 블록버스터나, 애플이 스마트폰을 통해 혁신적인 새로운 생태계를 만들어 나갈 때, 기존의 기술력에 대한 자만심과 경직된 위계적 조직의 한계로 혁신에 빠르게 대응하지 못한 미국의 모토롤라, 핀란드의 노키아, 일본의 소니와 같은 기업들은 대표적인 사례이다. 미국의 많은 서점과 쇼핑몰들이 아마존의 파괴적 혁신에 대응하지 못하고 사라졌다. 안타까운 것은 이들도 한때 높은 수준의 기술과 기업가적 지향성을 가졌던 혁신기업이었다는 것인데, 이러한 변화는 단기간 파괴적 영향력으로 쉽게 인지할 수 없었던 것도 있겠지만, 비대한 조직과 경직된 제도와 문화로 인해 산업이 해체되고, 새로운 산업이 생성되는 상황을 지켜볼 수밖에 없었던 상황이었을 것이다.

블록버스터는 넷플릭스와의 비디오 우편배송사업과 VOD 비지니스 경쟁에 적응하지 못하고 붕괴되었으나, 사실 그 과정은 상당히 치열했고 블록버스터도 나름대로의 혁신을 시도했지만, 조직적 지속성을 보장할 수 없었다. 반면 스트리밍과 엔터테인먼트 콘텐츠 시장에서 디즈니는 고전하지만, 여전히 건재하다. 이는 두 조직의 기업가적 지향성으로서 유연성의 차이보다는, 이러한 적응성과 유연성이 실행가능한 제도적 구조, 즉 조직, 제도와 문화의 형태로 구조화되어 있는가의 차이로 보아야 할 것이다. 또한 전통기업들이 수행해야 할 디지털 혁신의 동기적 요소는 기존 기업의 창업의 동기적 요소와 목적과 비전에서 자유롭지 못했다. 또한 조직 내부에서는 자원의 효율적인 활용보다는 카니발라이제이션에 대한 우려와 내부갈등, 그리고 실패의 위험에 대한 책임 여부에 대한 위험이 더 컸다.

이외에도 고객 중심의 솔루션, 데이터 분석 기반의 서비스와 디지털 혁신을 통해 하드웨어 기업에서 소프트웨어 솔루션 기업으로 변화를 시도했던 2000년대 GE 디지털의 프레딕스 사례는 산업인터넷(IoT)을 도입한 초기의 디지털 혁신사례의 성공사례였다. 하지만 GE는 파괴적 혁신이 발생하고 있었다는 것을 알고도, 이를 무시했거나, 두려워한 경우이다. 하지만 잭 웰치의 실적주의 전통을 가진 경영진은 그들의 기준에서 최선의 선택을 했을 것이다. 이들은 기업가적 적응능력의 문제라기보다는 조직의 프로세스나 제도, 그리고 조직 문화의 문제라는 것을 확인할 수 있다. 전통기업들이 새로운 시장에 대해서도 상당한 기술력을 이미 보유하고 있었으나, 경직된 거대 조직의 문화, 조직, 심지어 내부 정치에 의해 성공할 수 없는 의사결정을 하는 경우는 어렵지 않게 찾을 수 있다.

한편 과거의 창업자의 철학과 업의 본질을 유지하거나 발전시키지 못해 실패한 경우도 있다. 피터트러커(2004)는 Innovation and Entrepreneurship에서 맥도널드의 레이크록은 기업가적 책임을 떠안고 조직 내에 구체적인 정책과 관행으로 심어두지 못했기 때문에, 창업자가 떠난 후 기업은 진부해졌고, 과거 지향적으로 변했으며, 반면 P&G는 회사 조직구조 내부에 기업가적 경영관리 관행을 확립해 놓았기 때문에 최고경영자나 경제상황의 변화에 무관하게 계속적으로 기업가적 지향성을 유지하여 업계를 선도해나가고 있다고 했다. 실제로 P&G는 개방형 혁신프로그램인 C&D(Connect &Develop)를 통해 혁신의 원동력을 외부에서도 구하고 있고, 이를 통해 PFE(Proudly Found Elsewhere)라는 독특한 조직 문화를 정착시키는 데 성공했다.

과거의 화려한 성공 경험을 가진 기업이 반복적 혁신으로 성공한다는 것은 더욱 어렵다. 혁신가의 딜레마에서 클레이튼 크리스텐슨은 파괴적 혁신을 위해서 독립적인 활동기반을 강조했다. 전통 기업은 이미 규모와 관성의 측면에서 소규모 조직의 민첩성을 가질 수 없고, 조직원들이 가진 창의성을 빠르게 활용할 수도 없다. 또한 전통기업들이 창의성이 부족하다는 것은 그들에게 창의성을 인정하거나, 실패를 인정할 수 있는 제도나 문화가 보장되지 않았다는 것을 의미한다. 따라서 이들에게는 새로운 구조, 제도인프라, 문화의 혁신이 요구된다. 즉 새로운 디지털 조직을 정의하고, 새로운 제도 인프라와 새로운 조직문화로 디지털 변혁의 시대에 맞게 혁신되어야만 전통기업의 지속가능한 성장을 확보할 수 있다.

미래기업 파타고니아의 지속가능성 혁신

미래기업의 목적과 동기적 요소를 검토하면서, 전통기업인 파타고니아의 사례는 지속가능성이 미래기업의 새로운 동기이자 중요한 성공요소가 될 수 있다는 점에서 눈여겨볼 필요가 있다. 아웃도어 의류 회사인 파타고니아(Patagonia)의 창업자인 이본 쉬나드(Yvon Chouinard)는 지속가능성을 새로운 제도적 구조에 통합한 미래기업가이다. 환경 보존과 사회적 책임에 대한 그의 지향성은 그를 성공적인 기업가 뿐 아니라 지속가능성을 제시하는 미래기업가로도 인정받게 한다.

지속가능성에 대한 파타고니아의 접근 방식은 피상적인 그린워싱이나, ESG가 아니다. 원자재 조달부터 제조, 유통, 폐기까지 제품의 전체 수명주기를 분석, 적용하는 제도적인 접근 방식을 취하고 있다. 환경에 미치는 영향을 줄이기 위해 재활용 소재의 광범위한 사용, 책임 있는 소싱 관행, 폐기물 감소를 위한 혁신적인 솔루션에서 분명하게 드러난다. 파타고니아가 고객이 파타고니아 제품을 폐기하기보다는 수리하고 재사용하도록 권장한다. 파타고니아는 매장에서 수리서비스를 제공하고, 고객이 자신의 장비를 수리하는 방법을 배울 수 있는 온라인 리소스를 제공한다. 제품의 수명을 연장함으로써 신제품에 대한 수요를 줄이고 환경에 대한 영향을 줄인다.

또한 글로벌 공급망에 대한 투명성을 제공하는 온라인 플랫폼인 Footprint Chronicles을 통해 고객은 제품의 원산지를 추적하고 생산과 관련된 사회적, 환경적 영향을 이해한다. 파타고니아는 소싱 관행을 투명하게 공개하는 것을 제도화함으로써 책임을 다하고, 다른 회사도 이를 따르도록 권장한다. 무엇보다 직원들이 그것을 내부의 문화로 제도화하여, 자발적으로 준수하고, 열정적으로 지지한다.

창업자의 환경에 대한 열정은 비즈니스 영역을 넘어 확장된다. 그는 환경 운동에 적극적으로 참여해 왔으며 파타고니아의 플랫폼을 사용하여 보존, 기후 변화 및 공공 토지와 관련된 원인을 지원한다. 2017년에 파타고니아는 두 개의 국가 기념물의 크기를 줄이기로 한 트럼프 행정부의 결정에 대해 소송을 제기했다. 이 대담한 정치적 움직임은 자신의 사업을 긍정적인 변화를 위한 원동력으로 활용하겠다는 창업자의 의지를 보여주었다.

파타고니아의 혁신적인 지속가능성 계획은 회사 자체에 도움이 될 뿐 아니라 다른 기업도 이를 따르는 제도적 영향을 준다. 이본쉬나드의 리더십과 파타고니아의 성공은 지속가능한 미래기업가의 새로운 방향성이다. 이제 많은 미래기업들이 지속가능성으로 지구환경에 기여하면서도 비즈니스 성장을 이룰 수 있다는 것을 이해하고, 지속가능성을 강조하고 있다.

결론적으로 지속가능성에 대한 이본 쉬나드의 선구적인 접근 방식은 파타고니아를 다른 수준의 기업으로 인지하게 한다. 그들의 지속가능성 프로그램들, 환경 운동에 대한 참여, 내부와 고객들의 문화와 같은 제도적 구조의 변화를 통해, 파타고니아는 기업이 지구에 긍정적인 영향을 미치면서 성장할 수 있다는 것을 보여주었고, 미래기업가와 미래기업에 지속 가능성과 성장이 함께 갈 수 있음을 제시한다.

그림 5-6   미래기업 파타고니아의 지속가능성 혁신

CHAPTER 03

미래기업가와 기업 성과

미래기업인 디지털 네이티브 기업와 디지털 혁신기업은 기존 제도와의 상호작용으로 인하여 서로 다른 과정과 특징을 보이고 있었다. 또한 새로운 디지털 기술로 화려한 IPO(기업공개)에 성공한 기업도, 성공한 기업가정신의 사례로 칭찬받던 기업들도, 시간이 지나서 실패의 사례로 이용되는 경우가 있다. 그만큼 성장을 반복하고 지속하는 것은 어렵다. 특별히 기업가의 영향력이 큰 초기 기업의 성장 과정에서 기업가가 해선 안 되는 것은 분명하다. 첫 번째는 현실과의 타협으로 스스로의 원칙과 비전을 흔드는 것이다. 두 번째는 감정적 실행으로 조직을 피곤하게 만드는 것인데, 이는 대주주의 지위와 오너의 지위를 혼돈하는 전통적 기업가들이 흔히 범하게 되는 실수이기도 하다.

아울러 이러한 혁신을 변화하는 디지털 변혁의 시대에 맞게, 반복적으로 적용할 수 있을 것인가? 그리고 지속적으로 발생할 수 있게 만들 것인가? 그에 대한 해답으로 미래기업이 갖추어야 할 것이 제도와 제도의 구조이다.

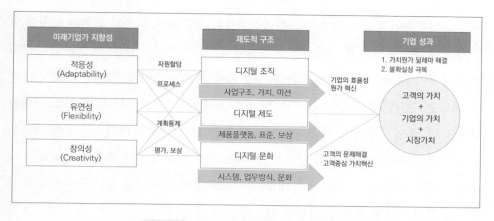

그림 5-7 **미래기업가와 기업성과(제도 관점)**

미래기업의 성공 비결

아마존은 디지털 기술을 활용하여 고객이 필요로 하는 가치를 전달할 수 있는 새로운 제도적 구조를 준비한 조직이다. 그 업의 본질은 변하지 않지만, 디지털 기술과 이를 적극적으로 활용하여 고객에게 가치를 줄 수 있는 제도적 구조를 형성한 것이다.

이를 가장 잘 알고 있는 기업이 쿠팡과 알리바바이다. 쿠팡과 알리바바는 아마존의 모든 것을 벤치마킹하여 성공한 회사들이다. 어설프게 벤치마킹하지 않고 철저히 이해하고 따라갔다.

한편 큐텐의 경우, AI를 통한 개인화, 프로세스 효율성, 디지털 기술을 적극적으로 활용하고, 위메프, 티몬 등을 인수하여 규모를 갖춘 디지털기업이지만 이들의 제도적 구조인 비즈니스 모델과 플랫폼은 과거의 유통업체의 빨리 받고 늦게 주는 유동성 확보와 다를 바가 없다. 또한 위워크는 디지털화된 부동산 임대업이다. 세련되고 화려한 겉모습 뒤에서 제도적 구조의 변화는 찾을 수 없다. 과거의 임대업이나, 과거의 호텔업, 유통업과 동일한 형태의 제도적 구조를 가지고 있다면 성공할 수 없다.

미래기업가의 지향성으로 조직을 설계하고, 새로운 아이디어로 단기에 고객을 사로잡는 제품과 서비스로 초고속 성장을 하는 것은 가능할 수도 있다. 하지만 장기적으로 지속적인 성장을 위해서는 미래기업가의 지향성이, 디지털 변혁의 상황에 맞는 새로운 제도적 구조를 형성하여 조직적이고 제도적으로, 지속적인 성과를 만들어 가는 과정이 새로운 시대의 성공을 위해 반드시 필요한 일이다. 이러한 제도적 구조는 새로운 디지털 조직, 새로운 디지털 제도(인프라), 새로운 디지털 문화로 구성될 수 있으며, 기업의 미션과 비즈니스 모델과 같은 AI와 디지털 변혁을 활용한 새로운 조직을 정의하는 것부터 조직 내부를 포함한, 생태계와 산업의 제도와 제도 인프라를 포함하고, 자원할당, 프로세스 및 계획과 내부통제 면에서의 평가와 보상을 포함한 기업만의 고유한 문화를 만드는 것으로 구분할 수 있다.

이 책의 성공과 실패 사례에서 초기의 성공은 기업가와 기업가정신에 의존성이 높지만, 장기적 성공 사례들은 기업가정신이 만들어내는 새롭고, 차별화된 제도적 구조를 통하여 지속적인 성공에 도달한 기업들이다. 창업 초기에는 디지털 기술과 AI 기술을 활용한 창의적 상품과 서비스만으로도 성공할 수도 있지만, 장기적이고 지속적인 성공은 업의 본질을 이해하고, 고객의 변하지 않은 욕구에 대응할 수 있는, 가치원가 딜레마를 해결할 수 있는 디지털 제도적 기반이 준비된 미래기업만이 가능하다.

지속적인 혁신을 통해 세계 최고의 고객 서비스를 제공하는 아마존의 지속적인 성공의 바탕은 변하지 않는 고객의 욕구, 업의 본질을 이해한 기업가의 역량에서 출발한다. 하지만 지속적인 실행역량을 제공하는 것은 아마존 특유의 제도적 구조이다. 제프 베조스는 인터넷 공간에서 발생하는 모든 상거래를 담당하는 기업으로 거대한 정체성을 확보하였고, 초기의 사회제도적 문제를 성공적으로 해결하여 스스로의 사회적 정당성을 확보하였다. 이어서 조직 내부와 생태계에 아마존의 플랫폼을 활용할 수 있는 제도와 제도적 인프라를 제시하고, 생태계와 함께 표준을 제정하고 수용하는 작업을 통해 이를 완성하였다. 아울러 제프 베조스는 디지털 변혁의 시대에 필요한 아마존 고유의 기업가정신을 담은 14개의 리더십 원칙을 통해 조직문화를 형성했다. 아마존의 리더십 원칙은 철저히 고객지향적이며(Customer Obsession), 모든 것은 고객이 결정한다는 철학이 깔려 있다(사토 마사유키, 2019, 아마존 룰). 실제로 아마존 직원들은 이러한 리더십 원칙을 이해하고, 공감하여, 기업에서 일어나는 채용과 투자, 협력, 제품개발, 디자인 등 모든 의사결정의 준거로 사용한다. 이는 과거의 기업들과는 다르게 유연하고, 원칙만을 제시하고 의사결정 권한은 이양하는, 아마존 고유의 제도적 구조라고 볼 수 있다.

이러한 제도적 구조에 대한 독특한 시각은 아마존이 필요한 역량을 보유한 기업을 인수합병할 때에도 기준이 된다. 아마존이 인수한 자포스(Zappos)는 미국 1위 온라인 신발 판매 회사로 2009년 12억 달러에 인수되었는데, 마케팅 전문가 세스 고딘은 자포스가 창업가의 기업가정신을 고유의 제도와 조직문화로 구조화하였으며 지속적인 성장이 가능한 조직 문화를 보유하고 있다고 평가했다. 아마존이 2017년에 137억 달러에 인수한 홀푸드마켓 역시 그 독특한 조직과 수평적이고 투명하며, 자율적인 조직 문화로 유명한 기업이다. 아마존은 자신들의 온라인과 오프라인 커머스는 제도와 조직 문화가 다르며, 인수를 통해 전략적인 시너지 효과를 발생시킬 수 있는 새로운 조직과 제도와 문화가 필요하는 것을 이해하고 있었다.

지속적, 반복적 성공

디지털 기업가적 지향성인 창의성 측면에서 검색, 구글맵, 안드로이드, 크롬, 유튜브, 클라우드, 스칼라 등 지속적이고 창의적인 혁신으로 세상을 바꾸고 있는 구글은 성공한 디지털 네이티브 기업으로, 디지털 기반의 고유의 제도적 구조를 통해 성과를 내는 대표적 조직이다. 구글은 직원이 자신의 아이디어를 실행에 옮기는 조직 문화를 지원하는 사내기업가 제도를 갖춘 기업이며, 서비스 개발과 조직 운영 전반에 애자일 방법론을 활용한다. 잘게 쪼개진 소규모 애자일 팀이 몇천 개의 과제를 동시에 수행하고 있다. 이는 제품 개발 기간 단축, 생산성과 완성도의 증대, 직원 만족도 향상 등의 효과를 가져온다. 또한 구글의 특징은 직원들에게 생각할 자유, 새로운 일에 참여할 자유를 최대한 보장한다는 것이다. 구글은 아이디어 스케치 기법을 직원들에게 전수하고, 구글 직원은 20%의 시간을 본인의 고유업무와 관련없는 프로젝트에 투입하며, 이러한 과정에서 새로운 사업의 아이디어를 만들어 낸다면, 구글 제품심의회(Google Product Council)를 통해 초기자금의 지원뿐 아니라 전반적인 전략적 방향성까지 제시해준다. 또한 컬처덱으로 불리는 그들만의 문화를 명시하고, 수평적 조직을 구성해서, 아이디어를 내고, 의사결정에 참여하게 한다.

월마트나 애플, MS의 경우는 창업자가 곧 그들의 기업 철학을 상징한다고 할 수 있는 강력한 리더십을 가지고 있는 기업이다. 이러한 기업의 경우 시장은 오히려 창업자 이후의 기업의 생존과 성장을 걱정하는 CEO 리스크를 고민하고, 창업가의 철학을 유지할 수 있는 구조를 요구한다. 이들은 창업자의 기업가적 지향성을 가장 잘 이해하고 실현할 수 있는 짐 월튼, 더그 맥밀런(Doug McMillon), 팀 쿡, 사티아 나델라 같은 후계자에게 전달함으로써, 그들만의 제도적 구조를 발전시켜, 지속적 성장을 이루는 성공 사례이다.

혁신가의 딜레마에서 보듯, 기존의 혁신을 성공한 기업의 혁신은 더욱 어렵다. 더욱이, 20년이 넘게 글로벌 최고의 IT 기업이라고 인정받던 마이크로소프트(MS)에서 문화를 바꾸려는, 잃어버린 기업가정신을 찾으려는 시도는 더더욱 어려웠을 것이다. 사티아 나델라 CEO는 2014년 CEO 취임 후 MS 주가를 800% 이상 폭등시켰다. 그의 리더십은 구성원 개개인의 숨은 역량까지 끌어내는 권한 이양(Empowerment)이며, 수평적 조직구조로의 전환이다. 나델라는 취임 후 구성원들과 함께 자율적으로 토론하는 문화를 실천하고, 구성원들과 함께 10년간의 논의 끝에 새로운 기업의 미션을 만들었다. 지구상의 모든 사람과 조직이 더 많은 성취를 이루도록 돕는 권한을 이양하는 것이다. 경영이란 권한을 이양해 구성원들이 능력을 발휘하게 하는 것이라는 지향점을 담고 있다. 구성원들은 모든 회의에서 주요 의사결정의 순간에도 회사의 미션인 권한 이양의 정신이 반영되었는가를 확인한다. 그 결과 한때 회생하기 어려울 것이라던 MS는 혁신 속도가 빨라지고 후발인 클라우드 사업에서도 전환의 계기를 만들었다. 또한 AI에 대한 선제적 투자는 이제 MS를 다시 한번 가장 가치가 높은 기업으로 올려놓았다. 사티아 나델라의 책 『히트 리프레쉬』에서 볼 수 있는 새로운 리더십과 수평적 문화로의 혁신 등은 과거의 훌륭한 문화를 되찾으려는 복귀를 선택한 제도적 구조 변혁 사례이다.

　　미래기업을 연구하기 위해 디지털 변혁 시대 기업의 제도적 구조 사례를 검토하면서, 지속적 반복적 성장을 확보하기 위해서는, 기업가적 지향성이 제도적 구조로 형성되는 것이 필요하고, 이를 초기부터 기업가들이 고민하고 있다는 것을 확인했다. 그러나 기존 산업화 시대와 달리 미래기업의 제도적 구조는 디지털 변혁의 불확실성을 극복할 수 있는 적응성과 유연성을 가진 창의적인 구조가 필요하다. 즉 미래기업가 고유의 철학과 기업의 문화를 담아야 하며, 필요한 원칙을 제시하되 의사결정 권한이 이양된 유연하고, 수평적이며, 직원들의 이해와 공감이 확보된 조직문화를 담아야 한다. 이러한 미래기업의 제도적 구조는 반복적, 지속적 성과를 유도하게 된다. 또한 미래기업의 성과가 산업화 시대처럼 계산되고 의도적 전략에서 나왔다기보다는, 매우 창발적 과정에서 발생했다는 것을 알 수 있다. 그리고 미래기업에는 이러한 창발적 결과를 위한 노력과 실패를 포용할 수 있는 제도적 구조과 문화적 기반이 필요하다.

06

미래기업가의 시대

이 책은 디지털 변혁의 시대에 성공하는 기업과 실패하는 기업의 본질적 차이와 성공의 이유를 찾아, 미래기업에 적용하기 위한 노력에서 시작되었고, AI와 디지털 변혁 시대의 새로운 기업가정신과 기업성과의 연관성을 제도적 관점을 통해 설명하는 것을 목표로 하였다.

성공의 원인은 다양한 관점에서 정리할 수 있고 성공의 기준은 모두에게 차이가 있겠지만, 많은 성공한 기업가들의 인터뷰를 통해 공통적으로 발견한 성공요소는 '운'이었다. 이는 물리학자들과 경제학자들의 성공 시뮬레이션에서도 증명된 바가 있으며, 운칠기삼(運七氣三)과 같이 성공의 가장 많은 부분이 운으로 구성된다는 것은 인간이 스스로의 사고로 설명할 수 없는 부분을 '운'이라고 생각하는 경향이 있는 이유이기도 하다. 손정의 회장은 『손자병법』의 도천지장법(道天地將法)을 기준으로 성공을 설명한다. 도(道)는 도리, 이치, 대의, 명분, 비전, 기업철학, 천(天)은 타이밍, 지(地) 시장, 지리, 장(將)은 리더나 사람, 법(法)은 제도, 시스템을 의미한다. 불확실성을 연구하며 2008년 금융위기를 예측한 나심 니콜라스 탈렙(Nassim Nicholas Taleb)은 '행운에 속지마라(Fooled by Randomness)'라는 유명한 투자 생존법을 제시한 바 있으며, 행동경제학으로 노벨 경제학상을 수상한 바 있는 대니얼 가네만(Daniel Kahneman)조차 성공은 재능과 운의 결합이며, 큰 성공은 약간의 재능과 더 큰 운의 결합이라고 한 바가 있다. 한편 마이크 타이슨은 그의 실력이나 기행만큼 간절한 명언을 남긴다. "누구나 그럴듯한 계획이 있다. 처맞기 전까지는."

미래기업가정신은 우리 인생에 스쳐가는 '운'이라는 창발적 기회를 포착하고 실행하며 전달할 능력을 준비하는 것과 반복적으로 지속시킬 수 있는 제도를 준비하는 것이다. 따라서 이 책 『퓨처프레너』에서는 디지털 기술이 촉발한 디지털 변혁 시대의 경제와 사회의 변화를 이해하고, 디지털 변혁의 시대가 가진 가장 큰 특징인 소비자 중심 사회로의 변화, 초연결, 초지능화, 초융합과 더불어 급격히 변화하는 디지털 변혁 시대의 불확실성을 극복하고, 성장의 기회로 실현하기 위해 요구되는 새로운 기업가정신과 미래기업가를 정의하였다. 그리고 미래기업가가 어떻게 기업 성과에 영향을 미치게 되는지를 확인하기 위해, 디지털 변혁시대에 대한 적응성과 유연성,

창의성으로 구성된 미래기업가의 지향성이 새로운 제도적 구조를 형성하고, 제도적 구조는 다시 생산자의 비용 측면의 효율성 극대화와 소비자의 문제해결을 통한 가치 혁신을 통해서, 기업의 가치-원가 딜레마를 해결하며, 디지털 변혁 시대의 불확실성에 대응하여, 소비자와 기업의 가치를 극대화함으로써, 기업의 생존과 성장에 영향을 미치게 된다는 연구모델을 제시했다.

이러한 연구모델을 기반으로 1996년 이후, 디지털 변혁 시대의 대표적인 기업들을 성장기의 디지털 네이티브 기업과 성숙기의 디지털 혁신기업으로 분류하고, 또한 대상기업들의 성과를 성공과 실패로 구분하여, 이들의 기업가정신이 어떻게 기업의 성과에 영향을 미치는 것인지 제도적 관점에서 분석하였으며, 디지털 변혁 시대의 기업은 과거와 다른 동기적 요소와 방법, 기업가정신을 가지고 있고, 새로운 기업가적 지향성을 통해 생성된 기업 고유의 제도적 구조가 디지털 변혁의 시대와 미래의 지속적 반복적 성과에 영향을 미친다는 것을 제시하였다.

CHAPTER 01

새로운 동기와 성공 방식

미래기업가가 되고 싶다면, 새로운 시대에 기업가로서 성공하고자 하는 의지가 있다면, 먼저 성공의 목적과 성공의 기준을 정의할 필요가 있다. 미래사회에는 새로운 성공의 기준이 필요하기 때문이다.

여전히 많은 사람들이 성공한 사람으로 인정받으려면 부유하고 힘 있는 사람이 되어야 한다고 생각하고, 반면 새로운 세대는 개인적 충족감과 스스로의 결정에 따른 성취감을 성공으로 여기고 있다. 우리가 일반적으로 생각하는 성공은 표준화된 사회와 조직에서 성공의 단계를 밟아 더 높은 위치로 올라가는 것이다. 기업이라면 더 많은 매출, 이익, 시장점유율 등을 성과 또는 성공이 될 것이며, 직장인이라면 현재 업무에서 뛰어난 능력, 성과를 보이고, 인사권자의 눈에 들어 더 좋은 자리로 승진하거나, 더 많은 재산을 축적하는 것이다. 사회적 존경과 인정은 덤이다.

그러나 디지털 변혁으로 인하여 사회가 점점 비표준화, 개인화되고 미래사회에 어울리는 새로운 성공의 정의와 성공 방식이 요구되고 있다. 기술의 발전으로 재화와 서비스는 점차 개인화되어, 개인의 취향과 라이프스타일을 반영한 맞춤형 상품과 온디맨드 서비스가 보편화되고 있다. 개인화는 직업의 세계에서도 일어난다. 평생직장은 사라졌고, '긱경제', '공유경제'가 주도하는 점차 다양하고 분권화된 프로토콜 경제로 전환 중이다. 이제 성공은 더이상 돈이나 사회적 지위만을 의미하지는 않는다.

새로운 시대에 들어설 때마다 성공의 기준도 급격한 변화를 거친다. 중세, 근대 사회에서는 영토, 국가의 부 그리고 신하나 하인으로 복종하고 충성하며 인정받는 것이 성공일 수도 있다. 하지만 산업화가 되면서 사람들은 새로운 기대를 가지고 자유주의적, 자본주의적 성공을 동경하게 됐고, 부와 지위를 차지할 기회가 세습 귀족들의 전유물이 아니라 일반인에게도 부여되었다. 그 결과로 대다수의 사람들의 삶의 지향성이 소수의 권력자들에게 충성하며 사는 것에서 각 개인이 독립적 부와 권위를 가지는 것으로 변화했다. 이는 시대가 변함에 따라 성공의 척도도 변한다는 것을 나타낸다.

기업가의 세계도 마찬가지이다. 미래기업가는 사회가 제시하는 일반적인 경로가 아닌 본인만의 경로를 개척해 가치를 창조하고 성취감을 누리는 삶을 살고 있는 대표적인 사람들이다. 기업가의 동기는 과거의 개인과 국가적인 부를 위한 기회의 창출을 넘어, 기업과 개인과 사회의 문제해결을 통한 새로운 가치의 창출로 이동하고 있다. 사회와 시장의 문제를 찾고 가설과 검증의 방식으로 이를 해결한다는 것이다. 디지털 네이티브 기업가들의 창업동기를 분석하면서 이들은 산업화 시대의 기업가와는 다른 동기적 요소를 가지고 있다는 확신을 가지게 되었다. 이 책에서 조사된 43개의 성공한 디지털 네이티브 기업들은 그들이 생각하는 문제를 정의하고, 해결방안에 대한 가설을 제시하고, 실험하고 검증하는 과정을 거치면서, 빠르게 실패를 경험하고, 성공에 다가갔다.

새로운 동기와 방법론을 가진 미래기업이라고 하더라도 기업의 생존과 성장의 기본법칙을 이해하고, 디지털 기술을 통해 가치-원가 딜레마를 해결하지 못한다면, 미래 사회에서 생존을 장담할 수 없다. 단순히 디지털 기술을 통해 고객에게 새로운 제안을 한다고 해서 미래 시대의 기업에게 성공이 담보되는 것은 아니다.

AI 혁명과 디지털 변혁이 유발한 불확실성으로 인한 위기는 어느 기업에나 존재한다. 하지만 그 위기가 어디에서 출발되어, 얼마나 큰 파장을 미칠지는 더욱 예측하기 어려워졌다. 거시경제의 유동성 위기, 경기침체나 코로나 팬데믹의 위기와 같은 외부의 위기는 물론이고, 내부의 통제나 관리의 위기 역시 예측하기 힘들고, 불확실하다. 다만 위워크의 상장폐지 사례에서 보는 것과 같이 시장의 신뢰를 잃어버린 기업은 더이상 존재할 수 없으며, 위기는 동시에 급작스럽게 발생하고, 그로 인한 붕괴 속도는 성장의 속도보다 빠르다는 것만 알 수 있을 뿐이다. 불확실성을 극복할 수 있는 적응적인 미래기업가정신이 필요한 이유이다.

또한 성공한 디지털 네이티브 기업들은 디지털 변혁과 미래 시대의 특징을 이해하고, 고객이 원하는 새로운 가치제안을 만들었 뿐 아니라, 높은 기업가적 지향성을 가지고 막대한 투자와 새로운 기법들을 활용하여, 빠른 시간 내에 사용자를 확보하고, 기업의 시장가치를 극대화하지만, 이것을 반복적이고 지속적으로 수행하여 성공을 이어지기 위해서는 제도와 제도의 구조에 대한 혁신을 통해, 고객의 가치 측면의 혁신과 비용 측면의 혁신으로 디지털 변혁시대의 가치-원가 딜레마를 해결하는 조직과 제도와 기업문화를 만들어내지 못한다면 더이상 성장하거나 장기적으로 생존할 수 없다.

'목표를 정하고 열심히 노력하면서 끝까지 버텨라!', '진취적으로 시장의 기회를 찾아 혁신적 기술을 활용하면서 위험을 감수하며 기회를 실현하여 부를 창출하는 것'. 우리가 성공을 이루기 위한 가장 확실한 전략으로 여기고 있었던 이런 기업가정신은 사실 산업화 시대의 방식이다. 미래기업가는 미래가 요구하는 새로운 가치를 창출하는 기업가이다. 미래기업가는 이와 더불어 사회와 개인의 문제를 찾고, 이를 디지털 기술을 통해 해결하는 디지털 사고를 통해, 새로운 기회와 더불어 새로운 가치를 만들어 내는 동기적 요소를 가진다. 아울러 디지털 기술을 활용한 가설과 검증이라는 방법론에 의해 빠르게 실험하고, 실패하는 과정을 통해 그들이 추구하는 성공에 빠르게 다가갈 수 있다.

미래기업은 차별화된 비즈니스 모델과 유연한 생태계, 혁신적인 디지털 기술과 방법론들로 인해 경영효율은 높아지고, 소비자의 가치를 창출할 수 있는 더 많은 기회가 주어진다. 하지만 그만큼 경쟁은 더욱 치열해질 것이다, 미래기업은 새로운 기업가정신과 기업가적 지향성으로 무장하고, 차별화된 비즈니스 모델과 함께, 제도적 관점에서의 차별화된 고유의 조직, 제도, 문화를 준비하여 실행역량을 준비하고, 그 제도적 구조를 통해서, 디지털 변혁시대의 가치-원가 딜레마를 해결하고, 미래의 불확실성을 극복하여, 기업의 지속가능한 성장과 성공을 향해 다가가야 한다.

　미래기업가의 새로운 동기는 새로운 시대의 가치이며, 그리고 미래기업가의 성공방식은 디지털 변혁이다. 미래의 성공은 누구도 예상치 못한 곳에서 자신만의 시장을 창출한 이들, 성공의 표준을 깨는 비범한 승자들, 시스템 바깥에서 게임의 규칙을 파괴하며 미래의 제도를 창조하는 혁신가의 것이 될 것이다.

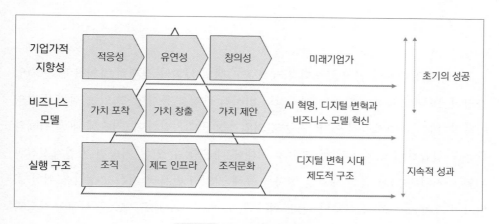

그림 6-1 　미래기업의 성공 구조

CHAPTER 02

미래 기업가정신과 기업 성과

AI 혁명과 디지털 변혁을 포함한 새로운 시대의 사회와 경제적 가치를 담은 기업가정신, 또한 거시적 관점과 미래기업의 미시적 관점을 통합할 수 있는 실천적 경영이론이 '미래 기업가정신'이다. 기존의 기업가정신에 기반하여, 기술에 대한 이해와 활용을 결합하여 AI와 디지털 변혁의 시대에 대응할 수 있는 기술적 기업가정신과 AI와 디지털 변혁과 같은 새로운 변화를 통해 기업의 반복적 지속적 성장을 위한 소비자의 가치, 도덕성과 시장의 신뢰, 회복력(Resilience)과 같은 새로운 시대의 상황과 목적에 맞는 새로운 가치를 추구하는 새로운 기업가정신이다. 또한 미래기업가정신은 더이상 국가적 성장 아젠다나 동기유발에 머무르지 않고, 미래기업과 미래사회의 생존과 성장을 위한 구체적 전략으로 발전하고 있다.

AI 기술 및 디지털 기술과 변혁의 시대성을 반영한 미래기업가적 지향성은 첫째, AI 혁명과 디지털 변혁의 시대에 변화하는 환경에 대처하기 위해 솔루션, 비즈니스 모델을 빠르게 반복적으로 실험하고, 끊임없이 새로운 시도를 하는 '적응성', 둘째, 상황이 변화할 때, 자원을 더 잘 할당하고 과제 수행을 위해 의사결정 규칙과 절차 변경할 수 있는 '유연성', 셋째, 문제를 해결하기 위한 디지털 사고와 고객중심의 독창적 문제해결로 불확실성을 기회로 만들 수 있는 '창의성'으로 정리된다.

이 책은 기업가적 지향성이 기업의 성과에 직접적인 영향을 미칠 것이라는 가설에서 시작되었다. 선행연구의 대부분이 기업가적 지향성과 성과의 관계를 신뢰하고 있었다. 그러나 이러한 연구들은 직접적인 연관성보다는 디지털 변혁 전략과 같은 상황적인 변수에 의한 영향을 설명하고 있었으며, 특정 연구결과에서는 기업가정신의 발현수준과 기업의 성과가 정의 상관관계를 가져간다고 볼 수 없다는 결론을 보고했다. 또한 이 책에서 제시된 연구모델과 디지털 네이티브 기업에 대한 사례 분석을 통해 미래기업가적 지향성이 높은 기업들도 실패하게 되는 경우를 많이 찾을 수 있었다. 결론적으로 기업가적 지향성은 두가지 형태로 기업의 성과에 영향을 미칠 수 있는데, 첫 번째가 기업의 성과에 대한 직접적인 영향이며, 이는 특히 초기 기업의 성공에 있어 기업가와 기업가적 지향성의 역할은 직접적이고 절대적인 영향력을 가지고 있었다. 두 번째는 기업가와 기업가적 지향성의 메타구조화 행위, 즉 기업가적 지향성이 기업의 제도적 구조를 형성하고 혁신함으로써 기업의 지속적이고 반복적인 성과에 영향을 주게 된다는 결론이다.

기업가정신과 성과 효과에 대한 학자들의 다양한 실증연구를 보면 기업가정신이 기업의 성공으로 가는 길에 있어 매우 중요한 요소임은 분명하다. 다만 기업가정신만으로 성공을 확신할 수는 없다는 것이 이 책의 주장이며, 특히 이 책에서는 디지털 시대의 기업들의 성과를 제도적인 관점에서 본다면, 기업가정신은 기업고유의 디지털 조직, 제도, 조직 문화로 이루어진 제도적 구조를 형성하여, 그 제도적 구조를 통해서, 디지털 변혁시대의 가치-원가 딜레마를 해결하고, 불확실성을 극복하여, 기업의 지속가능한 성과에 영향을 미치게 된다고 주장한다.

CHAPTER 03

미래기업의 제도적 구조

디지털 변혁이 만들어 낼 미래사회에서는 우리가 당연하게 생각해왔던 모든 가정이 변할 수 있다. 반면 기존의 이론들이 무너져 버릴 것 같지만, 또한 시대를 관통하여 법칙으로 굳어질 수 있는 것들 또한 존재한다. 기업의 생존과 성장의 법칙은 변하지 않지만, 디지털 변혁은 고객의 가치를 증대시키면서도 비용을 절감할 수 있는 방안을 제시한다. 또한 기업가정신은 시대에 따라 변화하지만, 여전히 중요한 성공의 요소로 존재하며, 기업가의 메타구조화가 만들어 낸 제도와 제도적 구조를 통해서 국가와 사회와 기업은 지속적, 반복적인 성과를 얻을 수 있다.

국가와 기업이 미래사회에서도 생존하고 성장하기 위해서, 미래기업가는 AI 혁명과 디지털 변혁의 상황에 기반한 혁신을 실행하는 실질적 주체이다. 특히 미래기업가는 사회와 기업의 제도를 형성하는 메타구조화(Meta Structuring)를 통해 기업의 제도적 구조(Institutional Structure)를 창조하고 혁신한다. 그리고 미래기업가의 구조화의 결과인 제도와 제도의 구조는 미래기업의 성과인 가치의 창출에 직접적인 영향을 미치게 된다. 이러한 기업의 제도가 혁신되고 성과를 낼 때 거시경제와 사회의 제도도 진보한다. 이는 역사적으로 증명되고 있는 사회와 국가의 흥망을 좌우했던 제도의 중요성과 더불어, 기업 측면에서는 문헌연구에서 드러난 수많은 사례 이외에도, 필자가 지난 30년간 경험하고, 연구한 총 94개의 표본기업을 통하여 확인하였다. 특히 1996년 이후 디지털 변혁의 시대에 태동한 디지털 네이티브 기업의 제도적 구조의 형성과 전통 기업의 디지털 혁신의 과정을 구분하여 조사한 결과, 미래기업가는 새로운 시대의 불확실성을 극복하고 이를 기회로 활용하여, 지속적인 성과로 기업의 성공에 영향을 미치기 위해 사회와 기업의 제도적 구조를 창조하며, 제도적 구조의 구성요소인 조직과 제도적 인프라 및 이러한 제도적 구조를 실행시키는 보이지 않는 제도인 기업 문화와 시스템, 새로운 업무방식을 통해, 미래기업의 성과인 가치 창출과 기업의 성공과 실패에 직접적인 영향을 미치게 된다.

이 책에서는 미래기업의 성공을 위해 기업가와 기업가정신, 창의적인 비즈니스 모델과 비즈니스모델의 혁신, 그리고 동적인 실행구조인 제도적 구조가 필요함을 제시하였다. 미래기업들의 초기 성공에는 새로운 기업가적 역량과 기업가적 지향성이 창의적 디지털 기술과 비즈니스 모델과 더불어 매우 중요한 역할을 하지만, 장기적이고 지속적인 성공으로 이어지기 위해서는 실행구조인 제도적 구조가 필요하다는 것을 제시한다. 장기적으로 무한 경쟁의 상황에서 불확실성을 극복하고 지속적인 성장을 위해서는 변치 않는 업의 본질과 고객의 욕구를 찾아내어 충족시키며 지속적인 혁신을 가능하게 하는 제도와 제도의 구조가 무엇보다 중요하다는 것을 제시한다.

미래기업에는 디지털 네이티브 기업만 있는 것은 아니다. 이미 과거의 성공을 통해 고유한 제도적 구조를 형성한 전통기업도 디지털 혁신을 통해 미래기업으로 진화하게 된다. 디지털 변혁을 넘어 미래의 성장을 어떻게 지속적 반복적으로 수행할 것인가는 디지털 시대를 살아가는 모든 성공한 기업가들의 고민이다. 창업가의 고유한 기업가정신으로 기업공개(IPO)라는 성공의 첫 번째 관문을 넘어서, 지속적 반복적 성장을 어떻게 이룰 것인가는 조직, 제도, 의사결정구조, 조직문화, 학습 등 기업의 관리와 관련된 디지털 혁신의 영역이다.

디지털 네이티브 기업들은 창업초기에서부터 미션, 비전, 가치 등을 준비하고 구성원들에게 전달한다. 이것은 투자사에서 요구하고 있는 바이기도 하지만, 창업자의 기업가정신을 기업의 문화와 시스템을 통해 제도적 구조에 담아내는 일이다. 이를 모든 직원들이 공감하고 의사결정의 준거로 삼을 정도로 제도화한다는 것은 결코 쉬운 일은 아닐 것이다. 아마존, 구글, 넷플릭스, 애플, 스포티파이, 에어비앤비, 메타와 같은 기업들이 지속적 반복적으로 성장할 수 있었던 배경은 창업가의 기업가정신을 새로운 디지털 조직 구조와 형태, 고유의 문화, 제도와 시스템을 통해서 제도화하는 또 다른 혁신에 있었다.

기업가는 사회 제도의 영향을 받는다. 자본주의, 경제제도, 그리고 국가와 기업이라는 것도 인간의 필요에 의해 발생된 하나의 제도적 구조이다. 이러한 거시경제 구조와 제도의 영향 아래서 기업은 정당성을 확보하고, 기업가적 활동을 하게 된다. 한편 기업가적 활동, 특히 메타구조화 활동이라고 불리는 기업가적 행위는 미시 경제 세계 즉 기업내부와 협력업체를 포함한 미시경제의 새로운 제도를 구성하게 된다. 그리고 이렇게 형성된 제도들은 다시 거시적 제도에 영향을 주어 사회의 제도를 혁신하고 발전시키기도 한다. 특히 디지털 변혁이나 AI 혁명과 같은 기술이나 기업이, 국가나 사회의 제도변화를 주도하는 경우 발생하는 일이다. 기업가와 기업가적 활동은 거시적 관점의 제도에 영향을 받으며, 기업 수준에서 미시적 제도를 창조하여 기업가적 발전을 이루고, 이러한 미시적 제도의 발전은 다시 거시적 제도에 영향을 미쳐 사회적 진보를 이루게 된다.

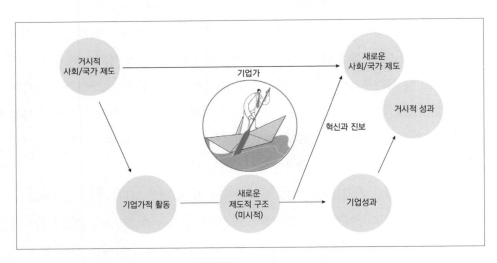

그림 6-2 **기업가와 제도**

CHAPTER 04

디지털 변혁은 다시 오지 않을 기회이다!

디지털 변혁으로 인한 자동차업계의 변화에 대해 토요타는 내연기관 자동차에서 모빌리티 서비스로의 전환을 '백 년에 한 번 오는 대전환'이라고 표현한 바 있다. 한편으로는 디지털 화폐로 인해 글로벌 기축 통화의 이동과 같은 백 년에 한번 볼 수 있을지 모르는 변화가 진행되고 있다. 생각해 보면 18세기 산업혁명은 인류에게 새로운 세상을 제공한 혁명적 사건이다. 그리고 몇 차례의 획기적인 기술적 발전이 있었지만, 지금 우리는 아버지 세대만 해도 상상할 수 없었던 풍부한 자원과 기술 속에서 이 모든 것을 편하게 사용할 수 있는 세상에 살고 있으며, 이제 우리는 다시 한번 AI 혁명과 디지털 변혁의 변화를 겪고 있다. 어떻게 이런 마법 같은 급격한 변화가 일어나는 것일까? 많은 일이 실패하고, 끊임없이 실망하면서도, 다시 상상하고, 시도하는 인간의 노력이 디지털 기술로 인하여 빛을 발하는 시대가 디지털 변혁의 시대이며, 우리의 미래를 만들어 가는 동력이다.

이 책에서 미래기업가로 가장 많이 언급되는 일론 머스크와 최근 작고한 찰리 멍거가 식사를 하면서 나눈 대화가 있다. 찰리멍 거는 테슬라가 실패할 것이라고 말했고, 머스크도 그의 말에 어렵지 않게 동의했다고 한다. 하지만 일론 머스크는 그럼에도 해 볼만한 가치가 있다고 말했다. 사실 일론 머스크는 매번 미친 듯한 목표를 세우고, 처음엔 안 될 것이라고 당당하게 말한다. Space X가 매년 쏘아올리는 로켓이 이륙이나 착륙에 실패했을 때도 일론 머스크는 "이번엔 성공할 거라고 예상하지 않았다. 하지만 많은 진전이 있었고, 다음 비행에는 더 좋은 기회가 있을 것이다."라고 말한다. 심지어 일론 머스크는 초창기 "SpaceX와 Tesla의 가치가 0달러가 될 가능성이 90% 이상이라고 생각했다."라고 회고했다. 당연히 언론과 업계 관계자들도 그렇게 생각했다. 하지만 일론 머스크는 시도했다. Tesla는 100년간 지속되던 내연기관 자동차 시장을 혁신시켰고, SpaceX의 지금 상장할 경우 기업가치가 300조 원에 육박할 것이라고 예상한다. 이제 세상은 더이상 일론 머스크가 하는 모든 것이 무모하거나 위험스러운 장난이라고 생각하지 않는다.

디지털 변혁의 시대에 기회를 찾는 방법은 과거보다 어렵지 않다. 직접 창업하는 방법도 있고, 투자를 하는 방법도 있다. 돈은 누군가의 문제를 해결하는 방향으로 흐르게 된다. 창업 그리고 투자는 대부분 이러한 기회를 찾아서 이루어 지게 된다. 인구구조 불균형으로 인한 실버, 바이오, 에너지, 교육 등 눈에 보이는 기회는 여전히 존재한다. 그리고 지난 시간을 돌이켜 보면, 정확히 동일한 형태의 반복은 아닐지라도, 크게는 무엇인가 비슷한 형태의 이벤트와 사회적 현상이 반복적으로 발생한다는 것을 확인할 수 있다. 다만 그 현상과 이벤트를 어떻게 설명하는 가는 다른 형태의 접근과 해석이 필요하다.

워렌버핏은 투자 대상에 대한 관심과 사랑으로, 남보다 더 많이 생각하고, 더 먼저 행동할 수 있는 힘을 가지고 있는 사람이다. 자신을 정당화시킬 수 있는 근거를 찾아 투자한다. 그리고 오랜 투자기간 속에서 증시의 변동과 상관없이 자신이 의도했던 수익율을 얻어낸다. 투자종목을 선택할 때도 주가 결정 변수가 적은 성숙기 기업들을 찾는 경향이 있다. 자신이 이해할 수 있는 기업과 산업에 투자를 하여 실수를 줄일 수 있다. 수요의 안정성, 내재가치 대비 저가에서 투자하는 원칙이다. 이제는 기술적으로 빠르게 분석해서 따라갈 수 있는 방법이 있다. 심지어 위렌 버핏의 투자종목을 따라가는 펀드도 존재한다. 문제는 실행이다.

디지털 변혁 시대에는 손정의와 비전펀드가 하는 것처럼 성장잠재력이 있는 산업을 찾고, 그 분야를 선점한 기업을 선택해서, 확실한 1등으로 만들어버리는 투자방식도 가치가 있다. 당연히 엄청난 수익을 기대할 수도 있지만, 불확실성의 시대에 더 많은 위험에 노출되는 디지털 변혁 시대의 투자방식이다. 결과는 기존의 변수로는 설명되지 않았던 욕심, 국가간의 갈등, 제도적 불확실성 등의 막대한 위험을 가져온다. 이렇게 만들어진 글로벌 자산 가치에 대한 거품논쟁이 있지만, 경제는 살아있는 유기체와 같고, 기술은 끊임없는 생존의 방식을 찾을 것이므로, 갈등에서 비롯된 비효율을 극복할 수 있는 극적인 생산성의 증가가 등장할 것이다. 예를 들어, 오래된 사회제도인 국가는 약화되는 반면, 탈국가, 탈중앙화된 거대 플랫폼을 통해서 글로벌 소비자들은 새로운 제도를 구성하게 될 것이다.

미래기업가는 매일 새로운 성공과 실패를 통해 새로운 것을 배운다. 글로벌 빅테크의 놀라운 전략과 실행에서, 벤처캐피탈의 과감한 투자와 수익에서, AI와 디지털 기술을 전문으로 강의하는 대학원에서 거창한 디지털 변혁과 기업가정신 이론을 배우기도 하고, 돈까스 식당에서 집밥 뷔페로 비즈니스 모델을 바꾸어 건물을 산 시골식당 사장님에게서, 팔순이 되어도 인도네시아에 공장을 세우고 싶어하는 중소기업 사장님에게 배우기도 한다. 때로는 이러한 현장의 날 것들이 더욱 쓸모있을 때도 있다.

이렇게 방법도 자원도 확보할 수 있는 AI 혁명과 디지털 변혁이라면, 남은 것은 실행의지 뿐이다. 결과로 다가올 미래의 불확실성은 과거의 리스크라고 불리우던 선택적 위험과는 다르다. 학교에서 글로벌 기업에서 배운 것을 가지고 무엇을 상상하고 예측하든, 그 이상의 생각치 못한 결과가 나올 수 있다. 이러한 불확실성을 극복하기 위해 미래기업가는 산업화 시대의 전형적인 계획과 전략보다는, 디지털 변혁시대에 다가올 상황을 분석하고, 적응하며, 유연하게 대처하고, 창의적인 대안으로 극복할 수 있는 역량을 필요로 한다. 이것이 미래기업가이며, 그들이 가진 특성과 역량이 미래기업가정신이다. 미래기업가에게 디지털 변혁은 인생에 다시 오지 않을 기회가 될 것이다.

미래기업가가 가진 중요한 특징인 지향성으로 적응성, 유연성, 창의성을 이미 정리한 바 있다. 하지만 만약 누군가가 나에게 미래기업가에게 가장 필요한 특성이 무엇이냐고 물어본다면, 나는 주저 없이 '실행의지'라고 할 것이다. 시작할 수 있는 의지와 능력이다. 기업가가 되고자 하는 사람이라면 자신만의 재능이 있고, 밤을 세워 알고 싶어하는 열정과 지칠 줄 모르는 끈기는 이미 가지고 있을 것이다. 미래기업의 조직과 제도와 기업문화를 만들어, 제도적 구조를 만드는 것 또한 많은 사람들의 도움을 받을 수 있다. 그러나 AI와 디지털 변혁의 시대를 둘러싼 불확실성은 과거처럼 전략과, 계획과 실행에 의한 성공을 담보하지 못한다. 새로운 시대에 적응하며, 유연하게 대처하고, 창의적인 대안으로 극복할 수 있는 미래기업가와 더불어 기업가적 실행을 통해서, 실패를 통해서, 또는 성공을 통해서, 학습하고, 새롭게 성장하는 미래기업가가 필요하다. 미래를 꿈꾸는 당신에게 디지털 변혁은 다시 오지 않을 기회이다.

글을 마치며

그다지 과학적인 통계는 아니지만, 필자가 아는 IT 기업에 종사하던 분들은 월등히 아들보다는 딸이 많다. 심지어 나는 딸만 하나인 아빠이다. 이런 필자가 가장 자주 받는 질문이 있어 솔직하고 간단한 답변을 하고자 한다.

첫 번째 질문은 학생들이 디지털 변혁의 시대, 또는 미래에 성공하기 위해 디지털 기술을 알아야 하는가에 관한 질문이다. 젠슨황은 2024년 세계정부정상회의(World Government Summit)에서 AI가 모든 사람을 프로그래머로 만들어 줄 것이며, 코딩 배울 노력보다는 다른 전문 지식을 익히라고 주장했다. 의미있는 지적이며, 누군가에게는 희소식일 수도 있겠다. 하지만 필자의 답변은 안타깝게도 디지털 변혁의 시대와 미래를 살아갈 사람이라면 디지털 기술과 AI가 어떤 방식으로 작동되는지, 어떻게 활용될 수 있는지 반드시 알아야 한다는 것이다. 소위 문과학생도 예외는 아니다. 적어도 경제생활을 하면서, 미래의 기회를 찾고 활용하고 싶다면 디지털 기술을 이해해야 한다. 많은 분들의 조언과 같이 컴퓨터 사이언스를 전공하라거나, 코딩을 공부하라는 것은 아니다. 의사, 변호사, 회계사, 세무사 공부를 하지 말라는 것도 아니다. 적어도 우리의 사회에, 생활에 밀려오는 디지털 변혁의 물결에 대해 그 원인과 원칙과 목적에 대해 이해할 필요가 있다는 것이다. 그래야 여러분의 전문지식과 디지털 기술이 일으킬 디지털 변혁과 미래를 상상할 수 있다.

두 번째 질문은 학생과 학부모가 공히 "AI 혁명과 디지털 변혁으로 인하여, 직업의 세계에도 분명히 거대한 변화가 올 것인데, 미래에는 어떤 일을 하면 좋겠습니까? 무엇을 준비하면 좋겠습니까?"라는 질문이다. 사실 필자가 사회생활을 하기 전부터 지금까지 우리나라는 한 번도 취업 경쟁이 최악이 아니었던 적이 없다. 심지어 지금의 속도로 AI가 발전하고, 로봇과 기계로 인해 인간의 일이 대체된다면, 더이상 안전한 직업도 없다. 이제 부모님이 선호하는 의사나 변호사와 같은 전문직이 되기 위해 우리 아이들이 목숨을 걸 필요가 없다. 직업의 종말(2017)에서 테일러 피어슨은 '디지털 시대에 직업은 역사상 가장 위험하고 믿을 수 없는 일이 되어 버렸다. 따라서 직업적 미래가 사라지고, 직업의 시대가 종말을 고하고 있다'고 주장한다. 디지털 기술은 노동 인력을 대체할 AI, 로봇의 비약적 발전으로 인간의 안정된 일자리를 빼앗았고, 지구적 교육수준을 향상시켜 무한경쟁의 시대로 내몰았다. 좋은 학교와 좋은 학위로 안정적인 전문직을 얻는다는 것은 이제 옛날이야기이다. 이제 더욱 복잡하고 시시각각 변화하는 세상에서 대부분의 청년들에게 안정된 직업과 경력을 계획하라고 요구하는 것은 좌절감만 안겨주는 무의미한 행위가 될 수 있다. 차라리 자신이 잘할 수 있고, 좋아하는 영역에서 자신만의 능력과 기술을 발전시키고, 이를 통해 남이 아닌 스스로에게 가치있는 기회를 추구하는 것이 필요하다. 먼저 여러분들이 관심있는 또는 잘할 수 있는 분야가 있다면, 거기에서 디지털 변혁을 연결시켜 경쟁력있는 전문가가 될 수 있다.

　　그리고 필자의 제안은 미래의 새로운 선택지로서 미래기업가를 기억하라는 것이다. 이제 먹고 사는 것 자체를 걱정할 필요는 없는 시대이다. 무엇인가 가치있는 행위를 하고, 스스로를 증명하고 보여줄 수 있는 자아실현을 원할 것이다. 방법도 어렵지 않다. 누군가 원하거나 필요로 하는 것을 진심으로 찾아서 해결해주고 제공해주면 된다. 이것이 문제의 해결이다. 심지어 그 어느때 보다 우리가 상상하는 것을 쉽게 만들 수 있고 실험해볼 수 있다. 이 과정에서 많은 사람의 도움을 받을 수 있고, 돈도 빌릴 수 있다. 남은 것은 여러분이 미래의 기업가적 역량인 적응성, 유연성 그리고 창의성을 가지고 있는가? 그리고 마지막으로 실행할 의지와 역량을 가지고 있는가에 달려있다. 따라서 지식보다 기업가정신이 중요한 시대로 넘어가는 전환기에, 기회는 새로운 일에 뛰어들 수 있는 사람, 그러한 새로운 선택지에 공격적인 투자를 할 수 있는 사람들이 가져간다. 사회가 부여한 가치에 따라 가능한 선택지를 고르기보다, 자신의 것을 만들고, 스스로 설계자가 되어야 한다. 자유의지로 선택한 일를 향해 땀을 흘리고 노력하며, 성장하기 위해 시간을 보낼 때 더 나은 성과를 이루게 된다.

　　대학생인 자녀에게 너는 전문직이나 대기업에 취업을 하지 말고, 창업을 하라고 권유할 수 있는 부모가 있을까? 디지털 변혁이 진행 중인 현재도 여전히 기업가는 사회적으로 그다지 선호하지 않는 직업인 것 같다. 물론 스타트업의 성공과 TV 드라마의 영향으로 과거에 창업이라는 행위가 도박이나 술과 같은 패가망신의 반열에 있었던 것에 비하면 엄청난 발전이지만, 현실은 여전히 좋은 직장을 구하거나 의사나 변호사가 될 수 있다면 추천하지 않을 것이다.

그동안 우리는 미래의 불확실성을 두려워해, '직업'이라는 예측 가능하고 안전한 울타리에서 미래를 계획해 왔지만, 직업의 미래 역시 불확실한 시대로 접어들었다. 불확실의 시대에 제도가 만들어 놓은 일자리를 찾기보다, 스스로 제도를 구축하여 일과 가치, 미래를 만들어 내는 기업가가 되는 건 어떨까? 변화를 감지하고 기업가정신을 발휘해 자신만의 가치를 찾고 일의 미래를 스스로 써 나가는 일이다. 사라져버릴 안정적인 직업을 찾아 헤매는 것보다는, 자기 자신만의 비즈니스와 가치를 구축해, 스스로를 증명하고 발전시키는 것이 필요한 시대이다. 물론 이러한 미래의 선택에도 리스크가 있고, 선택이후에 다가올 불확실성이 존재한다. 다만 눈앞의 이익을 위해 다가올 미래의 가치를 포기하지 않기를 바란다. 그 도전이 가치가 있다면, 실패도 성공도 가치가 있을 것이다.

감사의 글

많은 분들의 아낌없는 격려와 지원 속에서 부족한 글을 마무리하면서 특별히 감사의 마음을 전하고자 합니다. 이 책은 연구논문에서 시작하였으나, 많은 사람들이 디지털 변혁과 기업가정신, 미래기업가를 이해하고, 편하게 읽을 수 있도록 학술용어의 사용을 자제하고, 쉽게 이해할 수 있는 역사적 사실과 잘 알려진 기업의 사례를 인용하여 설명하였으며, 소주제에 대한 대답을 하는 형식으로 만들고자 하였습니다. 이 과정에서 저는 ChatGPT의 도움을 받아 구성을 하고, 그림을 그렸고, 자료를 수집하고, 분석하였습니다.

먼저 지난 5년간 각별한 지도와 격려로 이 글을 이끌어 주신 김용진 교수님께 다시한번 깊은 감사를 드립니다. 지난 시간 여러 번의 좌절의 순간에 지혜와 용기를 주신 교수님 덕분에 길었던 여정과 좌절의 순간들을 극복하며 여기까지 올 수 있었습니다. 또한 날카로운 질문과 가르침으로 방향을 잡아 주신 김주영 교수님, 서정일 교수님, 조봉순 교수님, 이군희 교수님께 감사를 드리며, 아울러 지도해 주신 모든 서강의 교수님들께도 다시 한번 감사의 인사를 드립니다.

이 책에서는 사례분석을 위한 패널토론과 인터뷰 과정이 있어 도와주신 분들이 많았습니다. 특별히 현재는 인텔에 계시는 팻갤싱어 CEO, 유아이패스의 다니엘 다인즈 CEO, 디엔솔루션즈의 김원종 사장님과 티맥스 그룹의 박대연 회장님, 부산 대성학원 허동기 원장님, 서강대학교 경제학과 이진권 교수님, 런던시티대학교 손병각 교수님, 유아이패스 백승헌 박사님, 쿠팡 이호성 전무님, 세일즈포스닷컴 양지숙 상무님, 애널리스트 전미진 선생님을 비롯하여 급작스런 인터뷰와 질문에 답해주신 여러 기업의 창업자, 임직원분들과 다양한 기업에서 활동하면서, 의견을 나눠주신 아이비엠과 브이엠웨어, 유아이패스의 선후배님들, 박사 과정을 같이한 선후배 동기분들께도 감사를 드립니다.

무엇인가 몰두하다 보면, 곁에 있는 정말 소중한 것들을 놓치게 될 때가 많습니다. 사랑하는 아내와 아이, 소중한 어머니와 가족들, 라파엘과 가브리엘에게도 사랑과 감사의 마음을 담아 이 책을 드립니다.

참고문헌

1. 2022년 글로벌 기업가정신 연구(GEM) 보고서, 중소벤처기업부, 창업진흥원

2. 강신형 (2019), 절대 강자 제치고 가치혁신 성공 '와이즐리'의 블루오션 전략, DBR 32510

3. 고영경 (2021), 아세안 슈퍼앱 전쟁, Page2

4. 권오현 (2018), 초격차, 쌤앤파커스

5. 김광현, 동학림 (2019), 사람중심 기업가정신이 중소기업 핵심역량과 기업성과에 미치는 영향, 한국콘텐츠학회 논문지. 2019-05 19(5):217-232

6. 김성남 (2017), 공룡보다 카멜레온 조직역량이 4차 산업혁명 시대를 주도한다, DBR 223

7. 김아현, 김용진 (2021), 디지털 기업가정신과 기업성과. 경영학연구, 50(1), 1-22, 10.17287/kmr.2021.50.1.1

8. 김용진 (2021), 온디맨드 비즈니스 혁명, 쌤앤파커스

9. 김용진 (2015), Servicovation, 서비스 중심의 비즈니스 모델 혁신. 율곡출판사

10. 김위찬, 르네 마보안 (2005), 블루오션 전략, 교보문고

11. 김위찬, 르네 마보안 (2017), 블루오션 시프트: 경쟁 없는 새로운 시장으로 이동하는 법, 비즈니스북스

12. 김정호 (2022), 제조업내 벤처기업의 스케일업 과정과 결정 요인: 성숙기업과 스타트업의 사례 분석, 한국혁신학회지 제17권 제4호

13. 김정호, 백서인 (2021), 유니콘 기업의 성장 과정과 성장 요인에 관한 연구: 스트라이

프와 스퀘어의 사례를 중심으로, 한국혁신학회지 Volume 16, Number 3, Aug. 2021

14. 김양민 (2019), 불확실을 이기는 전략: 센스메이킹. 박영사

15. 김태유, 김대륜 (2017), 패권의 비밀, 서울대학교 출판문화원

16. 김판수, 주기중, 장영혜 (2019), 창업자의 기업가정신과 환경인식이 경영성과에 미치는 영향, 대구경북연구 제18권 제3호

17. 김현희, 이병희, 백필호 (2017), 국내 소셜커머스 시장의 변천 및 기업의 진화 — 쿠팡, 티몬, 위메프를 중심으로, 경영사연구, 32(4), 135 — 154

18. 남수진 (2018), 이제는 공장도 스마트 시대. 아디다스 스피드 팩토리, 소비자평가

19. 니시오카 안누 (2023), 괴물 같은 기업 키엔스를 배워라. 더퀘스트

20. 대한상공회의소, 산업연구원(2021), 글로벌기업의 디지털 전환 특징과 시사점 보고서, 지속성장리포트 11호, 대한상공회의소

21. 도용선, 이다혜 (2022), 기업수명주기별 위험추구행태 및 기업성과, 관리회계연구 제22권 제3호

22. 변충규, 박종복 (2022), 디지털 기업가정신의 구성요인에 대한 탐색적 연구, 벤처창업연구, 제17권 제2호, pp141 — 151

23. 변충규, 김석호, 하환호 (2022), 디지털 기업가정신 분야의 연구동향 분석과 연구방향 제언, 지역산업연구, 제45권 1호, pp117 — 142

24. 백서인, 김영환, 김정호, 윤여진, 이승우, 권상집, 이상훈 (2020), 글로벌 데카콘 기업의 성장 경로 분석 — 미국과 중국 사례를 중심으로, 과학기술정책연구원(STEPI) 정책연구 2020 — 19

25. 백서인, 손은정, 김지은 (2020), 4차 산업혁명 분야 중국 혁신 기업의 성장요인 분석: 센스타임, 바이트댄스, DJI를 중심으로, 기업경영연구, 27(1), 75 — 100

26. 소프트뱅크 신 30년 비전 제작위원회 (2011), 손정의 미래를 말하다. 소프트뱅크 커머스

27. 손수미, 송은실, 남정민 (2023), 기업가정신이 기업성과에 미치는 영향에 대한 메타연구: 2000년 이후 국내 실증연구를 중심으로, 한국진로창업경영학회지, Vol7,

No1, pp4-23

28. 쏭훙빈 (2006), 화폐전쟁, 랜덤하우스

29. 신현암, 전성률(2022), 왜 파타고니아는 맥주를 팔까, 흐름출판

30. 신현암 외 (2012), 국내 기업의 대량 맞춤화 사례연구, 디지털 정책연구 제10권 제6호

31. 유정민 외 (2017), 매스 커스터마이제이션의 공동가치창출이 소비자 반응에 미치는
    영향, e-비즈니스연구, 18(1), pp37-49

32. 윤현중 (2014), 기업가적 지향성의 성과 효과에 대한 메타 분석, 전략경영연구.
    2014-12 17(3):19-40, 한국전략경영학회

33. 윤보성 (2022), 디지털기업가정신과 온디맨드 서비스 혁신의 관계에서 서비스지향
    성과 디지털 변혁의 역할, 서강대학교 대학원

34. 이경호, 하규수 (2022), 기업가정신과 디지털 역량이 창업성과에 미치는 영향, 한국
    벤처창업학회: 학술대회논문집, 2022.04a, pp45-49

35. 이성열, 양주성 (2021), 플랫폼 비지니스의 미래-두나무의 사례, 리더스북

36. 이종환, 성균관대학교 글로벌창업대학원 (2019), 린 캔버스를 활용한 국내 IT 유니
    콘기업 비즈니스모델 연구: 쿠팡, 우아한형제들, 비바리퍼블리카와 해외사례 비교
    중심으로

37. 이윤준 (2017), 이 시대가 필요로 하는 기업가정신 - 한·미·일·중 4개국 비교, STEPI
    Insight, Vol.206, 과학기술정책연구원

38. 이지훈 (2010), 혼창통, 당신은 이 셋을 가졌는가?, 샘앤파커스

39. 이철 (2023), 디커플링과 공급망 전쟁, 미중 전쟁과 뉴노멀 그리고 위기의 대한민국,
    처음북스

40. 이형진, 김길선, 김미리 (2016) 시장관점에서의 파괴적 혁신의 이해, Korea Business
    Review, 20(1), pp43-67

41. 이호수 (2020), 넷플릭스 인사이트, 넷플릭스는 어떻게 파괴적 혁신의 상징이 되었
    나?, 21세기북스

42. 전인오 (2017), 기업가정신과 기업성과간 관계에서 기술혁신성과 마케팅역량의 영

향, 벤처창업연구 제12월 제3호

43. 정운영 (1989), 광대의 경제학, 까치글방

44. 정경화 (2022), 유난한 도전 – 경계를 부수는 사람들, 토스팀 이야기, 북스톤

45. 정지훈 (2014), 거의 모든 인터넷의 역사, 메디치 미디어

46. 조용호 (2013), 빅 블러, 당신이 알던 모든 경계가 사라진다. 미래의창

47. 최원석 (2021), 테슬라 쇼크. 더퀘스트

48. 현대자동차 (2019), 현대자동차 2025 전략

49. 홍익희 (2013), 홍익희의 유대인 경제사 5: 중상주의를 꽃피운 유대인들, 한스미디어

50. 황세희, 김경미, 박현준 (2020), 국내 스타트업의 현황 및 성공요인 분석: (주)우아한 형제들의 사례를 통해, 한국산업정보학회논문지, 25(1), 71-87

51. Aaron Parrott, Lane Warshaw (2017), Industry 4.0 and Digital Twin, Deloitte

52. Adam Mussomeli et al.(2018), Buildong a cognitive digital supply network, Deloitte

53. Aldrich, H. and M. Ruef (2018), "Unicorns, gazelles, and other distractions on the way to understanding real entrepreneurship in the United States" Academy of Management Perspectives, 32(4), 458-472

54. Alex Stephany (2015), The Business of Sharing: Making it in the New Sharing Economy, Springer

55. Alexander Osterwalder and Yves Pigneur (2010), Business Model Gneration: A Handbook for Visionaries, Game Changers, Challengers, John Wiley and Sons

56. Amarolinda Zanela Klein, Gabriel Machado Braido (2023), Institutional factors related to digital entrepreneurship by startups and SMEs in the Latin American context: Two cases in Brazil

57. Andrea et,.al (2019), Digital entrepreneurship and field conditions for institu-tional change-Investigating the enabling role of cities, Technological

Forecastaing and Social Change, Volume 146, pp877-886

58. Bock, C. and C. Hackober (2020), "Unicorns-What drives multi billion-dollar valuations?," Business Research, 13(2), 949-984

59. Baum, J., E. Locker and K. Smith (2001), "Multidimensional model of venture growth" Academy of Management Journal, 44(2), 292−303

60. Bersin, J. (2016), Digital leadership is not an optional part of being a CEO. Harvard Business Review, 12, 2−4.

61. Bob Hinings, Thomas Gegenhuber, Royston Greenwood (2018), Digital innovation and transformation: An institutional perspective

62. Bjorkdahl, Holemen (2013), Business Model Innovation

63. Bloching (2015), The digital transformation of industry−How impor-tant is it? Who are the winners? What must be done?, Roland Burger

64. Bower and Christensen (1995), "Disruptive Technologies: Catching the Waves," HBR Article Jan−Feb 1995

65. Brandenburger, A. (2019), Strategy Needs Creativity. Harvard Business Review, March−April, 58−65

66. Brad Stone (2017), The Upstarts: How Uber, Airbnb, and the Killer Companies of the New Silicon Valley Are Changing the World, Little, Brown and Company

67. Brad Stone (2013), The everything store, Jeff Bezos and the Age of Amazon, Little, Brown and Company

68. Carl Shapiro and Hal R. Varian (1998), *Information Rules*, Harvard Business Review Press

69. Chris Yeh and Reid Hoffman (2020), Blitz Scaling, The chaotic, sometimes grueling path to high−growth, high−impact entrepreneurship, HARPER COLLINS UK

70. Christensen, C. (1997), The Innovator's Dilemma: When New Technologies Cause Great Firms to Fail, Harvard Business School Press.

71. Clarysse, B., J. Bruneel and M. Wright (2011), Explaining growth paths of young technology−based firms: Structuring resource portfolios in different competitive environment, Strategic Entrepreneurship Journal, 5(2), 137−157

72. Cliffe, S., & McGrath, R. G. (2011), When your business model is in trouble. Harvard Business Review, 89(1−2), 96−98

73. Clifford Maxwell and Scott Duke Kominers (2021), What Makes an Online Marketplace Disruptive. Harvard Business Review

74. Comite invisible (2014), Anos Amis, Fabrique

75. Cornfield, G. (2021), Designing Customer Journeys for the Post−Pandemic World. Harvard Business Review

76. Daron Acemoglu, James Robinson (2018),"Why Nations Fail − Why Nations Fail". Crown Currency, (www.whynationsfail.com)

77. Daron Acemoglu, James A. Robins (2019), The Narrow Corridor: States, Societies, and the Fate of Liberty, Penguin Press

78. Daron Acemoglu, Simon Johnson (2023), Power and Progress: Our Thousand− Year Struggle Over Technology and Prosperity, PublicAffairs

79. David Bornstein (2007), How to Change the World: Social Entrepreneurs and the Power of New Ideas, Updated Edition 2nd Edition, Oxford University Press

80. Dev K. Dutta, Mary M. Crossan (2005), The nature of entrepreneurial opportunities: Understanding the process using the 4I organizational learning framework, entrepreneurship theory and practice.

81. Eric Emerson Schmidt, Jonathan Rosenberg (2014), How Google Works, Grand Central Publishing

82. Eyring, M. J., Johnson, M. W., & Nair, H. (2014), New business models in emerging markets. IEEE Engineering Management Review, 42(2), 19−26

83. Foss, Saebi (2016), Fifteen Years of Research on Business Model Innovation: How Far Have We Come, and Where Should We Go? JouEHLrnal of Management 43(1)

84. Friedrich Engels, Karl Marx (1848), The Communist Manifesto, Verso books

85. Furr, N., & Shipilov, A. (2019). Digital doesn't have to be disruptive: the best results can come from adaptation rather than reinvention. Harvard Business Review, 97(4), 94−104.

86. George Westiman, Didie Bona, Andrew McAfee (2017), Leading Digital, Turning Technology into Business Transformation, Harvard Business Review Press

87. GERA (2024), GEM 2023/2024 GLOBAL REPORT − 25 years and growing

88. Girotra, K., & Netessine, S. (2014), Four paths to business model innovation. Harvard business review, 92(7), 96−103

89. Gregory Unruh, David Kiron (2017), Digital Transformation on Purpose, MIT Sloan management Review, 2017

90. IDC (2018), The business value of the Stripe payment platforms, IDC White Paper.

91. J. Scott Brennen, Daniel Kreiss (2016), Digitalization.

92. Jared Diamond (2005), Guns, Germs and Steel, The Fates of Human Societies, W. W. Norton & Company

93. Jason Davis and Vikas A. Aggarwal (2020), How Spotify and TikTok Beat Their Copycats. Harvard Business Review

94. Jeremy Rifkin (2014), The Zero Marginal Cost Society, St. Martin's Publishing Group

95. Jim Stengel (2011), Grow: How Ideals Power Growth and Profit at the World's Greatest Companies, Currency

96. Jinzhi, Z. and J. Carrick (2019), "The rise of the Chinese unicorn: An exploratory study of unicorn companies in China," Emerging Markets Finance and Trade, 55(15), 3371−3385

97. John W. Meyer and Brian Rowan (1977), Institutionalized Organizations: Formal Structure as Myth and Ceremony, American Journal of Sociology, Vol. No. 2 (Sep., 1977), pp. 340−363 (24p), The University of Chicago Press

98. Joseph Schumpeter (1942), Capitalism, Socialism and Democracy

99. John A. List (2022), The Voltage Effect: How to Make Good Ideas Great and Great Ideas Scale, Crown Currency

100. Johnson, M. W., Christensen, C. M., & Kagermann, H. (2008), Reinventing your business model. Harvard business review, 86(12), 57-68

101. Johnson, M. W. (2010), A new framework for business models. Retrieved February, 10, 2010.

102. Johnson, M. W. (2018), Digital Growth Depends More on Business Models than Technology. Harvard Business Review

103. Kane, G. C., Palmer, D., Phillips, A. N., & Kiron, D. (2015), Is your business ready for a digital future?. MIT Sloan management review, 56(4), 37

104. Kavadias, S., Ladas, K., & Loch, C. (2016), The transformative business model. Harvard business review, 94(10), 91−98

105. Laszlo Bock (2015), Work Rules! Insights from Inside Google That Will Transform How You Live and Lead, Twelve

106. Magretta, J. (2002), Why business models matter. Harvard Business Review, The Magazine, May, 2002

107. Maxwell Wessel (2017), the new leadership imperative Embracing Digital

Transformation, Rotman Management Magazine, University of Toronto

108. Melissa A. Schilling (2020), Strategic Management of Technological Innovation, McGraw Hill

109. Michael Rachinger, Romana Rauter, Christiana Müller, Wolfgang Vorraber, Eva Schirgi Journal of Manufacturing Technology Management (2018), Digitalization and its influence on business model innovation

110. Mike Isaac (2019), Super Pumped: The Battle for Uber, W. W. Norton & Company

111. Morgan Hausel (2023), Same as Ever: A Guide to What Never Changes, Portfolio

112. Morgan Hausel (2020), The Psychology of Money: Timeless lessons on wealth, greed, and happiness, Harriman House

113. Neel Doshi, Lindsay McGreger, (2015), Primed to Perform : How to build the Highest Performing Culture Through the Science of Total Motivation.

114. Nishiopka Anne (2022), Keyence kaibo saikyo kigyo no Mechanism . Nikkei Business Publications, Inc

115. Nylén, D., & Holmström, J. (2015), Digital innovation strategy: A framework for diagnosing and improving digital product and service innovation. Business Horizons, 58(1), 57−67.

116. Patrick Forth et al.(2021), Performance and Innovation Are the Rewards of Digital Transformation, BCG

117. Peter Drucker (2006), Innovation and Entrepreneurship, Harper Business, Harper Business

118. Peter Thiel (2014), Zero to One, Notes on Startups, or How to Build the Future, Crown Currency

119. Philip Kotler, Hermawan Kartajaya, Iwan Setiawan (2017), Marketing 4.0:

Moving from Traditional to Digital, Chapter1 — 4, Wiley

120. Philip Kotler, Hermawan Kartajaya, Iwan Setiawan (2024), Marketing 6.0: The Future Is Immersive, Wiley

123. Pink, D. (2009), Drive: The Surprising Truth about What Motivates Us, RiverHead Books

124. Pisano, G. P. (2015), You need an innovation strategy. Harvard business review, 93(6), 44 — 54

125. Porter, M. (1996), What is Strategy? Harvard Business Review, November December, 61 — 78

126. PwC Korea (2022), Global Top 100 Unicorns, PwC Korea

127. Russell L. Purvis, V. Sambamurthy,Robert W. Zmud (2001), The Assimilation of Knowledge Platforms in Organizations: An Empirical Investigation, ORGANIZATION SCIENCE, 2001 INFORMS Vol. 12, No. 2, March — April 2001, pp117 — 135

128. Ruxandra Bejimanu (2021), Transition to digital entrepreneurship

129. Satya Narayana Nadella (2017), Hit Refresh: The Quest to Rediscover Microsoft's Soul and Imagine a Better Future for Everyone, Harper Business

130. Satish Nambian (2016), Digital Entrepreneurship : Toward Digital Technology Perspective of Entrepreneurship, Entrepreneurship series and Practice, Vol 41, Issue

131. Sascha Kraus, Katharina Vonmetz, Ludovico Bullini Orlandi, Alessandro Zardini, Cecilia Rossignoli (2023), Digital entrepreneurship: The role of entrepreneurial orientation and digitalization for disruptive innovation. Technological Forecasting and Social Change Volume 193, August 2023, 122638

132. Sato Masayuki (2019), Amazon Rule, Wiki Media

133. Thales S. Teixeira and Greg Piechota (2019), Unlocking the Customer Value

Chain: How Decoupling Drives Consumer Disruption, Crown Currency

134. Todd Rose (2018), Dark Horse, Achieving Success Through the Pursuit of Fulfillment, HarperOne

135. Tom Goodwin (2022), Digital Darwinism, Surviving the New Age of Business Disruption, Kogan Page

136. Rebecca M. Henderson and Kim B. Clark (1990), Architectural Innovation: The Reconfiguration of Existing Product Technologies and the Failure of Established Firms

137. Ricart, J., & Casadesus−Masanell, R. (2011), How to design a winning business model. Harvard business review, 89(1−2), 100−107

138. Rosabeth M. Kanter (2011), How Great companies think differently, HBR(2011.11)

139. Sahut, JM., Iandoli, L. & Teulon, F. (2021), The age of digital entrepreneur− ship. Small Bus Econ 56, 1159-1169.

140. Scott Duke Kominers, Clifford Maxwell (2021), What Makes an Online Marketplace Disruptive, Harvard business review

141. Suarez, F. F. (2004), Battles for technological dominance: an integrative framework. Research Policy, 33(2), 271−286.

142. Taylor Peterson (2015), The End of Jobs: Money, Meaning and Freedom Without the 9−to−5, Lioncrest Publishing

143. Tellis, G. J. & Golder, P. N. (1996), First to market, first to fail? Real causes of enduring market leadership. MIT Sloan management review, 37(2), 65−75

144. Thales S.Teixeira (2020), A Survival Guide for Startups in the Era of Tech Giants. Harvard Business Review

145. Thomas S. Khun (1962), The Structure of Scientific Revolutions, University of Chicago Press

146. Umair Haque (2011), The new capitalist manifesto, Building a Disruptively Better Business, Harvard Business Review Press

147. Utterback, J. M., & Abernathy, W. J. (1975), A dynamic model of process and product innovation. Omega, 3(6), 639–656.

148. World Inequality report (2021), World Inequality Lab

149. Yong Jin Kim, Seokwoo Song, V Sambamurthy, Young Lee (2012), Entrepreneurship, Knowledge intergration capability, and firm performance : An empirical study, Information Systems Frontiers

150. Yuval Noah Harari (2015), Homo Sapiens, A Brief History of Humankind, Vintage

151. Yuval Noah Harari (2018), 21 Lessons for the 21st century, Random House

152. Zeljko Tekic, Dmitry Koroteev (2019), From disruptively digital to proudly analog: A holistic typology of digital transformation strategies, Business Horizons, Volume62, issue6, 2019

※ 이 책은 필자의 2023년 박사 학위논문인 "디지털 변혁 시대의 기업가정신과 기업성과: 디지털 네이티브 기업의 사례를 중심으로"를 바탕으로 재구성되었습니다. 자세한 연구의 방법론과 평가 방법론은 논문에서 확인할 수 있습니다.

저자 소개

이문원

서강대학교 경영학과를 졸업하고, 같은 학교에서 경영학 석사와 박사 학위를 받았다. 30년간 아이비엠, 브이엠웨어, 유아이패스 등 글로벌 기업의 임원, 티맥스 클라우드 등 국내 IT 기업의 대표이사로서 디지털 변혁을 체험했다.

유아이패스의 글로벌 IPO를 계기로 미래기업가가 되어, 개인화된 농업용 자재를 생산하는 온디맨드 제조플랫폼(SI), 농업용 자재와 농산물을 거래하는 오픈 유통플랫폼(Fructus), 수험생을 위한 대입 논술, 구술, MMI 온디맨드 교육서비스(knowly.)를 통해 미래기업을 실험하고 있다.

프루투스 랩

2022년부터 논문 "디지털 변혁 시대의 기업가정신과 기업성과: 디지털 네이티브 기업의 사례를 중심으로"를 준비하면서, AI 혁명과 디지털 변혁 시대의 기업에 대한 조사와 패널토론을 위해 다양한 분야의 전문가들과 결성한 비대면 온라인 연구모임이다. 특별히 이 책에서 글로벌 디지털 리더들과의 인터뷰를 수행하고 분석하며, 다양한 미래기업과 산업의 사례를 수집, 평가하는 데 많은 도움을 받았다.

퓨처프레너(FuturePreneur)

초판발행	2025년 1월 5일
지은이	이문원
펴낸이	안종만·안상준
편 집	이혜미
기획/마케팅	최동인
표지디자인	BEN STORY
제 작	고철민·김원표
펴낸곳	(주) 박영사
	서울특별시 금천구 가산디지털2로 53, 210호(가산동, 한라시그마밸리)
	등록 1959. 3. 11. 제300-1959-1호(倫)
전 화	02)733-6771
f a x	02)736-4818
e-mail	pys@pybook.co.kr
homepage	www.pybook.co.kr
ISBN	979-11-303-2085-4 03320

정 가   19,000원